技能人才评价政策汇编
（2013年1月—2024年5月）

（下册）

人力资源社会保障部职业能力建设司　编
中国就业培训技术指导中心

中国劳动社会保障出版社

图书在版编目（CIP）数据

技能人才评价政策汇编：2013年1月—2024年5月．下册/人力资源社会保障部职业能力建设司，中国就业培训技术指导中心编．--北京：中国劳动社会保障出版社，2024．--ISBN 978-7-5167-6290-5

I．C962

中国国家版本馆CIP数据核字第20246DP262号

中国劳动社会保障出版社出版发行

（北京市惠新东街1号　邮政编码：100029）

*

河北宝昌佳彩印刷有限公司印刷装订　　新华书店经销

787毫米×1092毫米　16开本　23.75印张　317千字

2024年7月第1版　　2024年7月第1次印刷

定价：60.00元

营销中心电话：400-606-6496

出版社网址：http://www.class.com.cn

版权专有　　侵权必究

如有印装差错，请与本社联系调换：（010）81211666

我社将与版权执法机关配合，大力打击盗印、销售和使用盗版图书活动，敬请广大读者协助举报，经查实将给予举报者奖励。

举报电话：（010）64954652

目　录

人力资源社会保障部办公厅文件

人力资源社会保障部办公厅关于启用新版职业资格证书及加强证书核发管理工作有关问题的通知（人社厅发〔2015〕143号）……………（003）

人力资源社会保障部办公厅关于做好取消部分技能人员职业资格许可认定事项后续工作的通知（人社厅发〔2016〕182号）……………（006）

人力资源社会保障部办公厅关于做好国家职业资格目录公布实施后技能人员职业资格有关工作的通知（人社厅发〔2017〕133号）…………（007）

人力资源社会保障部办公厅关于进一步做好技能人员职业资格证书发放管理有关工作的通知（人社厅发〔2018〕42号）…………………（009）

人力资源社会保障部办公厅关于开展职业技能等级认定试点工作的通知（人社厅发〔2018〕148号）……………………………………（012）

人力资源社会保障部办公厅　市场监管总局办公厅统计局办公室关于发布人工智能工程技术人员等职业信息的通知（人社厅发〔2019〕48号）………………………………………………………………（016）

人力资源社会保障部办公厅关于扩大企业职业技能等级认定试点工作的通知（人社厅函〔2019〕83号）…………………………………（024）

人力资源社会保障部办公厅　市场监管总局办公厅　统计局办公室关于发布智能制造工程技术人员等职业信息的通知（人社厅发〔2020〕17号）……………………………………………………………………（026）

人力资源社会保障部办公厅关于做好人力资源社会保障部门职业资格实施机构职能调整有关工作的通知（人社厅发〔2020〕49号）……（037）

人力资源社会保障部办公厅　市场监管总局办公厅统计局办公室关于发布区块链工程技术人员等职业信息的通知（人社厅发〔2020〕73号）……………………………………………………………………（040）

人力资源社会保障部办公厅关于做好水平评价类技能人员职业资格退出目录有关工作的通知（人社厅发〔2020〕80号）………………（047）

人力资源社会保障部办公厅关于支持企业大力开展技能人才评价工作的通知（人社厅发〔2020〕104号）……………………………………（059）

人力资源社会保障部办公厅关于印发《技能人才薪酬分配指引》的通知（人社厅发〔2021〕7号）……………………………………………（063）

人力资源社会保障部办公厅　市场监管总局办公厅统计局办公室关于发布集成电路工程技术人员等职业信息的通知（人社厅发〔2021〕17号）……………………………………………………………………（076）

人力资源社会保障部办公厅关于加强新职业培训工作的通知（人社厅发〔2021〕28号）……………………………………………………（088）

人力资源社会保障部办公厅关于开展特级技师评聘试点工作的通知（人社厅发〔2021〕66号）……………………………………………（091）

人力资源社会保障部办公厅　中央网信办秘书局关于开展技术技能类"山寨证书"网络治理工作的通知（人社厅函〔2022〕73号）……（097）

人力资源社会保障部办公厅　市场监管总局办公厅统计局办公室关于

发布机器人工程技术人员等职业信息的通知（人社厅发〔2022〕35号）
……………………………………………………………………（099）

人力资源社会保障部办公厅　市场监管总局办公厅关于开展职业技能
培训和评价问题专项治理行动的通知（人社厅函〔2023〕85号）
……………………………………………………………………（100）

人力资源社会保障部关于印发《国家职业标准编制技术规程（2023年版）》
的通知（人社厅发〔2023〕31号）……………………………（105）

人力资源社会保障部办公厅关于做好劳动关系协调师职业技能等级认定
工作的通知（人社厅函〔2023〕141号）……………………（172）

国家邮政局办公室　人力资源社会保障部办公厅关于加快推进邮政
快递业职业技能等级认定的实施意见（国邮办发〔2023〕30号）……（178）

人力资源社会保障部办公厅关于加强农民工职业技能培训工作的意见
（人社厅发〔2023〕55号）……………………………………（186）

人力资源社会保障部办公厅　公安部办公厅　市场监管总局办公厅关于
加强职业技能评价规范管理工作的通知（人社厅发〔2024〕27号）
……………………………………………………………………（191）

人力资源社会保障部办公厅关于颁布保健调理师（保健艾灸师）等10个
国家职业标准的通知（人社厅发〔2024〕28号）……………（194）

人力资源社会保障部职业能力建设司、
中国就业培训技术指导中心
（人力资源社会保障部职业技能鉴定中心）文件

关于印发职业资格证书全国联网查询系统管理技术规程的通知（人社
鉴发〔2013〕2号）……………………………………………（199）

关于征集第三方评价机构的通告（中就培函〔2018〕95号）⋯⋯⋯⋯（206）

关于做好职业资格证书查询工作的通知（人社鉴函〔2019〕20号）
⋯⋯⋯⋯⋯⋯⋯⋯⋯⋯⋯⋯⋯⋯⋯⋯⋯⋯⋯⋯⋯⋯⋯⋯⋯⋯⋯⋯⋯⋯（212）

关于印发《职业技能等级证书编码规则（试行）》和《职业技能等级
证书参考样式》的通知（人社鉴发〔2019〕2号）⋯⋯⋯⋯⋯⋯⋯（218）

关于征集职业技能标准、标准开发单位和编审专家的通告（中就培函
〔2019〕40号）⋯⋯⋯⋯⋯⋯⋯⋯⋯⋯⋯⋯⋯⋯⋯⋯⋯⋯⋯⋯⋯⋯（226）

关于印发《企业职业技能等级认定备案工作流程（试行）》的通知
（人社鉴发〔2019〕3号）⋯⋯⋯⋯⋯⋯⋯⋯⋯⋯⋯⋯⋯⋯⋯⋯⋯（233）

关于做好技工院校学生职业技能等级认定试点工作的通知（人社职司
便函〔2019〕52号）⋯⋯⋯⋯⋯⋯⋯⋯⋯⋯⋯⋯⋯⋯⋯⋯⋯⋯⋯⋯（239）

关于发布首批职业技能等级认定第三方评价机构名单的通告（中就培函
〔2019〕61号）⋯⋯⋯⋯⋯⋯⋯⋯⋯⋯⋯⋯⋯⋯⋯⋯⋯⋯⋯⋯⋯⋯（241）

关于征集第二批职业技能等级认定试点用人单位的通告（中就培函
〔2019〕66号）⋯⋯⋯⋯⋯⋯⋯⋯⋯⋯⋯⋯⋯⋯⋯⋯⋯⋯⋯⋯⋯⋯（243）

关于持续征集社会培训评价组织的通告（中就培函〔2020〕16号）
⋯⋯⋯⋯⋯⋯⋯⋯⋯⋯⋯⋯⋯⋯⋯⋯⋯⋯⋯⋯⋯⋯⋯⋯⋯⋯⋯⋯⋯⋯（249）

关于转发《关于征集社会培训评价组织的通告》等3份文件的函
（人社职司便函〔2020〕12号）⋯⋯⋯⋯⋯⋯⋯⋯⋯⋯⋯⋯⋯⋯⋯（259）

关于印发《职业技能等级认定工作规程（试行）》的通知（人社职司
便函〔2020〕17号）⋯⋯⋯⋯⋯⋯⋯⋯⋯⋯⋯⋯⋯⋯⋯⋯⋯⋯⋯⋯（261）

关于加强职业技能鉴定质量管理有关工作的通知（人社职司便函
〔2020〕44号）⋯⋯⋯⋯⋯⋯⋯⋯⋯⋯⋯⋯⋯⋯⋯⋯⋯⋯⋯⋯⋯⋯（267）

关于印发《技能人才评价质量督导工作规程（试行）》的通知（人社职司便函〔2020〕53号）……………………………………………（269）

关于做好部门行业职业技能等级认定试点工作的通知（中就培函〔2020〕41号）……………………………………………………………………（280）

关于国家职业资格工作网更名与升级改版的通知（人社鉴函〔2020〕40号）……………………………………………………………………（285）

人力资源社会保障部职业技能鉴定中心关于取消以技能为主国外职业资格证书加贴注册证签的通知（人社鉴函〔2020〕62号）…………（286）

关于贯彻落实支持企业大力开展技能人才评价有关事项的通知（人社职司便函〔2021〕2号）…………………………………………（287）

关于进一步规范职业技能等级证书样式及有关工作的通知（人社鉴发〔2021〕1号）…………………………………………………………（289）

关于印发提升全民数字技能工作方案的函（人社职司便函〔2021〕24号）……………………………………………………………………（294）

关于做好职业技能竞赛选手获取相应职业证书有关工作的通知（人社职司便函〔2021〕26号）…………………………………………（298）

关于对企业职工技能水平评价有关问题的复函（人社职司便函〔2021〕31号）……………………………………………………………（300）

关于公布职业技能鉴定国家题库资源目录的函（人社职司便函〔2021〕38号）……………………………………………………………（302）

关于院校学生申报参加职业技能评价有关问题的复函（人社职司便函〔2021〕50号）………………………………………………………（315）

关于做好职业技能竞赛选手获取相应职业证书有关工作的补充通知

（人社职司便函〔2021〕59号）……………………………………（316）

关于印发《职业技能等级评价机构备案事项办理指南（试行）》和
《技能人才评价违纪违规行为处理工作指引（试行）》的函（人社职司
便函〔2021〕57号）……………………………………………（319）

关于印发《职业技能等级证书数据工作指南》的通知（中就培发〔2022〕1号）
………………………………………………………………………（334）

关于开展技能人才评价要情报告工作的通知（人社职司便函〔2022〕11号）
………………………………………………………………………（339）

关于焊工职业技能评价有关问题的复函（中就培函〔2022〕50号）
………………………………………………………………………（342）

关于做好职业技能竞赛选手获取相应职业技能等级证书编码和证书数据
上传有关工作的通知（人社职司便函〔2022〕46号）……………（343）

关于开展首批全国性社会培训评价组织备案期满阶段性总结工作的通知
（中就培函〔2022〕42号）………………………………………（352）

关于开展焊工职业技能等级认定有关问题的复函（中就培函〔2023〕60号）
………………………………………………………………………（359）

关于开展新职业征集工作的通告……………………………………（360）

关于做好技工院校职业技能等级认定备案工作有关事项的通知（中就
培函〔2023〕76号）………………………………………………（362）

关于配发技能人才评价国家题库资源的函（中就培函〔2023〕77号）
………………………………………………………………………（364）

人力资源社会保障部办公厅文件

人力资源社会保障部办公厅关于启用新版职业资格证书及加强证书核发管理工作有关问题的通知

人社厅发〔2015〕143号

各省、自治区、直辖市及新疆生产建设兵团人力资源社会保障厅（局），国务院有关部门（行业组织、集团公司）人事劳动保障工作机构：

为适应职业资格证书制度改革工作需要，我部对技能人员职业资格证书进行了改版。现就启用新版职业资格证书及加强证书核发管理工作有关问题通知如下。

一、我部从2015年下半年开始启用新版职业资格证书。新版职业资格证书沿用旧版职业资格证书的基本样式、颜色，将普通版证书和统考版证书合并为一个版本，取消文化程度、发证日期、复核记录等项内容。

二、新版职业资格证书由我部统一印制，证书的填写、编码、验印等继续按照我部有关规定执行。实行国家职业资格全国统一鉴定的职业，其证书在发证机关（印）处套印"人力资源和社会保障部职业技能鉴定中心职业技能鉴定专用章"，职业技能鉴定（指导）中心（印）处由省级职业技能鉴定（指导）中心用印。

三、旧版职业资格证书自2016年9月1日起停止使用，不再办理和核发。此前按照国家有关规定核发的旧版职业资格证书仍然有效。到期结余的旧版职业资格证书，由各地、各部门（行业组织、集团公司）自行销毁，并将销毁的职业资格证书号段报我部职业技能鉴定中心。

四、为进一步加强职业资格证书核发管理工作，我部将对现有的职业资格证书管理系统进行升级，增加打印管理模块，实现对职业资格证书印制、发放、打印和统计的全流程管理。

（一）职业资格证书管理系统采用分布式管理模式。各地、各部门（行业组织、集团公司）须将证书的打印权限放在本地区的地（州、盟、市）级和本部门（行业组织、集团公司）的二级鉴定机构（含）以上。各地、各部门（行业组织、集团公司）要配套专门经费建立数据分中心，负责本地区、本部门（行业组织、集团公司）的证书管理工作，将具备证书打印权限的鉴定机构纳入系统统一管理。

（二）各级证书打印机构须将考务管理系统生成的获证人员个人信息导入证书管理系统，通过证书管理系统自动生成包含证书印制、逐级发放、打印机构及获证人员个人信息（可含照片）的二维码，打印在证书内页照片右侧。具备条件的机构可通过更换打印设备直接打印电子照片，用电子印章取代发证机关和职业技能鉴定（指导）中心油印印鉴，照片左下角处不再加盖职业技能鉴定专用钢印。

（三）职业资格证书因质量问题或填写损坏的，应由各地、各部门（行业组织、集团公司）负责回收并统一销毁，将证书流水码录入职业资格证书管理系统，系统将在数据库中删除相应流水码并自动补发证书。遗失职业资格证书申请补发的，补发证书使用原证书编码和新证书流水码，原证书流水码须在证书管理系统中删除并在备注栏内注明。

五、从今年第四季度开始，我部将以各地、各部门（行业组织、集团公司）每季度职业资格证书管理系统的打印数据为依据，按季度核拨空白职业资格证书，并通过简报、网络等形式，定期公布证书发放情况。各地、各部门（行业组织、集团公司）须以地（州、盟、市）和二级鉴定机构的打印数据为依据发放证书。

六、各地、各部门（行业组织、集团公司）要高度重视职业资格证书管理工作，加快消化库存旧版职业资格证书，全面应用职业资格证书管理系统,强化证书管理,杜绝非正常损耗和使用不明来源的证书,切实维护职业资格证书的权威性和严肃性。

人力资源社会保障部办公厅

2015 年 8 月 27 日

人力资源社会保障部办公厅关于做好取消部分技能人员职业资格许可认定事项后续工作的通知

人社厅发〔2016〕182号

各省、自治区、直辖市及新疆生产建设兵团人力资源社会保障厅（局），国务院有关部门、有关行业组织和集团公司人事劳动保障工作机构：

为做好取消部分技能人员职业资格许可认定事项后续工作，妥善处理有关问题，确保不出现影响社会稳定情况，现就有关事项通知如下。

一、对已经发布鉴定考试公告或已受理鉴定考试报名的，根据考生意愿，或继续做好鉴定考试工作，或退费。

二、对已组织完成鉴定考试的，做好职业资格证书发放等后续工作。

三、对按"双证书"（毕业证书和职业资格证书，下同）招生的职业院校（技工院校），兑现招生条件，使学生毕业时按规定取得"双证书"。

四、对取消前取得的职业资格证书，可作为水平能力的证明。

人力资源社会保障部办公厅

2016年12月13日

人力资源社会保障部办公厅关于做好国家职业资格目录公布实施后技能人员职业资格有关工作的通知

人社厅发〔2017〕133号

各省、自治区、直辖市及新疆生产建设兵团人力资源社会保障厅（局），国务院有关部门、有关行业组织和集团公司人事劳动保障工作机构，军队士兵职业技能鉴定工作办公室：

为贯彻落实《人力资源社会保障部关于公布国家职业资格目录的通知》（人社部发〔2017〕68号）要求，现就做好技能人员职业资格有关工作通知如下。

一、各地区、各有关部门、各有关行业组织要严格按照《国家职业资格目录》（以下简称《目录》）中"设定依据"标明的国家职业标准组织开展职业技能鉴定，规范、准确、完整使用《目录》规定的职业资格名称。

二、对于未列入《目录》但已启动组织实施鉴定工作的，各地区、各有关部门、各有关行业组织和集团公司参照《人力资源社会保障部办公厅关于做好取消部分技能人员职业资格许可认定事项后续工作的通知》（人社厅发〔2016〕182号）要求，抓紧做好后续工作，分类妥善处理有关问题。对已经发布鉴定考试公告或已受理鉴定考试报名的，根据考生意愿，或继续做好鉴定考试工作，或退费；对已组织完成鉴定考试的，做好职业资格证书发放等后续工作；对按"双证书"（毕业证书和职业资格证书，下同）招生的职业院校（技工院校），兑现招生条件，使学生毕业时能够取得"双证书"；对《目录》公布前取得的职业资格证书，可作为水平能力的证明。

三、有关行业技能鉴定机构（具体机构信息另行公布）要在《目录》规定的范围内组织开展鉴定工作，主动接受所在地人力资源社会保障部门的监督管理。各级人力资源社会保障部门要按照属地管理原则依法依规加强监督管理，做好支持服务。

四、军队士兵职业技能鉴定暂按原规定执行，抓紧组织评估论证按规定上报。

建立国家职业资格目录是转变政府职能、深化行政审批制度改革的重要内容，是规范职业资格管理、加强人才队伍建设的重要举措，各地区、各部门要高度重视，强化责任意识，加强宣传引导，做好工作衔接，巩固改革成效，确保平稳过渡。

人力资源社会保障部办公厅

2017 年 10 月 11 日

人力资源社会保障部办公厅关于进一步做好技能人员职业资格证书发放管理有关工作的通知

人社厅发〔2018〕42号

各省、自治区、直辖市及新疆生产建设兵团人力资源社会保障厅（局），国务院有关部门、有关行业组织和集团公司人事劳动保障工作机构，军队士兵职业技能鉴定工作办公室：

为规范实施《国家职业资格目录》（以下简称《目录》），做好技能人员职业资格证书（以下简称证书）发放管理工作，现就有关事项通知如下。

一、我部自5月起启用2018年版证书。2018年版证书沿用2015年版证书的颜色、基本样式和防伪技术指标，对证书内页有关内容进行了修改和调整。将"职业（工种）及等级"项调整为"职业资格"项并在其下增加一空行，用于填写《目录》中的职业资格名称；增加"职业方向"项，用于填写相应职业技能标准中确定的工种或模块名称（或填写"—"，不能空项）。证书编码、验印等，继续按照我部原有关规定执行。

二、2018年版证书由我部统一印制，我部职业技能鉴定中心负责监制、统计和发放工作。依照各地区、各有关部门（行业组织）上年度相应季度各等级鉴定合格人数，按季度提前发放空白证书。各地区、各有关部门（行业组织）要加强统筹安排，避免出现证书短缺特别是结构性短缺问题。

三、2015年版证书从2019年1月1日起停止使用。此前按规定核发的证书继续有效。各地区、各有关部门（行业组织、集团公司）要优先使用2015年版证书。有富余空白证书的，请及时与我部职业技能鉴定中心联系，统一安排调剂使用。未列入《目录》实施部门（单位）的，应主动上缴多余空白证书。到期结余的2015年版证书，由各地区、各有关部门（行业组织、集团公司）按规定自行销毁，并将销毁的证书号段报我部职业技能鉴定中心。

四、各地区、各有关部门（行业组织、集团公司）应按照《人力资源社会保障部办公厅关于做好取消部分技能人员职业资格许可认定事项后续工作的通知》（人社厅发〔2016〕182号）和《人力资源社会保障部办公厅关于做好国家职业资格目录公布实施后技能人员职业资格有关工作的通知》（人社厅发〔2017〕133号）要求，妥善处理后续工作，加强证书规范管理，相关信息不再报备。

五、证书持有人遗失证书申请补发或因境外就业申请换发证书，所持证书的职业（工种）在《目录》内的，由原证书颁发机构负责审核办理，补发或换发的证书使用原证书编码并在备注栏内注明；职业（工种）不在《目录》内的，不再补发或换发证书，改由原证书颁发机构出具书面证明，载明原证书详细信息。

六、各地区、各有关部门（行业组织、集团公司）要按照"谁鉴定谁负责、谁发证谁负责"的原则，规范考务管理，做好证书打印发放工作。要以证书发放管理为切入点，统筹加强职业技能鉴定信息化建设，确保数据安全、真实、完整、准确。要承诺证书办理时限，简化证书办理流程，缩短发证周期，向人民群众提供优质高效的公共服务。

七、《目录》中由原环境保护部、国家铁路局、原安全生产监督管理部门相关机构等具体实施的职业资格，仍使用其原证书，证书发放管理按原规定执行。

工作中如有问题建议,请及时与我部职业能力建设司和职业技能鉴定中心联系。

(联系方式略)

人力资源社会保障部办公厅

2018 年 5 月 3 日

人力资源社会保障部办公厅关于开展职业技能等级认定试点工作的通知

人社厅发〔2018〕148号

各省、自治区、直辖市及新疆生产建设兵团人力资源社会保障厅（局），国务院有关部委、有关行业组织人事劳动保障工作机构，中央企业人事劳动保障工作机构：

为贯彻落实中共中央、国务院《新时期产业工人队伍建设改革方案》《关于分类推进人才评价机制改革的指导意见》精神，加强技能人才评价工作，我部拟依托企业等用人单位和第三方评价机构开展职业技能等级认定试点工作。现就有关事项通知如下。

一、试点范围

（一）**选择部分工作基础较好的中央企业进行试点**。试点企业可结合生产经营服务需要，面向本单位职工独立开展职业技能等级认定工作。

（二）**公开征集第三方评价机构**。第三方评价机构将面向社会公开征集，经评估论证、择优遴选公布后开展相关工作。

（三）**试点职业（工种）范围**。《中华人民共和国职业分类大典（2015年版）》中收录的技能类职业（工种）和新职业。准入类职业资格不纳入试点范围。

二、工作步骤

（一）**公布目录**。我部统一公布开展职业技能等级认定试点工作的用人单位和第三方评价机构（以下统称试点机构）目录（首批试点用人单位名单见附件），实行动态调整。

（二）**制定方案**。试点机构制定试点工作方案，报经我部职业技能鉴定中心备案后实施。

（三）**实施评价**。试点机构根据试点工作方案，组织实施职业技能等级认定，全过程接受人力资源社会保障部门的质量督导。职业技能等级认定突出品德、能力和业绩评价，坚持职业能力考核和职业素养评价相结合，重点考察劳动者执行操作规程、解决生产问题和完成工作任务的能力，包括与岗位技能要求相关的基本理论知识、技术要求、法律法规以及安全生产规范和应急处置等技能，注重考核岗位工作绩效，强化生产服务成果、创新成果和实际贡献。

（四）**结果审核**。对通过职业技能等级认定并经人力资源社会保障部门鉴定中心审核的人员，由试点机构根据我部规定的证书参考样式和编码规则，制作并颁发职业技能等级证书（或电子证书），由我部职业技能鉴定中心全国联网查询系统对外公开认定结果。妥善保管原始文档，实现全程留痕、责任可追溯。

三、工作要求

（一）**人力资源社会保障部门要做好职业技能等级认定工作的综合管理**。要将试点机构及其评价活动纳入属地管理，构建政府监管、机构自律、社会监督、公众参与的质量监管体系，建立试点机构信用档案和退出机制。对违规失信、恶意竞争、管理失序的试点机构，由我部移出目录，取消试点资质。对经规范认定、取得相应职业技能等级证书且证书信息可在我部职业技能鉴定中心全国联网查询系统上查询的人员，纳入人才统计范围，落实相关政策，兑现相应待遇。

（二）**各级人力资源社会保障部门职业技能鉴定中心要做好技术支持服务和质量督导等工作，受理投诉举报并核实处理**。要指导试点机构制定工作方案、评价规范，提供命题指导、题库建设和考评人员培训等服务。我部职业技能鉴定中心建立全国联网查询系统，向社会提供职业技能等级证书信息

（三）试点机构要在规定的范围内开展职业技能等级认定，按照"谁评价、谁负责、谁发证"原则承担主体责任。要完善管理制度，规范工作流程，建立工作台账和管理数据库，建立问题查处和责任追究制度，主动接受人力资源社会保障部门监管和社会监督。试点机构不得超范围开展职业技能等级认定，不得授权或委托其他机构开展职业技能等级认定。

四、时间安排

（一）2018年12月至2019年1月，启动试点工作。研究制定试点工作方案。公布首批试点机构目录。

（二）2019年2月至5月，组织开展试点工作。

（三）2019年6月至9月，继续开展试点工作。公布第二批试点机构目录。

（四）2019年10月起，全面总结评估试点工作，在全国开展职业技能等级认定。

附件：首批职业技能等级认定试点机构名单

人力资源社会保障部办公厅

2018年12月29日

附件

首批职业技能等级认定试点机构名单

一、中国国家铁路集团有限公司

二、中国核工业集团有限公司

三、中国航天科技集团有限公司

四、中国航天科工集团有限公司

五、中国航空工业集团有限公司

六、中国船舶工业集团有限公司

七、中国船舶重工集团有限公司

八、中国兵器工业集团有限公司

九、中国兵器装备集团有限公司

十、中国石油天然气集团有限公司

十一、中国石油化工集团有限公司

十二、中国海洋石油集团有限公司

十三、中国建筑集团有限公司

十四、中国中车集团有限公司

十五、中国铁路通信信号集团有限公司

十六、中国中铁股份有限公司

十七、中国铁道建筑有限公司

十八、中国交通建设集团有限公司

人力资源社会保障部办公厅 市场监管总局办公厅 统计局办公室 关于发布人工智能工程技术人员等职业信息的通知

人社厅发〔2019〕48号

各省、自治区、直辖市及新疆生产建设兵团人力资源社会保障厅（局）、市场监管局、统计局，国务院各部门、各直属机构、各中央企业、有关社会组织人事劳动保障工作机构，中央军委政治工作部兵员和文职人员局：

根据《中华人民共和国劳动法》有关规定，为贯彻落实《国务院关于推行终身职业技能培训制度的意见》提出的"紧跟新技术、新职业发展变化，建立职业分类动态调整机制，加快职业标准开发工作"要求，加快构建与国际接轨、符合我国国情的现代职业分类体系，我们面向社会公开征集新职业信息。经专家论证、社会公示等，确定了人工智能工程技术人员等13个新职业信息，调整变更了4个职业（工种）信息，新增了3个工种信息，现予发布。

人力资源社会保障部办公厅
市场监管总局办公厅
统计局办公室
2019年4月1日

人工智能工程技术人员等职业信息

一、新职业信息

（一）2-02-10-09　人工智能工程技术人员

定义：从事与人工智能相关算法、深度学习等多种技术的分析、研究、开发，并对人工智能系统进行设计、优化、运维、管理和应用的工程技术人员。

主要工作任务：

1. 分析、研究人工智能算法、深度学习及神经网络等技术；

2. 研究、开发、应用人工智能指令、算法及技术；

3. 规划、设计、开发基于人工智能算法的芯片；

4. 研发、应用、优化语言识别、语义识别、图像识别、生物特征识别等人工智能技术；

5. 设计、集成、管理、部署人工智能软硬件系统；

6. 设计、开发人工智能系统解决方案；

7. 提供人工智能相关技术咨询和技术服务。

（二）2-02-10-10　物联网工程技术人员

定义：从事物联网架构、平台、芯片、传感器、智能标签等技术的研究和开发，以及物联网工程的设计、测试、维护、管理和服务的工程技术人员。

主要工作任务：

1. 研究、应用物联网技术、体系结构、协议和标准；

2. 研究、设计、开发物联网专用芯片及软硬件系统；

3. 规划、研究、设计物联网解决方案；

4. 规划、设计、集成、部署物联网系统并指导工程实施；

5. 安装、调测、维护并保障物联网系统的正常运行；

6. 监控、管理和保障物联网系统安全；

7. 提供物联网系统的技术咨询和技术支持。

（三）2-02-10-11　大数据工程技术人员

定义：从事大数据采集、清洗、分析、治理、挖掘等技术研究，并加以利用、管理、维护和服务的工程技术人员。

主要工作任务：

1. 研究和开发大数据采集、清洗、存储及管理、分析及挖掘、展现及应用等有关技术；

2. 研究、应用大数据平台体系架构、技术和标准；

3. 设计、开发、集成、测试大数据软硬件系统；

4. 大数据采集、清洗、建模与分析；

5. 管理、维护并保障大数据系统稳定运行；

6. 监控、管理和保障大数据安全；

7. 提供大数据的技术咨询和技术服务。

（四）2-02-10-12　云计算工程技术人员

定义：从事云计算技术研究，云系统构建、部署、运维，云资源管理、应用和服务的工程技术人员。

主要工作任务：

1. 开发虚拟化、云平台、云资源管理和分发等云计算技术，以及大规模数据管理、分布式数据存储等相关技术；

2. 研究、应用云计算技术、体系架构、协议和标准；

3. 规划、设计、开发、集成、部署云计算系统；

4. 管理、维护并保障云计算系统的稳定运行；

5. 监控、保障云计算系统安全；

6. 提供云计算系统的技术咨询和技术服务。

（五）2-02-30-11　数字化管理师

定义：使用数字化智能移动办公平台，进行企业或组织的人员架构搭建、运营流程维护、工作流协同、大数据决策分析、上下游在线化连接，实现企业经营管理在线化、数字化的人员。

主要工作任务：

1. 制定数字化办公软件推进计划和实施方案，搭建企业及组织的人员架构，进行扁平透明可视化管理；

2. 进行数字化办公模块的搭建和运转流程的维护，实现高效安全沟通；

3. 制定企业及组织工作流协同机制，进行知识经验的沉淀和共享；

4. 进行业务流程和业务行为的在线化，实现企业的大数据决策分析；

5. 打通企业和组织的上下游信息通道，实现组织在线、沟通在线、协同在线、业务在线，降低成本，提升生产、销售效率。

（六）4—04—05—04　建筑信息模型技术员 L[①]

定义：利用计算机软件进行工程实践过程中的模拟建造，以改进其全过程中工程工序的技术人员。

主要工作任务：

1. 负责项目中建筑、结构、暖通、给排水、电气专业等建筑信息模型的搭建、复核、维护管理工作；

2. 协同其他专业建模，并做碰撞检查；

3. 通过室内外渲染、虚拟漫游、建筑动画、虚拟施工周期等，进行建筑信息模型可视化设计；

4. 施工管理及后期运维。

（七）4—13—05—03　电子竞技运营师

定义：在电竞产业从事组织活动及内容运营的人员。

主要工作任务：

1. 进行电竞活动的整体策划和概念规划，设计并制定活动方案；

2. 维护线上、线下媒体渠道关系，对电竞活动的主题、品牌进行宣传、推广、协调及监督；

3. 分析评估电竞活动商业价值，确定活动赞助权益，并拓展与赞助商、

---

① "L" 代表绿色职业，下同。

承办商的合作；

4. 协调电竞活动的各项资源，组织电竞活动；

5. 制作和发布电竞活动的音视频内容，并评估发布效果；

6. 对电竞活动进行总结报告，对相关档案进行管理。

（八）4—13—99—00　电子竞技员

定义：从事不同类型电子竞技项目比赛、陪练、体验及活动表演的人员。

主要工作任务：

1. 参加电子竞技项目比赛；

2. 进行专业化的电子竞技项目训练活动；

3. 收集和研究电竞战队动态、电竞游戏内容，提供专业的电竞数据分析；

4. 参与电竞游戏的设计和策划，体验电竞游戏并提出建议；

5. 参与电竞活动的表演。

（九）4—99—00—00　无人机驾驶员

定义：通过远程控制设备，操控无人机完成既定飞行任务的人员。

主要工作任务：

1. 安装、调试无人机电机、动力设备、桨叶及相应任务设备等；

2. 根据任务规划航线；

3. 根据飞行环境和气象条件校对飞行参数；

4. 操控无人机完成既定飞行任务；

5. 整理并分析采集的数据；

6. 评价飞行结果和工作效果；

7. 检查、维护、整理无人机及任务设备。

（十）5—05—01—02　农业经理人 L

定义：在农民专业合作社等农业经济合作组织中，从事农业生产组织、设备作业、技术支持、产品加工与销售等管理服务的人员。

主要工作任务：

1. 搜集和分析农产品供求、客户需求数据等信息；

2. 编制生产、服务经营方案和作业计划；

3. 调度生产、服务人员，安排生产或服务项目；

4. 指导生产、服务人员执行作业标准；

5. 疏通营销渠道，维护客户关系；

6. 组织产品加工、运输、营销；

7. 评估生产、服务绩效，争取资金支持。

（十一）6—25—04—09　物联网安装调试员

定义：利用检测仪器和专用工具，安装、配置、调试物联网产品与设备的人员。

主要工作任务：

1. 检测物联网设备、感知模块、控制模块的质量；

2. 组装物联网设备及相关附件；

3. 连接物联网设备电路；

4. 建立物联网设备与设备、设备与网络的连接；

5. 调整设备安装距离，优化物联网网络布局；

6. 配置物联网网关和短距传输模块参数；

7. 预防和解决物联网产品和网络系统中的网络瘫痪、中断等事件，确保物联网产品及网络的正常运行。

（十二）6—30—99—00　工业机器人系统操作员

定义：使用示教器、操作面板等人机交互设备及相关机械工具，对工业机器人、工业机器人工作站或系统进行装配、编程、调试、工艺参数更改、工装夹具更换及其他辅助作业的人员。

主要工作任务：

1. 按照工艺指导文件等相关文件的要求完成作业准备；

2. 按照装配图、电气图、工艺文件等相关文件的要求，使用工具、仪器等进行工业机器人工作站或系统装配；

3. 使用示教器、计算机、组态软件等相关软硬件工具，对工业机器人、可编程逻辑控制器、人机交互界面、电机等设备和视觉、位置等传感器进行程序编制、单元功能调试和生产联调；

4. 使用示教器、操作面板等人机交互设备，进行生产过程的参数设定与修改、菜单功能的选择与配置、程序的选择与切换；

5. 进行工业机器人系统工装夹具等装置的检查、确认、更换与复位；

6. 观察工业机器人工作站或系统的状态变化并做相应操作，遇到异常情况执行急停操作等；

7. 填写设备装调、操作等记录。

（十三）6-31-01-10　工业机器人系统运维员

定义：使用工具、量具、检测仪器及设备，对工业机器人、工业机器人工作站或系统进行数据采集、状态监测、故障分析与诊断、维修及预防性维护与保养作业的人员。

主要工作任务：

1. 对工业机器人本体、末端执行器、周边装置等机械系统进行常规性检查、诊断；

2. 对工业机器人电控系统、驱动系统、电源及线路等电气系统进行常规性检查、诊断；

3. 根据维护保养手册，对工业机器人、工业机器人工作站或系统进行零位校准、防尘、更换电池、更换润滑油等维护保养；

4. 使用测量设备采集工业机器人、工业机器人工作站或系统运行参数、工作状态等数据，进行监测；

5. 对工业机器人工作站或系统的故障进行分析、诊断与维修；

6. 编制工业机器人系统运行维护、维修报告。

二、调整变更职业（工种）信息

（一）"电子音乐编辑（2-10-02-06）"更改为："电子音乐制作师（2-10-

02-06)"。

（二）"鉴定估价师（4-05-05-02）"下设的工种"二手车鉴定评估师"更改为："机动车鉴定评估师"。

（三）将"企业人力资源管理师"由第二大类"人力资源管理专业人员"职业下工种（未列），恢复调整为第四大类"人力资源服务人员"小类下职业，职业编码为：4-07-03-04。

（四）"农业技术员（5-05-01-00）"的职业编码更改为：5-05-01-01。

三、新增工种信息

（一）在"家政服务员（4-10-01-06）"下增设"母婴护理员"工种。

（二）在"农业技术员（5-05-01-01）"下增设"茶园管理员"工种。

（三）在"经济昆虫产品加工工（5-05-06-06）"下增设"蜂产品品评员"工种。

人力资源社会保障部办公厅关于扩大企业职业技能等级认定试点工作的通知

人社厅函〔2019〕83号

各省、自治区、直辖市及新疆生产建设兵团人力资源社会保障厅（局）：

根据《人力资源社会保障部办公厅关于开展职业技能等级认定试点工作的通知》（人社厅发〔2018〕148号）精神，拟扩大企业职业技能等级认定试点工作，现就有关事项通知如下。

一、结合实际，研究确定本地区试点企业条件和范围，按照自愿申报、择优遴选原则，选择10家左右工作基础较好的企业，建立本地区试点企业目录，实行动态调整。

二、指导试点企业制定工作方案、评价规范，提供命题指导、题库建设和考评人员培训等服务。同时，指导试点企业完善管理制度，规范工作流程，建立工作台账和管理数据库。

三、加强对试点企业职业技能等级认定过程的指导，突出品德、能力和业绩评价，坚持职业能力考核和职业素养评价相结合，重点考察技能劳动者执行操作规程、解决生产问题和完成工作任务的能力，注重考核岗位工作绩效，强化生产服务成果、创新成果和实际贡献。

四、对通过职业技能等级认定并经省级人力资源社会保障部门职业技能鉴定中心审核的人员，由试点企业参考我部职业技能鉴定中心提供的证书参考样式和编码规则，制作并颁发职业技能等级证书（或电子证书），由省级人力资源社会保障部门职业技能鉴定中心建立职业技能等级证书信息查询系统，并与我部职业技能鉴定中心全国联网查询系统对接，对外公开认定结果，免费向社会提供证书信息查询服务。

五、加强对本地区试点企业（含试点央企子公司、分公司等）及其评价活动的监管和服务。构建政府监管、机构自律、社会监督、公众参与的质量监管体系，建立试点企业信用档案和退出机制。对经规范认定、取得相应职业技能等级证书且证书信息可在我部职业技能鉴定中心全国联网查询系统上查询的人员，纳入人才统计范围，落实相关政策，兑现相应待遇。

请抓紧研究制定本地区企业职业技能等级认定试点工作方案，报我部备案后实施，方案要明确试点企业条件范围、职业（工种）范围、工作步骤、时间安排等。试点工作中有何问题和建议，请及时与我部相关单位联系。

人力资源社会保障部办公厅
2019 年 4 月 12 日

人力资源社会保障部办公厅　市场监管总局办公厅统计局办公室关于发布智能制造工程技术人员等职业信息的通知

人社厅发〔2020〕17号

各省、自治区、直辖市及新疆生产建设兵团人力资源社会保障厅（局）、市场监管局、统计局，国务院各部委、各直属机构、各中央企业、有关社会组织人事劳动保障工作机构，中央军委政治工作部兵员和文职人员局：

根据《中华人民共和国劳动法》有关规定，为贯彻落实《国务院关于推行终身职业技能培训制度的意见》提出的"紧跟新技术、新职业发展变化，建立职业分类动态调整机制，加快职业标准开发工作"要求，加快构建与国际接轨、符合我国国情的现代职业分类体系，我们面向社会持续公开征集新职业信息。经专家评估论证、公示征求意见等程序，目前遴选确定了智能制造工程技术人员等16个新职业信息，调整变更了11个职业信息，现予发布。

人力资源社会保障部办公厅
市场监管总局办公厅
统计局办公室
2020年2月25日

智能制造工程技术人员等职业信息

一、新职业信息

(一) 2-02-07-13　智能制造工程技术人员

定义：从事智能制造相关技术的研究、开发，对智能制造装备、生产线进行设计、安装、调试、管控和应用的工程技术人员。

主要工作任务：

1. 分析、研究、开发智能制造相关技术；
2. 研究、设计、开发智能制造装备、生产线；
3. 研究、开发、应用智能制造虚拟仿真技术；
4. 设计、操作、应用智能检测系统；
5. 设计、开发、应用智能生产管控系统；
6. 安装、调试、部署智能制造装备、生产线；
7. 操作、应用工业软件进行数字化设计与制造；
8. 操作、编程、应用智能制造装备、生产线进行智能加工；
9. 提供智能制造相关技术咨询和技术服务。

(二) 2-02-10-13　工业互联网工程技术人员

定义：围绕工业互联网网络、平台、安全三大体系，在网络互联、标识解析、平台建设、数据服务、应用开发、安全防护等领域，从事规划设计、技术研发、测试验证、工程实施、运营管理和运维服务等工作的工程技术人员。

主要工作任务：

1. 研究、设计网路互联与数据互通、共享等解决方案并指导工程实施；
2. 研究、开发、应用工业大数据的采集技术、工业机理模型和高级数据分析挖掘技术；
3. 研究、设计、开发、调测、推广工业互联网应用平台和应用型工业App；

4. 规划、设计、部署工业互联网安全系统，监控、管理和保障工业互联网网络、平台及数据安全；

5. 规划、运营产业链和供应链资产数据，指导资源配置、协同生产和柔性生产、设备健康和能耗管理；

6. 构建、调测、维护工业互联网网络，监控相关信息，动态维护网络链路和网络资源；

7. 提供工业互联网术语解释、技术咨询与工程实施指导。

（三）2-02-10-14　虚拟现实工程技术人员

定义：使用虚拟现实引擎及相关工具，进行虚拟现实产品的策划、设计、编码、测试、维护和服务的工程技术人员。

主要工作任务：

1. 虚拟现实软件产品策划、场景设计、界面设计、模型制作、程序开发、系统测试；

2. 设计、开发、集成、测试虚拟现实硬件系统；

3. 研究、应用虚拟现实体系架构、技术和标准；

4. 管理、监控、维护并保障虚拟现实产品的稳定和安全运行；

5. 提供虚拟现实技术相关的技术咨询、技术培训和技术支持服务。

（四）4-01-02-06　连锁经营管理师

定义：运用连锁经营管理工具及相关技术，进行业态定位、品类管理、营销企划、顾客服务、视觉营销等工作，负责门店运营业务管理的人员。

主要工作任务：

1. 设计连锁体系，厘清总部与门店权责，规划门店运营模式；

2. 分析门店经营数据，制定经营目标与计划并组织实施；

3. 调研商圈特征，拓展新门店，进行业态定位与品类结构调整；

4. 负责商品的进货、销售和储存，策划门店促销活动并组织实施；

5. 设计门店动线，负责布局规划与商品陈列的落实；

6. 设计门店服务体系，培训、激励一线营业人员，做好顾客服务工作；

7. 负责维护门店外围关系，处理与门店相关的其他事务；

8. 管控门店日常运作，对门店业绩进行评估与优化；

9. 负责商品安全管理工作，组织开展门店及商品安全自查。

（五）4-02-06-05　供应链管理师

定义：运用供应链管理的方法、工具和技术，从事产品设计、采购、生产、销售、服务等全过程的协同，以控制整个供应链系统的成本并提高准确性、安全性和客户服务水平的人员。

主要工作任务：

1. 实施销售和运作计划，进行库存管理，协调供给与需求关系；

2. 制定采购策略，对供应商进行整合与评估；

3. 负责生产和服务设施选址与布置，实施精益生产；

4. 负责运输网络设计与管理，协调仓储规划与运作，实现产品和服务的高效交付与回收；

5. 制定供应链信息技术决策，运用数字化技术管理客户、内部供应链、供应商及交易；

6. 运用供应链绩效管理工具及方法，对供应链进行评估与改进；

7. 提供供应链技术咨询和服务。

（六）4-02-07-10　网约配送员

定义：通过移动互联网平台等，从事接收、验视客户订单，根据订单需求，按照平台智能规划路线，在一定时间内将订单物品递送至指定地点的服务人员。

主要工作任务：

1. 通过移动智能终端接收、验视、核对客户订单，包括但不限于数量、尺寸、规格、颜色、保质期、价格、地址；

2. 分类整理订单物品，编排递送顺序；

3. 按照客户要求及网络平台智能规划的配送路线，在一定时间内将订单物品递送至指定地点；

4. 处理无人接收、拒收、破损等递送异常情况；

5. 处理客户投诉及其他递送诉求。

（七）4-04-05-05　人工智能训练师

定义：使用智能训练软件，在人工智能产品实际使用过程中进行数据库管理、算法参数设置、人机交互设计、性能测试跟踪及其他辅助作业的人员。

主要工作任务：

1. 标注和加工图片、文字、语音等业务的原始数据；

2. 分析提炼专业领域特征，训练和评测人工智能产品相关算法、功能和性能；

3. 设计人工智能产品的交互流程和应用解决方案；

4. 监控、分析、管理人工智能产品应用数据；

5. 调整、优化人工智能产品参数和配置。

本职业包含但不限于下列工种：

数据标注员　人工智能算法测试员

（八）4-08-05-07　电气电子产品环保检测员 L

定义：从事电气电子产品的整机、元器件、材料等环保检验、检测、监测、分析及数据处理，并利用检测结果改进产品环保设计、生产工艺、供应链环保溯源管理，以及环保检测新方法开发的技术及管理服务人员。

主要工作任务：

1. 研究并应用电气电子产品环保法规、标准、检测方法、检测仪器设备装置；

2. 规划、设计、建置电气电子产品检测实验室，评估、校准、维护环保检测设备；

3. 开发、确认、验证新的环保检测方法，参与相关检测标准制定；

4. 组织内部检验测试单位能力比对；

5. 制定产品环保检验、检测、监测方案，进行产品材料、设计、生产工艺的禁/限用物质风险评估；

6. 根据标准或规范进行样品的采集、拆分和制样等前处理，使用检测仪器设备对样品的禁/限用物质进行检验、检测、监测及分析；

7. 对样品检测数据进行处理、分析、结果符合性判定，形成记录或出具报告；

8. 分析并利用检验、检测和监测结果，制定产品环保设计、生产工艺及供应链产品环保符合性溯源管理的改进方案。

（九）4-13-05-04　全媒体运营师

定义：综合利用各种媒介技术和渠道，采用数据分析、创意策划等方式，从事对信息进行加工、匹配、分发、传播、反馈等工作的人员。

主要工作任务：

1. 运用网络信息技术和相关工具，对媒介和受众进行数据化分析，指导媒体运营和信息传播的匹配性与精准性；

2. 负责对文字、声音、影像、动画、网页等信息内容进行策划和加工，使其成为适用于传播的信息载体；

3. 将信息载体向目标受众进行精准分发、传播和营销；

4. 采集相关数据，根据实时数据分析、监控情况，精准调整媒体分发的渠道、策略和动作；

5. 建立全媒体传播矩阵，构建多维度立体化的信息出入口，对各端口进行协同运营。

（十）4-14-01-02　健康照护师

定义：运用基本医学护理知识与技能，在家庭、医院、社区等场所，为照护对象提供健康照护及生活照料的人员。

主要工作任务：

1. 观察发现照护对象的常见健康问题及疾病（危急）症状，提出相应预防、康复及照护措施，或提出送医建议；

2. 观察发现照护对象的常见心理问题，提供简单心理疏导及支持性照护措施；

3. 照护老年人生活起居、清洁卫生、睡眠、日常活动，提供合理饮食及适宜活动，提供预防意外伤害安全照护，为临终老人提供安宁疗护措施；

4. 照护孕产妇生活起居，根据个体身心特点，提供合理营养、适当运动的健康生活照护，促进母乳喂养及产后康复；

5. 照护婴幼儿生活起居与活动，提供喂养、排泄、洗浴、抚触、睡眠、生长发育促进及心理健康照护措施；

6. 照护病患者生活起居、清洁卫生、日常活动，提供合理饮食及适宜活动，按医嘱督促、协助照护对象按时服药、治疗；

7. 为照护对象家庭提供整洁生活环境、合理营养膳食及健康常识普及。

本职业包含但不限于下列工种：

医疗护理员

（十一）4-14-01-03 呼吸治疗师

定义：使用呼吸机、肺功能仪、多导睡眠图仪、雾化装置等呼吸治疗设备，从事心肺和相关脏器功能的评估、诊治与康复，以及健康教育、咨询指导等工作的人员。

主要工作任务：

1. 运用肺功能检查、多导睡眠图、心肺运动检查、呼吸力学、血气分析等设备及技术方法，进行心肺和相关脏器生理与功能的监测及评估，制定呼吸治疗方案；

2. 评估和管理需要呼吸支持的患者，维护呼吸机等相关设备，保障呼吸机等设备的规范化使用；

3. 负责人工气道管理与自然气道维护的个体化计划的制定与实施；

4. 负责雾化吸入、气道湿化、气道廓清等其他呼吸治疗方案的制定和实施；

5. 负责患者院内外转运或急救中呼吸治疗安全的保障工作；

6. 负责呼吸康复的管理、指导与咨询，进行戒烟指导和呼吸健康宣教工作；

7. 参与呼吸治疗相关技术与设备的研究、开发和推广。

（十二）4-14-02-04　出生缺陷防控咨询师

定义：从事出生缺陷防控宣传、教育、咨询、指导以及提供出生缺陷发生风险的循证信息、遗传咨询、解决方案建议、防控管理服务及康复咨询的人员。

主要工作任务：

1. 为咨询对象提供包括环境、遗传等因素的出生缺陷发生风险的循证咨询建议，提供医学检查和就医建议；

2. 对出生缺陷检测、治疗与康复、病患家庭的重点人群再生育等提供咨询建议；

3. 为咨询对象提供出生缺陷临床表现和可能采取的干预措施及预后情况的咨询，并提供心理疏导；

4. 为咨询对象、病患家庭提供出生缺陷相关的防控、保障等社会资源信息；

5. 进行出生缺陷防控社会宣传，普及出生缺陷防控相关知识。

（十三）4-14-03-06　康复辅助技术咨询师

定义：根据功能障碍者的身体功能与结构、活动参与能力及使用环境等因素，综合运用康复辅助技术产品，为功能障碍者提供辅助技术咨询、转介、评估、方案设计、应用指导等服务的人员。

主要工作任务：

1. 为功能障碍者提供康复辅助技术产品咨询与服务转介；

2. 评估功能障碍者的身体结构和功能、活动和参与、环境因素以及个人因素，提出康复辅助技术产品适配方案，以及个人和公共环境改造方案；

3. 指导康复辅助技术产品适配方案、个人和公共环境改造方案的实施；

4. 指导功能障碍者使用康复辅助技术产品，并进行效果评价；

5. 为功能障碍者提供辅助技术产品保养和简单维修知识及简易康复指导

服务，对用户进行随访；

6. 开展社区居民的康复辅助技术服务科普和宣教。

（十四）6-23-03-15　无人机装调检修工

定义：使用设备、工装、工具和调试软件，对无人机进行配件选型、装配、调试、检修与维护的人员。

主要工作任务：

1. 根据无人机的产品性能等相关要求，对无人机进行配件选型、制作及测试；

2. 按照装配图等相关要求，使用专用工具进行无人机的整机装配；

3. 使用相关调试软件和工具，进行无人机系统和功能模块的联调与测试；

4. 使用专用检测仪器及软件进行无人机各系统检测、故障分析和诊断；

5. 使用相关工具，根据故障诊断结果进行无人机维修；

6. 使用专用检测工具和软件对修复后的无人机进行性能测试；

7. 根据维护保养手册，对无人机各功能模块进行维护保养；

8. 编制无人机设备装配、测试、检修维修等报告。

（十五）6-29-02-16　铁路综合维修工

定义：对铁路线路、路基、桥涵、隧道、信号、牵引供电接触网及附属设备进行检测、施工、养护、维修的人员。

主要工作任务：

1. 负责铁路线路、路基、桥涵、隧道及附属设备的巡视检查、日常养护、值班值守、应急处置、施工配合等；

2. 负责铁路现场信号设备的巡视检查、日常养护、值班值守、应急处置、施工配合等；

3. 负责铁路牵引供电接触网设备的巡视检查、日常养护、值班值守、应急处置、施工配合等；

4. 负责铁路现场信号设备、牵引供电接触网设备的数据采集、整理及综合分析；

5. 负责铁路基础设施巡检、基础设施设备养护现场作业安全防护等。

本职业包含但不限于下列工种：

铁路网线维修工　铁路信线维修工

（十六）6-29-99-00　装配式建筑施工员

定义：在装配式建筑施工过程中从事构件安装、进度控制和项目现场协调的人员。

主要工作任务：

1. 编制装配式建筑预制构件现场安装方案；

2. 负责预制构件现场堆放；

3. 负责现场构件定位放线、标高测定、吊装、安装、调平、校正；

4. 负责构件的临时支撑；

5. 负责外墙、内墙构件的砂浆密封和套筒灌浆连接；

6. 负责构件吊装后的吊点切割和抹平；

7. 负责构件表面预埋件凹槽部位的处理；

8. 负责施工现场进度的控制和有关单位的沟通协调。

二、调整变更职业信息

（一）在"行政办事员（3-01-01-01）"职业下增设"政务服务综合窗口办事员"工种。

（二）在"秘书（3-01-02-02）"职业下增设"科研助理"工种。

（三）在"电子商务师（4-01-02-02）"职业下增设"跨境电子商务师"工种。

（四）在"轨道列车司机（4-02-01-01）"职业下增设"动力集中型电力动车组司机"和"动力集中型内燃动车组司机"2个工种。

（五）在"职业指导员（4-07-03-01）"职业下增设"残疾人就业辅导员"工种。

（六）在"企业人力资源管理师（4-07-03-04）"职业下增设"薪税师"

工种。

（七）在"首饰设计师（4-08-08-11）"职业下增设"珠宝设计师"和"饰品设计师"2个工种。

（八）将"医疗临床辅助服务员（4-14-01-00）"的职业编码更改为"4-14-01-01"，同时将该职业原下设的"医疗护理员"工种调整为"健康照护师（4-14-01-02）"职业下设的工种。

（九）将"防腐蚀工（6-11-01-06）"职业名称变更为"腐蚀控制工"。

（十）在"废旧物资加工处理工（6-27-01-00）"职业下增设"废矿物油再生处置工"工种。

（十一）在"铁路自轮运转设备工（6-29-02-01）"职业下增设"轨道作业车司机"工种，同时取消该职业原下设的"轨道车司机"和"接触网作业车司机"2个工种。

人力资源社会保障部办公厅关于做好人力资源社会保障部门职业资格实施机构职能调整有关工作的通知

人社厅发〔2020〕49号

各省、自治区、直辖市及新疆生产建设兵团人力资源社会保障厅（局）：

根据2019年12月国务院常务会议关于推进职业资格实施机构职能调整的有关要求，为推动政府职能转变，深化技能人才评价体制机制改革，现就做好人力资源社会保障部门职业资格实施机构职能调整有关工作通知如下。

一、深化职业资格改革，推动政府职能转变

按照党的十四届三中全会关于"实行学历文凭和职业资格两种证书制度"要求，我国从1994年开始建立职业资格证书制度，各级人力资源社会保障部门（原劳动部门）逐步建立职业技能鉴定中心，形成遍布全国、覆盖省市县的职业技能鉴定组织实施体系，承担组织实施职业技能鉴定、推行技能人员职业资格制度有关工作。2013年以来，国务院推进"放管服"改革，先后取消七批职业资格许可和认定事项，削减比例达70%以上。2017年9月，经国务院同意，我部向社会公布国家职业资格目录。2019年12月，国务院常务会议决定，水平评价类技能人员职业资格全部退出国家职业资格目录，推行社会化职业技能等级认定，并要求稳妥推进现有职业资格实施机构职能调整。这是推动政府职能转变、形成以市场为导向的技能人才培养使用机制的一场革命。

贯彻落实上述要求，各级人力资源社会保障部门职业技能鉴定中心（以下简称鉴定中心）要进行职能调整，从今年起有序退出水平评价类技能人员职业资格具体认定工作，转向加强质量监督、提供公共服务等工作。各级人力资源社会保障部门要提高政治站位，充分认识这项工作的重要意义，进一步明确政府、市场、用人主体在技能人才评价中的职能定位，做好技能人才评价制度改革工作。

二、积极稳妥做好技能人才评价工作

在有序做好水平评价类技能人员职业资格退出国家职业资格目录、推行社会化职业技能等级认定工作过程中，各级鉴定中心要在行政部门指导下做好以下工作：

（一）**大力推动职业技能等级认定工作**。做好用人单位和社会培训评价组织的征集遴选工作。依托用人单位和社会培训评价组织，将水平评价类技能人员职业资格转为职业技能等级认定，为技能人才队伍建设提供支持服务。

（二）**加快技能人才评价基础工作**。做好职业技能标准和评价规范开发、命题和题库建设、考务管理服务等的技术指导。加强考评人员、督导人员和专家队伍建设。推进信息化建设和信息统计分析工作。

（三）**做好技能人才评价工作的监督管理**。强化属地监管，加强对本地区职业技能等级认定工作的质量监管，对群众投诉举报和媒体报道反映的问题及时调查核实处理。

（四）**做好技能竞赛的组织实施与技术支持工作**。协助做好技能人才评选表彰和高技能人才研修交流服务等有关事务性工作。

三、有关要求

（一）各级人力资源社会保障部门要将职业资格实施机构职能调整作为深化"放管服"改革的重要内容和关键环节，列入重要议事日程，加强组织领导，扎实推动落实。要及时研究职能调整中遇到的新情况新问题，加大与有关部门政策沟通协调力度，积极稳妥推进，确保各项工作平稳有序进行。

（二）各级鉴定中心要围绕中心、服务大局，进一步明确职能定位，切实履行职责，面向社会提供公益服务，为机关行使职能提供支持保障。要简化程序，优化流程，积极组织动员用人单位和社会培训评价组织开展职业技能等级认定，做好技能人才培养评价工作。

（三）推进技能人才评价制度改革是一项涉及面广、政策性强的工作。各级人力资源社会保障部门要做好政策解读和舆论引导工作，提升公众知晓度，及时回应社会关切，营造良好氛围。

人力资源社会保障部办公厅

2020 年 5 月 8 日

人力资源社会保障部办公厅 市场监管总局办公厅 统计局办公室 关于发布区块链工程技术人员等职业信息的通知

人社厅发〔2020〕73号

各省、自治区、直辖市及新疆生产建设兵团人力资源社会保障厅（局）、市场监管局、统计局，国务院各部委、各直属机构、各中央企业、有关社会组织人事劳动保障工作机构，中央军委政治工作部兵员和文职人员局：

根据《中华人民共和国劳动法》有关规定，为贯彻落实《国务院关于推行终身职业技能培训制度的意见》提出的"紧跟新技术、新职业发展变化，建立职业分类动态调整机制，加快职业标准开发工作"要求，加快构建与国际接轨、符合我国国情的现代职业分类体系，我们面向社会持续公开征集新职业信息。经专家评估论证、向社会公示、征求国务院各部门意见等程序，目前遴选确定了区块链工程技术人员等9个新职业信息，调整变更了7个职业信息，现予发布。

人力资源社会保障部办公厅
市场监管总局办公厅
统计局办公室
2020年6月28日

区块链工程技术人员等职业信息

一、新职业信息

（一）2-02-10-15　区块链工程技术人员

定义：从事区块链架构设计、底层技术、系统应用、系统测试、系统部署、运行维护的工程技术人员。

主要工作任务：

1. 分析研究分布式账本、隐私保护机制、密码学算法、共识机制、智能合约等技术；

2. 设计区块链平台架构，编写区块链技术报告；

3. 设计开发区块链系统应用底层技术方案；

4. 设计开发区块链性能评测指标及工具；

5. 处理区块链系统应用过程中的部署、调试、运行管理等问题；

6. 提供区块链技术咨询及服务。

（二）3-01-01-06　城市管理网格员

定义：运用现代城市网络化管理技术，巡查、核实、上报、处置市政工程（公用）设施、市容环境、社会管理事务等方面的问题，并对相关信息进行采集、分析、处置的人员。

主要工作任务：

1. 操作信息采集设备，巡查、发现网格内市政工程（公用）设施、市容环境、社会管理事务等方面的问题，受理相关群众举报；

2. 操作系统平台对发现或群众举报的网格内市政工程（公用）设施、市容环境、社会管理事务等方面的问题进行核实、上报、记录；

3. 研究网格内市政工程（公用）设施、市容环境、社会管理事务等方面问题的立案事宜，提出处置方案；

4. 通知存在问题的责任单位，并协助解决相关问题；

5. 核实上级通报的问题，协助责任单位处置，并反馈处置结果；

6. 收集、整理、分析相关信息、数据，提出网格内城市治理优化建议。

（三）4-01-02-07 互联网营销师

定义：在数字化信息平台上，运用网络的交互性与传播公信力，对企业产品进行营销推广的人员。

主要工作任务：

1. 研究数字化信息平台的用户定位和运营方式；

2. 接受企业委托，对企业资质和产品质量等信息进行审核；

3. 选定相关产品，设计策划营销方案，制定佣金结算方式；

4. 搭建数字化营销场景，通过直播或短视频等形式对产品进行多平台营销推广；

5. 提升自身传播影响力，加强用户群体活跃度，促进产品从关注到购买的转化率；

6. 签订销售订单，结算销售货款；

7. 协调销售产品的售后服务；

8. 采集分析销售数据，对企业或产品提出优化性建议。

本职业包含但不限于下列工种：

直播销售员

（四）4-04-04-04 信息安全测试员

定义：通过对评测目标的网络和系统进行渗透测试，发现安全问题并提出改进建议，使网络和系统免受恶意攻击的人员。

主要工作任务：

1. 分析研究网络与信息系统安全攻防技术，并跟踪其发展变化；

2. 利用信息收集工具及技术手段，采集并分析评测目标的相关信息；

3. 制定评测目标的安全测试方案及实施计划；

4. 利用漏洞检测工具定位、识别评测目标存在的安全漏洞，并进行技术核查与评估；

5. 利用渗透工具对评测目标进行深度测试，验证安全漏洞引发的网络与系统安全隐患；

6. 编制安全评测报告，协助专业人员对评测目标进行安全恢复及技术改进。

（五）4-04-05-06　区块链应用操作员

定义：运用区块链技术及工具，从事政务、金融、医疗、教育、养老等场景系统应用操作的人员。

主要工作任务：

1. 分析研究在区块链应用场景下的用户需求；

2. 设计系统应用的方案、流程、模型等；

3. 运用相关应用开发框架协助完成系统开发；

4. 测试系统的功能、安全、稳定性等；

5. 操作区块链服务平台上的系统应用；

6. 从事系统应用的监控、运维工作；

7. 收集、汇总系统应用操作中的问题。

（六）4-13-99-02　在线学习服务师

定义：运用数字化学习平台（工具），为学习者提供个性、精准、及时、有效的学习规划、学习指导、支持服务和评价反馈的人员。

主要工作任务：

1. 对学习者进行学情分析，提出针对性的学习规划和学习建议；

2. 为学习者提供全方位、全周期的个性化指导支持和课程管理服务，解决学习者学习过程中的技术、内容、方法等问题；

3. 管理在线学习班级，为学习者建立和维护在线交互社群，激发学习者的学习动机，提高学习兴趣；

4. 运用分析和评价工具对学习者的学习活动和学习成果进行综合评价并及时反馈；

5. 根据学习者体验，对学习平台、学习工具、学习资源等提出优化建议。

（七）4-14-01-04　社群健康助理员

定义：运用卫生健康及互联网知识技能，从事社群健康档案管理、宣教培训，就诊和保健咨询、代理、陪护及公共卫生事件事务处理的人员。

主要工作任务：

1. 运用互联网共享卫生健康资源，提供健康咨询、培训、代理、监护及网约就诊、保健等服务；

2. 为社群成员建立健康档案，采集、上报健康风险因素及公共卫生健康信息；

3. 为社群成员提供健康探访、体检、就诊、转诊等代理或陪护服务；

4. 为患者提供预约挂号、缴费、取药、办理住院手续等协助服务；

5. 为有养生、体检、心理咨询等健康需求的社群成员推荐机构及技师，提供预约、出行陪护及接送等服务；

6. 开展社群卫生健康防护，协助开展爱国卫生运动，组织社区环境卫生整治、健康科普、群众动员工作，提供消毒、清洁、送药、看护等防疫及生活保障服务，协助相关物资的登记、统计、购置、发放等工作；

7. 利用互联网技术参与公共卫生事件的健康预警、监视。

（八）4-14-02-05　老年人能力评估师

定义：为有需求的老年人提供生活活动能力、认知能力、精神状态等健康状况测量与评估的人员。

主要工作任务：

1. 采集、记录老年人的基本信息和健康状况；

2. 评估老年人日常生活活动能力；

3. 测量与评估老年人认知能力、精神状态、感知觉与沟通能力、社会参与能力；

4. 依据测量与评估结果，确定老年人能力等级；

5. 出具老年人能力综合评估报告；

6. 为老年人能力恢复提出建议。

（九）6-20-99-00　增材制造设备操作员 L

定义：从事增材制造设备安装、调试、维修和保养，及生产操作和运行管理的人员。

主要工作任务：

1. 安装、调试增材制造设备；

2. 操作增材制造设备进行生产，负责增材制造设备的运行管理；

3. 从事增材制造设备的故障排查、设备维修及保养工作；

4. 为客户提供设备操作和日常保养培训；

5. 协助客户解决设备常见问题，并收集客户反馈意见建议；

6. 分析研究增材制造设备生产过程中的技术问题。

二、调整变更职业信息

（一）在"互联网营销师（4-01-02-07）"职业下增设"直播销售员"工种。

（二）在"网络与信息安全管理员（4-04-04-02）"职业下增设"互联网信息审核员"工种。

（三）在"银行信贷员（4-05-01-02）"职业下增设"小微信贷员"工种。

（四）在"企业人力资源管理师（4-07-03-04）"职业下增设"劳务派遣管理员"工种。

（五）将"电子竞技员（4-13-99-00）"的职业编码更改为"4-13-99-01"。

（六）将"公共卫生辅助服务人员（4-14-04）"小类下"公共卫生辅助服务员（4-14-04-00）"职业取消；同时将该职业下的"防疫员""消毒员"和"公共场所卫生管理员"等3个工种分别上升为职业。职业信息如下：

1. 4-14-04-01　防疫员

定义：从事健康教育、疾病预防控制、突发公共卫生事件处置，对环境、场所、物品进行有害微生物清除及病媒生物防制的公共卫生防控辅助人员。

主要工作任务：

（1）开展有关疾病的科普宣传；

（2）监测和控制传染病；

（3）消除环境、场所、物品的有害微生物；

（4）开展病媒生物的防治工作；

（5）开展预防控制知识培训。

2. 4—14—04—02　消毒员

定义：从事消毒知识宣传、消毒药剂配制，对环境、场所、物品进行消毒和消毒效果评价，及消毒设备保养、检修的公共卫生防控辅助人员。

主要工作任务：

（1）制定消毒方案和防护措施；

（2）依据消毒要求配制消毒药剂；

（3）从事环境、场所、物品的消毒工作；

（4）对消毒效果进行评价；

（5）对消毒设备进行保养、检修。

3. 4—14—04—03　公共场所卫生管理员

定义：从事公共场所卫生管理、卫生管理制度制定、人员健康监测、卫生风险分析与控制及卫生知识宣传工作的公共卫生防控辅助人员。

主要工作任务：

（1）制定公共场所卫生管理制度和规范；

（2）建立公共场所卫生管理档案；

（3）开展公共场所人员健康监测；

（4）开展公共场所物理因素、室内空气质量、生活饮用水、游泳池水、沐浴用水、集中空调通风系统、应急通道、安全出口等的卫生管理工作；

（5）进行公共场所卫生风险分析与控制；

（6）开展公共场所卫生知识宣传工作；

（7）开展公共场所物理因素、室内空气质量、生活饮用水等卫生评价。

（七）在"壁画制作工（6—09—03—07）"职业下增设"泥板画创作员"工种。

人力资源社会保障部办公厅关于做好水平评价类技能人员职业资格退出目录有关工作的通知

人社厅发〔2020〕80号

各省、自治区、直辖市及新疆生产建设兵团人力资源社会保障厅（局），国务院有关部门、有关行业组织人事劳动保障工作机构，中央军委政治工作部兵员和文职人员局：

2019年12月，国务院常务会议决定分步取消水平评价类技能人员职业资格，推行社会化职业技能等级认定。为贯彻落实国务院常务会议精神，统筹推进疫情防控和经济社会发展，促进就业创业，现就做好水平评价类技能人员职业资格退出国家职业资格目录有关工作通知如下。

一、要深刻理解和领会取消水平评价类技能人员职业资格、推行社会化职业技能等级认定的重要意义。将技能人员水平评价由政府认定改为实行社会化等级认定，接受市场和社会认可与检验，这是推动政府职能转变、形成以市场为导向的技能人才培养使用机制的一场革命，有利于破除对技能人才成长和弘扬工匠精神的制约，促进产业升级和高质量发展。各级人力资源社会保障部门和有关部门、行业组织要从加强技能人才培养、使用、评价、激励工作大局出发，稳妥有序推进技能人才评价制度改革，将水平评价类技能人员职业资格分批有序退出目录，不再由政府或其授权的单位认定发证，转为社会化等级认定，由用人单位和相关社会组织按照职业标准或评价规范开展职业技能等级认定、颁发职业技能等级证书，支持服务技能人才队伍建设。

二、今年年底前，拟分批将水平评价类技能人员职业资格退出目录。人力资源社会保障部门和有关部门组织实施的14项职业资格（涉及29个职业）拟于9月30日前第一批退出。其他部门（单位）组织实施的66项职业资格（涉及156个职业）拟于12月31日前第二批退出。与公共安全、人身健康、生命财产安全等密切相关的职业（工种）拟依法调整为准入类职业资格。上述有关工作请于今年年底前完成（具体安排详见附件）。

三、妥善处理水平评价类技能人员职业资格退出目录的有关后续工作。对已发布鉴定考试公告或已受理鉴定考试报名的，可以根据考生意愿，继续做好鉴定考试工作，或者退回有关费用。对已组织完成鉴定考试的，要做好职业资格证书发放等工作。对按技能人才职业资格证书培养计划招生的职业院校（含技工院校），或企业招收的企业新型学徒，要支持其执行培养培训计划，保证政策不断线，帮助学生（学员）毕结业时能够取得相应职业资格证书或职业技能等级证书。

四、加强职业资格证书管理。要规范实施职业技能鉴定，保证鉴定质量，严格职业资格证书发放，严禁违规、突击发放证书。退出目录前已发放的职业资格证书继续有效，可作为持证者职业能力水平的证明。

五、做好职业技能等级认定工作。要认真总结职业技能等级认定试点工作，大力推行职业技能等级认定。要推动各类企业等用人单位全面开展技能人才自主评价，遴选发布社会培训评价组织并指导其按规定开展职业技能等级认定，颁发职业技能等级证书，支持劳动者实现技能提升。

六、对与公共安全、人身健康、生命财产安全等密切相关的水平评价类技能人员职业资格，有关单位要抓紧配合做好相关法律法规制定修订工作，依法将其调整为准入类职业资格。人力资源社会保障部门职业技能鉴定中心要加快职能转变，加强职业技能等级认定工作的质量监管，做好公共服务。有关单位职业技能鉴定中心可结合实际探索向社会培训评价组织转型。

附件：水平评价类技能人员职业资格退出目录安排

人力资源社会保障部办公厅
2020年7月20日

附件

水平评价类技能人员职业资格退出目录安排

（水平评价类 76 项）

序号	职业资格名称		实施部门（单位）	批次
1	机械设备修理人员	设备点检员	中国钢铁工业协会	2
		电工	应急管理部、人力资源社会保障部	
		锅炉设备检修工、变电设备检修工	中国电力企业联合会	
		工程机械维修工	中国机械工业联合会	
2	通用工程机械操作人员	起重装卸机械操作工	交通运输部、人力资源社会保障部	2
3	建筑安装施工人员	电梯安装维修工、制冷空调系统安装维修工	人力资源社会保障部	1
4	土木工程建筑施工人员	筑路工、桥隧工	交通运输部、住房城乡建设部	2
		防水工	住房城乡建设部、人力资源社会保障部	
		电力电缆安装运维工	中国电力企业联合会	
5	房屋建筑施工人员	砌筑工、混凝土工、钢筋工、架子工	住房城乡建设部、人力资源社会保障部	2
6	水生产、输排和水处理人员	水生产处理工	中国石油和化学工业联合会、中国电力企业联合会、住房城乡建设部	2
		工业废水处理工	中国石油和化学工业联合会	

续表

序号	职业资格名称		实施部门（单位）	批次
7	气体生产、处理和输送人员	工业气体生产工	中国石油和化学工业联合会	2
		工业废气治理工	中国石油和化学工业联合会、中国电力企业联合会	2
		压缩机操作工	中国石油和化学工业联合会、中国煤炭工业协会	2
8	电力、热力生产和供应人员	锅炉运行值班员、发电集控值班员、变配电运行值班员、继电保护员、燃气轮机值班员	中国电力企业联合会	2
		锅炉操作工	人力资源社会保障部	1
9	仪器仪表装配人员	钟表及计时仪器制造工	中国轻工业联合会	2
10	电子设备装配调试人员	广电和通信设备电子装接工、广电和通信设备调试工	工业和信息化部	2
11	计算机制造人员	计算机及外部设备装配调试员	工业和信息化部	2
12	电子器件制造人员	液晶显示器件制造工、半导体芯片制造工、半导体分立器件和集成电路装调工	工业和信息化部	2
13	电子元件制造人员	电子产品制版工、印制电路制作工	工业和信息化部	2

续表

序号	职业资格名称		实施部门（单位）	批次
14	电线电缆、光纤光缆及电工器材制造人员	电线电缆制造工	中国机械工业联合会	2
15	输配电及控制设备制造人员	变压器互感器制造工、高低压电器及成套设备装配工	中国机械工业联合会	2
16	汽车整车制造人员	汽车装调工	中国机械工业联合会	2
17	医疗器械制品和康复辅具生产人员	矫形器装配工、假肢装配工	民政部	2
18	金属加工机械制造人员	机床装调维修工	人力资源社会保障部	1
19	工装工具制造加工人员	模具工	人力资源社会保障部	1
20	机械热加工人员	铸造工、锻造工、金属热处理工	人力资源社会保障部	1
21	机械冷加工人员	车工、铣工、钳工、磨工、冲压工	人力资源社会保障部	1
21	机械冷加工人员	电切削工	中国机械工业联合会、人力资源社会保障部	2
22	硬质合金生产人员	硬质合金成型工、硬质合金烧结工、硬质合金精加工工	中国有色金属工业协会	2
23	金属轧制人员	轧制原料工、金属轧制工、金属材热处理工、金属材精整工	中国钢铁工业协会、中国有色金属工业协会	2
23	金属轧制人员	金属挤压工、铸轧工	中国有色金属工业协会	2

续表

序号	职业资格名称		实施部门（单位）	批次
24	轻有色金属冶炼人员	氧化铝制取工、铝电解工	中国有色金属工业协会	2
25	重有色金属冶炼人员	重冶火法冶炼工、电解精炼工、重冶湿法冶炼工	中国有色金属工业协会	2
26	炼钢人员	炼钢原料工、炼钢工	中国钢铁工业协会	2
27	炼铁人员	高炉原料工、高炉炼铁工、高炉运转工	中国钢铁工业协会	2
28	矿物采选人员	井下支护工、矿山救护工	中国有色金属工业协会、中国煤炭工业协会、中国钢铁工业协会	2
29	陶瓷制品制造人员	陶瓷原料准备工、陶瓷烧成工、陶瓷装饰工	中国轻工业联合会、中国建筑材料联合会	2
30	玻璃纤维及玻璃纤维增强塑料制品制造人员	玻璃纤维及制品工、玻璃钢制品工	中国建筑材料联合会	2
31	水泥、石灰、石膏及其制品制造人员	水泥生产工、石膏制品生产工、水泥混凝土制品工	中国建筑材料联合会	2
32	药物制剂人员	药物制剂工	国家中医药局	2
33	中药饮片加工人员	中药炮制工	国家中医药局	2
34	涂料、油墨、颜料及类似产品制造人员	涂料生产工、染料生产工	中国石油和化学工业联合会	2

续表

序号	职业资格名称		实施部门（单位）	批次
35	农药生产人员	农药生产工	中国石油和化学工业联合会	2
36	化学肥料生产人员	合成氨生产工、尿素生产工	中国石油和化学工业联合会	2
37	基础化学原料制造人员	硫酸生产工、硝酸生产工、纯碱生产工、烧碱生产工、无机化学反应生产工、有机合成工	中国石油和化学工业联合会	2
38	化工产品生产通用工艺人员	化工总控工、防腐蚀工	中国石油和化学工业联合会	2
		制冷工	人力资源社会保障部	1
39	炼焦人员	炼焦煤制备工、炼焦工	中国煤炭工业协会、中国钢铁工业协会	2
40	工艺美术品制作人员	景泰蓝制作工	中国轻工业联合会	2
41	木制品制造人员	手工木工	住房城乡建设部、人力资源社会保障部	2
42	纺织品和服装剪裁缝纫人员	服装制版师	中国纺织工业联合会	2
43	印染人员	印染前处理工、印花工、印染后整理工、印染染化料配制工、纺织染色工	中国纺织工业联合会	2
44	织造人员	整经工、织布工	中国纺织工业联合会	2
45	纺纱人员	纺纱工、缫丝工	中国纺织工业联合会	2
46	纤维预处理人员	纺织纤维梳理工、并条工	中国纺织工业联合会	2

续表

序号	职业资格名称		实施部门（单位）	批次
47	酒、饮料及精制茶制造人员	酿酒师、品酒师、酒精酿造工、白酒酿造工、啤酒酿造工、黄酒酿造工、果露酿造工	中国轻工业联合会	2
		评茶员	中华全国供销合作总社、人力资源社会保障部	
48	乳制品加工人员	乳品评鉴师	中国轻工业联合会	2
49	粮油加工人员	制米工、制粉工、制油工	国家粮食和物资储备局	2
50	动植物疫病防治人员	农作物植保员、动物疫病防治员、动物检疫检验员、水生物病害防治员	农业农村部	2
		林业有害生物防治员	国家林业和草原局	
51	农业生产服务人员	农机修理工、沼气工、农业技术员	农业农村部	2
52	康复矫正服务人员	助听器验配师、口腔修复体制作工	国家卫生健康委员会	2
		眼镜验光员、眼镜定配工	人力资源社会保障部	1
53	健康咨询服务人员	健康管理师、生殖健康咨询师	国家卫生健康委员会	2
54	计算机和办公设备维修人员	信息通信网络终端维修员	工业和信息化部	2
55	汽车摩托车修理技术服务人员	汽车维修工	交通运输部、人力资源社会保障部	1

续表

序号	职业资格名称		实施部门（单位）	批次
56	保健服务人员	保健调理师	国家中医药局	2
57	美容美发服务人员	美容师、美发师	人力资源社会保障部	1
58	生活照料服务人员	孤残儿童护理员	民政部	2
		育婴员、保育员	人力资源社会保障部	1
59	有害生物防制人员	有害生物防制员	国家卫生健康委员会、人力资源社会保障部	2
60	环境治理服务人员	工业固体废物处理处置工	中国石油和化学工业联合会	2
61	水文服务人员	水文勘测工	水利部	2
62	水利设施管养人员	河道修防工、水工闸门运行工、水工监测工	水利部	2
63	地质勘查人员	地勘钻探工、地质调查员、地勘掘进工、地质实验员、物探工	自然资源部	2
64	检验、检测和计量服务人员	农产品食品检验员	农业农村部、国家粮食和物资储备局	2
		纤维检验员	中华全国供销合作总社	
		贵金属首饰与宝玉石检测员	中国轻工业联合会、自然资源部	
		机动车检测工	中国机械工业联合会、交通运输部	

续表

序号	职业资格名称		实施部门（单位）	批次
65	测绘服务人员	大地测量员、摄影测量员、地图绘制员、不动产测绘员	自然资源部	2
		工程测量员	自然资源部、交通运输部	
66	安全保护服务人员	保安员	公安部、人力资源和社会保障部	拟依照法定程序调整为准入类职业资格
		安检员	中国民用航空局、人力资源社会保障部	拟依照法定程序调整为准入类职业资格
		智能楼宇管理员	住房城乡建设部、人力资源社会保障部	2
		安全评价师	人力资源社会保障部	1
67	人力资源服务人员	劳动关系协调员、企业人力资源管理师	人力资源社会保障部	1
68	物业管理服务人员	中央空调系统运行操作员	住房城乡建设部、人力资源社会保障部	2
69	信息通信网络运行管理人员	信息通信网络运行管理员	工业和信息化部	2
70	广播电视传输服务人员	广播电视天线工、有线广播电视机线员	国家广播电视总局	2
71	信息通信网络维护人员	信息通信网络机务员、信息通信网络线务员	工业和信息化部	2
72	餐饮服务人员	中式烹调师、中式面点师、西式烹调师、西式面点师、茶艺师	人力资源社会保障部	1

续表

序号	职业资格名称		实施部门（单位）	批次
73	仓储人员	（粮油）仓储管理员	国家粮食和物资储备局	2
74	航空运输服务人员	民航乘务员、机场运行指挥员	中国民用航空局	拟依照法定程序调整为准入类职业资格
75	道路运输服务人员	机动车驾驶教练员	交通运输部	2
76	消防和应急救援人员	消防员、应急救援员	应急管理部	拟依照法定程序调整为准入类职业资格
		森林消防员	应急管理部、国家林业和草原局	

人力资源社会保障部办公厅关于支持企业大力开展技能人才评价工作的通知

人社厅发〔2020〕104号

各省、自治区、直辖市及新疆生产建设兵团人力资源社会保障厅（局），国务院有关部委、直属机构人事劳动保障工作机构，有关行业组织、企业人事劳动保障工作机构：

为深入贯彻习近平总书记关于健全技能人才培养、使用、评价、激励制度的重要指示精神，深化技能人才评价制度改革，现就做好支持企业大力开展技能人才评价工作有关事项通知如下。

一、支持企业自主开展技能人才评价。按照党中央、国务院"放管服"改革要求，加快政府职能转变，充分发挥市场在资源配置中的决定性作用，激发市场主体活力，向用人主体放权，按照"谁用人、谁评价、谁发证、谁负责"的原则，支持各级各类企业自主开展技能人才评价工作，发放职业技能等级证书，推动建立以市场为导向、以企业等用人单位为主体、以职业技能等级认定为主要方式的技能人才评价制度。解决水平评价类技能人员职业资格退出国家职业资格目录后技能人才评价载体缺失、评价工作急需跟进等问题，不断优化政策，畅通技能人才发展通道，努力形成人人渴望成才、人人努力成才、人人皆可成才、人人尽展其才的良好局面。

二、企业自主确定评价范围。符合条件、经备案的企业可面向本企业职工（含劳务派遣、劳务外包等各类用工人员）组织开展职业技能水平评价工作，实施职业技能等级认定，并将人才评价与培养、使用、待遇有机结合。企业可结合生产经营主业，依据国家职业分类大典和新发布的职业（工种），自主确定评价职业（工种）范围。对职业分类大典未列入但企业生产经营中实际存在的技能岗位，可按照相邻相近原则对应到职业分类大典内职业（工种）实施评价。支持企业参与新职业开发工作，推动较为成熟的技能岗位纳入国家职业分类体系。

三、企业自主设置职业技能等级。企业可以国家职业技能标准设置的五级（初级工）、四级（中级工）、三级（高级工）、二级（技师）和一级（高级技师）为基础，自主设置职业技能岗位等级，形成具有自身特色的评价等级结构，建立技能人才成长通道。企业可设置学徒工、特级技师、首席技师等岗位等级，并明确其与国家职业技能标准相应技能等级之间的对应关系；企业还可在技能等级内细分层级。

四、依托企业开发评价标准规范。适应产业发展和技术变革需求，发挥企业技术优势开发职业技能标准或评价规范，建立科学合理、符合生产实际的评价标准体系。企业可根据相应的国家职业技能标准，结合企业工种（岗位）特殊要求，对职业功能、工作内容、技能要求和申报条件等进行适当调整，原则上不低于国家职业技能标准要求。无相应国家职业技能标准的，企业可参照《国家职业技能标准编制技术规程》，自主开发制定企业评价规范。支持较为成熟和影响较大的企业评价规范，按程序申报国家职业技能标准。

五、企业自主运用评价方法。建立以职业能力为导向、以工作业绩为重点、注重工匠精神和职业道德养成的技能人才评价体系。坚持把品德作为评价的首要内容，重点考察劳动者执行操作规程、进行安全生产、解决生产问题和完成工作任务的能力，并注重考核岗位工作绩效，强化生产服务结果、创新成果和实际贡献。要把技能人才评价工作融入日常生产经营活动过程中，灵活运用过程化考核、模块化考核和业绩评审、直接认定等多种方式。探索利用现代信息技术，创新技能评价方式。

六、积极开展职业技能竞赛评价。发挥以赛促训、以赛促评作用,将职业技能竞赛作为技能人才评价的重要方式之一,促进评价工作公开公平公正。鼓励企业按照国家职业技能标准和行业企业评价规范要求,大力开展职业技能竞赛、岗位练兵、技术比武等活动,并将竞赛结果与职业技能等级认定相衔接。支持企业职工参加各级各类职业技能竞赛,对在职业技能竞赛中取得优异成绩的人员,可按规定晋升相应职业技能等级。

七、贯通企业技能人才职业发展。适应人才融合发展趋势,建立职业技能等级认定与专业技术职称评审贯通机制,破除身份、学历、资历等障碍,搭建企业人才成长立交桥。落实在工程技术领域实现高技能人才与工程技术人才职业发展贯通的意见要求,逐步扩大贯通领域,能扩尽扩,能融尽融。

八、提升企业评价服务能力。加强企业评价基础能力建设,发挥已有职业技能鉴定技术优势和组织优势,依托设在企业的职业技能鉴定所站、高技能人才培训基地和技能大师工作室等组织开展评价工作。鼓励备案企业申请为社会培训评价组织,为其他中小企业和社会人员提供人才评价服务。深化产教融合、企校合作,支持企业为院校学生提供人才评价服务,引导院校科学合理设置专业和课程。

九、加强质量督导和服务保障工作。各级人力资源社会保障部门要按照属地原则,加强对本地区企业技能人才评价工作的指导服务和质量督导。要健全工作机制,优化服务流程,简化程序,采取上门服务、现场集中办理、网上申报、告知承诺、网络核验等方式,做好企业技能人才评价工作的备案、质量管理和技术支持服务工作。加强跨地区协作,企业所在地人力资源社会保障部门要加强与企业子公司所在地人力资源社会保障部门的沟通衔接,建立信息互通、结果互认机制。企业按规定颁发的职业技能等级证书,纳入各级人力资源社会保障部门建设的证书查询系统,向社会公开。人力资源社会保障部门要将取得职业技能等级证书的人员纳入人才统计范围,并按规定落实相应人才政策。

各地人力资源社会保障部门在工作中遇到的突出问题，请及时向我部反映。

人力资源社会保障部办公厅

2020年11月7日

人力资源社会保障部办公厅关于印发《技能人才薪酬分配指引》的通知

人社厅发〔2021〕7号

各省、自治区、直辖市及新疆生产建设兵团人力资源社会保障厅（局）：

为更好服务中国制造、中国创造，深入实施人才强国、创新驱动发展战略，推动企业建立健全符合技能人才特点的工资分配制度，激励广大青年走技能成才、技能报国之路，我部组织编写了《技能人才薪酬分配指引》，现印发给你们，供指导企业时参考。

各地区要高度重视提高技能人才工资待遇，加强对企业工资分配的指导和服务，抓好宣传培训，推广典型经验，结合本地实际，加强示范引领，推动培养造就一支高素质技能人才队伍。

人力资源社会保障部办公厅

2021年1月26日

技能人才薪酬分配指引

第一章 总 则

第一条 为健全技能人才培养、使用、评价、激励制度，推动企业建立多职级的技能人才职业发展通道，建立以体现技能价值为导向的技能人才薪酬分配制度，大力提高技能人才职业荣誉感和经济待遇，不断发展壮大技能人才队伍，为中国制造和中国创造提供重要人才支撑，结合企业薪酬分配理论实践和技能人才特点，特制定本指引。

第二条 本指引旨在为企业提供技能人才薪酬分配可供参考的方式方法。企业可结合实际，借鉴本指引，不断建立健全适应本企业发展需要的技能人才薪酬分配体系。

第三条 本指引所称技能人才，是指在生产或服务一线从事技能操作的人员。

第四条 技能人才薪酬分配应遵循以下原则。

（一）坚持按劳分配和按要素贡献参与分配。体现多劳者多得、技高者多得的价值分配导向，合理评价技能要素贡献。

（二）坚持职业发展设计与薪酬分配相配套。充分考虑企业的组织架构、职位体系、定岗定编、岗位评价、薪酬分配、绩效管理等相互联系、相互制约的实际，使技能人才薪酬分配与职业发展通道相衔接。

（三）坚持统筹处理好工资分配关系。参考岗位测评结果、市场标杆岗位的薪酬价位，综合考虑企业内部操作技能、专业技术和经营管理等类别实际，统筹确定技能操作岗位和企业内部其他类别岗位之间薪酬分配关系。

第二章 技能人才职业发展通道设计

第五条 本指引所称技能人才职业发展通道，是在企业岗位体系的基础上，形成横向按工作性质、内容等划分不同技能序列，纵向按技能人才专业知识、技术技能、资历经验、工作业绩等因素划分层级的有机系统，既体现技能人才个人能力，又反映岗位差别。

第六条　技能人才职业发展通道一般应与企业的经营管理类、专业技术类职业发展通道并行设置，层级互相对照。企业可根据发展需要，贯通工程技术领域操作技能与工程技术序列融合发展的路径，并逐步拓宽贯通领域，扩大贯通规模。对制造业的技能人才，可以设置基本生产技能操作、辅助生产技能操作等细分类别，纵向设置多个职级（详见附表1）。其他行业企业可结合实际参照设置。

纵向成长通道一般应基于不同类别岗位的重要程度、复杂程度等因素，并考虑不同类别岗位人员的职业发展规律作出差别化安排。纵向成长通道具体层级设置数量可根据企业发展战略、主体业务、员工队伍状况等实际进行调整。

企业内部不同类别之间对应关系，技能操作类的正常成长通道最高可与部门正职/分厂厂长/分支机构正职等中层正职相当，高精尖的高技能领军人才可与企业高层管理岗相当。对企业技能操作中的基本生产技能操作工种、辅助生产技能操作工种和熟练服务工种等，一般应设置差别化成长通道。同时，在满足任职资格条件基础上，不同职业发展通道可以相互贯通。

第七条　为实现职业发展通道有效运转，需定责权，即对具体职位在工作职责、管理权限等方面作出统一规范和界定。定责权，主要是解决好职业发展通道和企业内部管理岗位之间的关系问题，总的原则是以事定责、按责配权，实现权责利的统一。职责权限的划分根据相关业务流程，通过编制岗位说明书等方式进行明确，并结合实际动态调整。

处于高职级的技能人才对本领域业务工作负有组织制订（修订）标准、指导落实、监控、审查、结果判定等职责和权限；同时，需承担本业务领域难度较大、创新性的工作任务，并负有编制培训教材、培训授课、平时指导等培训指导职责。

第八条　职业发展通道有效运转需定数量，即根据企业战略和相应的人力资源规划，参考企业所在业务领域专业细分结果，结合企业对各职位的需求以及人员结构情况，制定各职级的职数标准和比例结构。

设置职位数量的规则，一般采取两头放开、中间择优的方式安排。高层职级一般按资格条件管理，不设具体职位数量，成熟一个聘任一个，宁缺毋滥；基层职级一般不设职数，符合条件即可正常晋升；中间层级可按照细分专业数量设置职数，也可以按照一定比例进行安排。

第九条 职业发展通道有效运转需定资格，即根据履行职位职责的要求，对职位任职人员所应具备的学历、资历、能力、经验、业绩等多维度任职条件作出统一规范和界定。职位任职资格标准可将经人社部门公布的技能人才评价机构评价的职业技能等级作为重要参考，并明确相互间对应关系。

结合人才成长规律，职业发展通道一般可按三个阶段设置，形成全职业周期的成长发展通道。新进技能人才在第一个十年中，每2至3年晋升一个职级，在基层岗位职位上正常成长；第二个十年中，在中间层级岗位职位上择优晋升发展；第三个十年中，在高层级岗位职位上逐步成长为专家权威。同时，对具有特殊技能和突出贡献的高技能人才应有破格晋升的制度安排。

随着新生代劳动者成长预期的变化，以及不同类型企业的技能操作难度有差异，对技能人才的成长年限安排以及相应的任职资格标准可有所不同。

第十条 职业发展通道有效运转需定考评，即明确各类人员进入所在职级通道的考评办法，根据考评结果组织聘任，实现能上能下。

第十一条 职业发展通道有效运转需定待遇，即对进入职业发展通道的技能人才，可对新职级职位按照岗位进行管理，职位职级变化时执行岗变薪变规则。各职级人员聘任到位后，按相应岗位工资标准执行，根据绩效考核结果发放绩效工资。

第十二条 职业发展通道有效运转需动态管理，即对职位职数标准、任职人员配置以及职位体系框架的动态管理。

其中，职位职级聘任应有任期规定，高职级职位的任期可比低职级长。任期期满重新进行评聘。在职位职数规定范围内，对任期评聘成绩优秀并达到上一职级任职资格的可予以晋升，考评合格的可保留原职级，考评不合格的可降低职级。

第三章　技能人才薪酬分配制度设计

第一节　工资结构设计

第十三条　按照为岗位付酬、为能力付酬、为绩效付酬的付酬因素，技能人才工资结构可由体现岗位价值的岗位工资单元、体现能力差别的能力工资单元和体现绩效贡献的绩效工资单元等组成。

第十四条　为稳定职工队伍，保障职工基本生活，企业可结合实际增加设置体现保障基本生活的基础工资单元和体现员工历史贡献积累的年功工资单元。

第十五条　在各工资单元功能不重复体现的原则下，为补偿技能人才在特定环境或承担特定任务的额外付出，可设置相应的津贴单元，包括体现夜班工作条件下额外劳动付出的夜班津贴、体现高温噪声污染等艰苦环境条件下额外劳动付出的作业环境津贴、体现技能人才技能水平的技能津贴、体现技能人才班组长额外劳动付出的班组长津贴、体现技能人才师傅带徒弟额外劳动付出的带徒津贴等。根据需要，还可设置鼓励多学技能、向复合型人才发展的多能津贴或通岗津贴等。

第十六条　企业根据需要可以合并、减少或增加相关工资单元。例如，能力工资单元可以采用设置技能人才特殊岗位津贴的形式体现，也可以采用将职级通道直接纳入岗位工资单元进行体现；年功工资单元可在岗位工资单元中设置一岗多薪、一岗多档，岗级体现不同岗位的价值度，档次用于体现同一岗位上不同员工的岗位任职时间、业绩贡献、年度正常增长等因素。

第二节　岗位工资单元设计

第十七条　岗位工资等级应以岗位评价结果为基础。岗位评价是实现不同岗位之间价值可比，体现企业薪酬分配内部公平的重要基础工作。

岗位评价一般有四种方法：一是排序法，将企业全部岗位视为一个系列，根据各个岗位对组织的贡献度和作用度不同，对岗位次序进行排列的一种方法，一般适用于工作性质单一、岗位较少的企业。二是分类套级法，将企业全部岗位分为若干系列、每个系列分为若干级别，分类别对岗位次序进行排列的一种方法。三是因素比较法，事先确定测评要素和若干主要岗位（或称标杆岗位），将每一个主要岗位的每个影响因素分别加以排序或评价。其他岗位按影响因素与已测评标杆岗位各因素测评结果分别进行比较，进而确定岗位的价值等级。四是要素计分法，根据预先规定的衡量标准，对岗位的主要影响因素逐一进行评比、估量，由此得出各个岗位的量值。

第十八条 企业采用要素计分法对技能操作类岗位进行岗位评价，通常考虑岗位对上岗人员技能水平要求的高低，岗位工作量及质量责任的轻重，体力或脑力劳动强度的大小和岗位工作条件的好差等进行评价。在此基础上，要遵循战略导向原则，从突出企业关键重要岗位的角度选择评价要素，确定评价要素权重。

第十九条 企业在评价要素的选择、评价权重的设置、评价过程的组织等方面应贯彻公正、公开原则，得到员工认可。第一步是初评，企业内各二级单位评价确定本单位内部技能操作岗位纵向岗位关系；第二步进行复测，在各单位初评结果中筛选出标杆岗位，选取熟悉技能操作类岗位职责情况、公信力高的岗位评价代表进行复测，确定不同单位之间技能操作类岗位的等级关系。

第二十条 岗位工资可采取一岗一薪、岗变薪变，也可采取一岗多薪、宽带薪酬形式。一岗多薪、宽带薪酬指的是在每个岗位等级内设多个工资档次，以体现同岗级人员不同能力、资历和不同业绩贡献的差别。一岗多薪、宽带薪酬既能体现员工的岗位价值，又能体现员工的能力素质，还可以兼顾到员工薪资的正常晋升，这一做法在实践中被较多企业选择。

实行一岗多薪、宽带薪酬的企业，技能人才可通过晋档实现工资正常增长。其中，档次晋升调整可与技能人才年度绩效考核结果挂钩，合格及以上的技能人才每年可在本岗级上晋升1档，少部分优秀的可晋升2档，个别贡献突出的还可以奖励更多晋档，极少数表现不合格的可不晋升或降档。

  第二十一条 岗位工资采用一岗多薪、宽带薪酬，具体晋档条件有三种表现形式。一是条件规定形式，即明确晋档应当达到的规定条件。晋档条件有一个以上的，各条件要素需有互补性规定。针对技能操作类岗位，可设置学历与工作年限的互补条件，较长工作年限可在一定程度上弥补学历的不足。二是综合系数表现形式，即按各个晋档要素之间相对关系，将晋档条件转换为系数分数。综合系数表现形式直接实现了各个晋档要素的综合互补。晋档综合系数的确定首先依据不同职级岗位任职资格的要求来确定起步档次的条件。其次，需要将各个条件之间的相对价值进行比较，确定系数标准值，实现各个条件之间的平衡互补。三是特殊贡献表现形式。可将技能人才参加一定层级技能大赛获奖情况、技术攻关和创新等贡献情况，作为晋档或跨档条件。

  第二十二条 岗位工资标准的设计，一般参考以下三个因素：一是岗位价值度评估分数。企业可参考技能操作类岗位价值度评估分数之间的倍数关系，确定不同技能操作岗位工资标准之间差别。二是人力资源市场价位情况。企业可参考人力资源市场类似岗位工资价位的绝对水平，确定技能操作类岗位工资标准；或参考市场上相应典型岗位的薪酬比例关系，优化调整相应技能操作类岗位工资标准。三是企业内部标杆技能操作类岗位之间的历史分配关系。企业可结合市场工资价位，重新评估内部技能操作岗位间的分配关系，如果体现岗位价值度的工资标准与市场比差距过小，可以调整优化，适当拉开差距。

  第二十三条 岗位工资标准的设计，一般按以下步骤进行：一是首先确定内部关键点岗位（最高岗位、最低岗位、主体标杆岗位等）工资标准之间的比例关系。二是按照一定规律确定每个关键点之间不同层级的岗位工资标准关系，一般可以用等差数列关系确定（差别相对较小），也可以用等比数列确定（差别相对较大）。三是结合技能操作类内部层级因素适当调整。跨职级的差距可适当拉大，同一职级内部差距可适当缩小。经过验证，模拟测算调整，通过比较工资标准高低是否与预先设定的目标一致，最终确定岗位工资标准。

第二十四条　岗位工资标准的表现形式，一般有两种：一是以工资水平绝对值的形式表现；二是以岗位工资系数值（或薪点数）的形式表现。对不同的工资单元可以采用不同的工资标准表现形式。对于效益波动比较大的企业，岗位工资、绩效工资可采取具体的系数或薪点标准。基数值或薪点值可结合企业效益情况、工资总额承受能力、市场价位变动情况等相应确定。

第三节　绩效工资单元设计

第二十五条　绩效工资单元是体现员工实际业绩差别的工资单元，根据绩效考核结果浮动发放，对发挥工资的激励功能具有重要作用。企业可按照绩效工资总量考核发放、授权二次分配、加强监控指导的管理原则，建立绩效工资与企业效益情况（影响工资总额变动）、本部门绩效考核结果（影响本部门绩效工资额度变动）、本人绩效考核结果（影响本人实际绩效所得）联动的分配机制。年度绩效考核除影响绩效工资外，还可与岗位调整、培训、职级升降挂钩。

第二十六条　绩效考核周期的确定需综合考虑行业特点、岗位特征、考评可操作性等因素。技能人才绩效显现时间相对于管理人员、专业技术人员一般较短，可按月为主计发绩效工资。

第二十七条　绩效考核可根据技能人才的工作性质和岗位特征，采取分类考核办法。例如，主要以个人计件计酬的岗位，可以按月设立基础任务量，超过基础任务量部分可分档设立不同计件单价，根据任务完成情况核定绩效工资。

对于以班组、车间为单元集体作业的基本生产技能岗位人员，可参照上述办法将团队绩效工资总额分配到班组、车间，再由班组长、车间主任根据规定程序，按照个人工作量和个人绩效进行合理分配。

对于辅助生产技能岗位人员，可依据其支持服务的基本生产技能岗位人员月绩效工资平均值的一定比例（比如70%至95%），作为人均绩效工资分配额度，以此为基础计算辅助生产技能岗位人员绩效工资总量，再按照绩效工资系数、组织和个人绩效考核的结果进行分配。

第四节　专项津贴单元设计

第二十八条　专项津贴是对特殊条件下的额外劳动付出的补偿。针对技能人才的劳动特点，制造型企业可结合实际需求，可设置夜班津贴、作业环境津贴、技能津贴、班组长津贴、师带徒津贴等。

第二十九条　夜班津贴是对劳动者在夜晚工作额外付出的补偿，主要适用于基本生产技能岗位人员。夜班劳动对于劳动者的体力、精力、心理压力等带来较大影响。实践中，部分"四班三运转"岗位人员的月度夜班津贴水平一般占月度应发工资收入的15%至20%。企业可结合职工薪酬收入水平、当地经济社会发展实际，合理确定夜班津贴的标准水平。

第三十条　作业环境津贴是对劳动者在井下、高空、高温、低温、物理粉尘辐射、化工有毒有害等环境下作业额外付出的补偿，主要适用于技能操作类人员。企业可结合实际，根据作业环境的艰苦程度划分出不同档次，设置差别化的作业环境津贴。

第三十一条　技能等级除作为职业发展通道的晋升条件外，考虑到高技能人才整体仍然短缺的实际，企业可以设置技能津贴，对于取得高级工、技师、高级技师，并在相关技能操作类岗位工作的技能人才，发放一定额度的技能津贴，鼓励技能人才学技术、长本领。取得相应技能等级资质的技能人才，聘任到较高技能操作职级上，除适用技能津贴外，还可同时执行相应发展通道职级的工资标准。技能津贴可同样适用于"双师"（工程师、技师）型技能人才。

第三十二条 班组一般是企业管理的最基层单元，班组长在基础管理、分配任务、考勤考绩等方面均有较多的付出。对于非专职脱产人员担任班组长的，可设置班组长津贴。班组长津贴标准可采取两种方式进行安排：一是按照班组管理幅度，按照具体人数确定适用津贴标准。可在基本标准基础上，每增加 1 名技能人才，相应增加津贴标准。二是按照班组类别和难度大小，设置不同的档次标准。但对于班组长工资待遇已在岗位工资等级或者档次体现的，可不再重复设置班组长津贴。

第三十三条 师带徒津贴是对师傅培养培训徒弟额外劳动付出的补偿。对于签订带徒协议、明确师傅徒弟权利义务的，可向师傅支付一定额度带徒津贴。协议期满根据考核结果可另行给予奖励。徒弟在技能大赛等获奖的，也可额外对师傅进行奖励，建立徒弟成才、师傅受益的联动机制。企业通过推行"传帮带""师带徒""老带新"等多种措施，不仅可以促进整体生产效率的提升，而且能够帮助企业在长期内形成较为稳定的技能人才梯队，积蓄技能人才资源。师带徒，通过企业实践培训提高，针对性强，效果好，应大力推行。

第三十四条 津贴设置应坚持不重复体现原则。本节所提到的夜班津贴、作业环境津贴、技能津贴、班组长津贴、师带徒津贴等各类津贴，如在岗位评价要素或者职级成长通道任职资格条件中已有充分体现的，应本着不重复的原则不再单独设置。

第五节 技能人才与其他人才工资分配关系设计

第三十五条 企业可参考岗位测评结果确定技能人才岗位和其他类别岗位之间薪酬分配关系。如果不同类别岗位测评采用的要素和参评专家不同，则测评分数之间的相互关系不宜简单对应，应选择不同系列的典型岗位进行跨类别岗位测评以确定对应关系。

第三十六条 企业可参考市场标杆岗位之间的薪酬分配关系确定对应关系。如将市场上某技能操作岗位与某管理岗位等薪酬水平的对应关系，作为确定不同类别岗位分配关系的参考。同时，标杆岗位中市场招聘的薪酬价位，可以作为确定技能操作岗位和其他类别岗位起点薪酬分配关系的参考。

第三十七条　技能人才特别是高技能人才，其人力资本是个人努力和长期操作经验的累积结果，在薪酬标准上应体现其人力资本及技能要素贡献。对掌握关键操作技能、代表专业技能较高水平、能够组织技改攻关项目的，其薪酬水平可达到工程技术类人员的较高薪酬水平，或者相当于中层管理岗位薪酬水平，行业佼佼者薪酬待遇可与工程技术类高层级专家级别和企业高层管理岗的薪酬水平相当。

第四章　高技能领军人才薪酬待遇制度设计

第三十八条　高技能领军人才包括获得全国劳动模范、全国五一劳动奖章、中华技能大奖、全国技术能手等荣誉以及享受省级以上政府特殊津贴的人员，或各省（自治区、直辖市）政府认定的"高精尖缺"高技能人才。高技能领军人才是技能人才队伍中的关键少数，应提高其薪酬待遇，鼓励参照高级管理人员标准落实经济待遇。

第三十九条　年薪制是以年度为单位，依据生产经营规模和经营业绩，确定并支付薪酬的分配方式。年薪制一般适用于公司经营班子成员以及承担财务损益责任的分子公司负责人。

高技能领军人才可探索实行年薪制，应把握以下三个方面：一是合理界定适用范围。年薪制适用范围较小，一般适用于承担经营风险、业绩显现周期较长且需建立有效激励约束机制的人员。高技能领军人才具有稀缺性，贡献价值度高，可将其纳入年薪制适用范围。二是明确薪酬结构。一般由基本年薪和绩效年薪为主的薪酬构成，基本年薪占比相对较小、按月发放，绩效年薪占比相对较大、按年发放，体现业绩导向。三是建立相应的激励和约束机制。高技能领军人才应建立体现高技能领军人才特点、体现短期和长期贡献的业绩考核办法，如将关键任务攻关、技能人才队伍培养等作为年度或任期绩效考核目标，业绩考核结果与薪酬挂钩，实现业绩升、薪酬升，业绩降、薪酬降，体现责任、风险和利益的统一。

第四十条 协议薪酬制是企业和劳动者双方协商谈判确定薪酬的分配方式，主要适用于人力资源市场稀缺的核心关键岗位人才或企业重点吸引和留用的紧缺急需人才。

企业要处理好薪酬内部公平性和外部竞争性的平衡。在此基础上，对高技能领军人才实行协议薪酬，应把握以下三个方面：一是合理确定适用范围。一般而言，协议薪酬主要适用于面向社会公开招聘实行市场化管理的高技能领军人才。二是实行任期聘任制。实行协议薪酬制的高技能领军人才，可按任期聘任，按合同规定条件予以续聘或解聘。三是事先约定绩效考核要求。对实行协议薪酬制的高技能领军人才，既协商薪酬也应协商绩效要求，应签订《绩效目标责任书》，确定考评周期内的绩效目标和激励约束规则。同时，实行协议薪酬制人员，薪酬待遇按协议约定执行，一般不再适用企业主体薪酬制度中的岗位工资、绩效奖金、津补贴等分配方式。

第四十一条 专项特殊奖励是对作出重大贡献的部门和个人的专项奖励。

实行专项特殊奖励，应把握以下三个方面：一是专项特殊奖励不仅适用于高技能领军人才，也适用于包括技能人才在内的所有员工。二是对在正常绩效激励中未体现的特殊贡献，均可适用特殊奖励。其中，包括为企业生产效率提高、工作任务完成、新品试制、技改攻关等做出的巨大贡献，或为社会作出突出贡献，或为企业取得重大社会荣誉等（比如技能大赛获得名次）。三是专项特殊奖励属于非常规激励。为避免滥发或不发，应制定较为规范的企业内部专项特殊奖励管理办法。

第四十二条 结合实际探索对技能人才特别是高技能领军人才实行股权激励（包括业绩股票、股票期权、虚拟股票、股票增值权、限制性股票、员工持股等形式）、超额利润分享、项目跟投、项目分红或岗位分红等中长期激励方式。中长期激励应符合国家相关规定。

第四十三条 超额利润分享以超过企业目标利润的部分作为基数，科学合理地设计提取规则，主要适用于企业中的关键核心人才。

应把握以下三个方面：一是将技能人才特别是高技能领军人才纳入实施范围，引导企业构建"目标一致、责任共担、成果共享"的发展共同体。二是明确激励总量的确定规则。激励总量可以本年度超目标净利润增量（或减亏额）为基数，按一定比例计提，并与企业综合绩效系数挂钩调节。其中，净利润目标一般可分为基本目标、激励目标和挑战目标，计提比例可根据净利润实际达成情况按不同比例分段提取。三是明确激励额度分配办法。员工个人激励额度一般可依据激励对象的岗位系数和个人绩效考核结果系数综合确定。其中，个人岗位系数应体现所在岗位职位的正常激励水平，个人绩效考核结果系数应根据实际绩效设置，既关注岗位职位，也关注实际贡献。

第四十四条 岗位分红以企业经营收益为标的，主要适用于对企业重要岗位人员实施激励。对高技能领军人才实施岗位分红的，企业应建立规范的内部财务管理制度和员工绩效考核评价制度，评估高技能领军人才在企业的重要性和贡献，明确实施岗位分红的企业业绩和个人业绩条件。同时，处理好岗位分红所得与薪酬所得的关系，合理确定分红标准。

第五章　附　　则

第四十五条 各地人力资源社会保障部门应结合本地实际，加强宣传培训，可分行业或分职业类别进一步细化相关内容，发布典型案例，强化示范引领。创新企业工资宏观调控指导方式，推动企业建立健全技能人才薪酬分配体系，不断提高对本地区企业技能人才薪酬分配的指导实效。

附表、附案例（略）

人力资源社会保障部办公厅 市场监管总局办公厅 统计局办公室 关于发布集成电路工程技术人员等职业信息的通知

人社厅发〔2021〕17号

各省、自治区、直辖市及新疆生产建设兵团人力资源社会保障厅（局）、市场监管局、统计局，国务院各部委、各直属机构人事劳动保障工作机构，中央军委政治工作部兵员和文职人员局，各中央企业、有关社会组织人事劳动保障工作机构：

为贯彻落实《国务院关于推行终身职业技能培训制度的意见》提出的"紧跟新技术、新职业发展变化，建立职业分类动态调整机制，加快职业标准开发工作"要求，加快构建与国际接轨、符合我国国情的现代职业分类体系，根据《中华人民共和国劳动法》有关规定，我们面向社会持续公开征集新职业信息。经专家评估论证、书面征求中央和国家机关有关部门意见、面向社会公开征求意见等程序，此次遴选确定了集成电路工程技术人员等18个新职业信息，调整变更了19个职业信息，现予发布。

人力资源社会保障部办公厅
市场监管总局办公厅
统计局办公室
2021年3月9日

集成电路工程技术人员等职业信息

一、新职业信息

（一）2-02-09-06　集成电路工程技术人员

定义：从事芯片需求分析、芯片架构设计、芯片详细设计、测试验证、网表设计和版图设计的工程技术人员。

主要工作任务：

1. 对芯片设计进行规格制定、需求分析，编制设计手册，制订设计计划；

2. 对芯片进行规格定义、RTL 代码编写、验证、逻辑综合、时序分析、可测性设计；

3. 对芯片进行设计仿真、逻辑验证和相关原型验证及测试；

4. 对芯片进行后端设计、总体布局与模拟版图设计；

5. 对芯片进行后端仿真、版图物理验证、时序/噪声/功耗分析、全局完整性分析与验证；

6. 根据生产工艺进行芯片生产数据签核与输出验证。

（二）2-06-06-06　企业合规师

定义：从事企业合规建设、管理和监督工作，使企业及企业内部成员行为符合法律法规、监管要求、行业规定和道德规范的人员。

主要工作任务：

1. 制定企业合规管理战略规划和管理计划；

2. 识别、评估合规风险与管理企业的合规义务；

3. 制定并实施企业内部合规管理制度和流程；

4. 开展企业合规咨询、合规调查，处理合规举报；

5. 监控企业合规管理体系运行有效性，开展评价、审计、优化等工作；

6. 处理与外部监管方、合作方相关的合规事务，向服务对象提供相关政策解读服务；

7. 开展企业合规培训、合规考核、合规宣传及合规文化建设。

（三）2-06-09-07　公司金融顾问

定义：在银行及相关金融服务机构中，从事为企业等实体经济机构客户提供金融规划、投融资筹划、资本结构管理、金融风险防控和金融信息咨询等综合性咨询服务的专业人员。

主要工作任务：

1. 研究分析宏观经济形势、产业政策及客户发展战略，指导客户制定中长期金融发展规划；

2. 帮助客户拓宽投融资渠道，提高金融需求匹配效率；

3. 分析客户资产、现金流特征，指导客户制定、调整现金管理方案；

4. 帮助客户优化和管理资本结构；

5. 指导客户识别、评估、分析金融风险，提供金融风险防控和处置建议；

6. 提供金融信息分析、咨询服务，指导客户与银行等金融机构接洽，帮助解决信息不对称问题；

7. 帮助客户建立完善投融资决策体系，提供相关政策解读服务。

（四）4-01-03-03　易货师

定义：从事货物、服务等非货币互换，以及为上述互换提供策划、咨询和管理的人员。

主要工作任务：

1. 策划客户需要的易货方案；

2. 协助易货商管理易货交易账户；

3. 开展易货额度跟踪服务；

4. 实施易货商到期易货额度的易货交易；

5. 优化配置企业产、供、销资源；

6. 使用各类易货交易平台完成易货交易；

7. 评估企业易货的商品；

8. 通过易货方式为企业解债。

（五）4-01-03-04　二手车经纪人

定义：在二手车交易活动中，以收取佣金为目的，为促成交易而从事居间、行纪或者代理等经纪业务的人员。

主要工作任务：

1. 收集、分析车源信息，提供信息咨询服务；

2. 分析客户需求，维护客户关系；

3. 协助收购车源；

4. 与客户磋商、谈判并签订委托合同；

5. 协助进行车辆鉴定评估和办理过户；

6. 按约定进行结算并获取佣金；

7. 协助提供运输、保险、金融等服务。

（六）4-02-02-09　汽车救援员

定义：使用专项作业车、专业设备工具及专业技能救助车辆脱离险境或困境的现场作业人员。

主要工作任务：

1. 设置救援现场安全区；

2. 识别、分析确认车辆基本故障；

3. 紧急排除修理车辆故障；

4. 救助事故车辆被困人员；

5. 救助危险货物运输事故车辆；

6. 施救处理困境车辆；

7. 装载、运输、卸载被救拖运车辆；

8. 上传服务过程资料及其他业务管理。

（七）4-03-02-10　调饮师

定义：对茶叶、水果、奶及其制品等原辅料，通过色彩搭配、造型和营养成分配比等，完成口味多元化调制饮品的人员。

主要工作任务：

1. 采购茶叶、水果、奶制品和调饮所需食材；

2. 清洁操作吧台，消毒操作用具；

3. 装饰水吧、操作台，陈设原料；

4. 依据食材营养成分设计调饮配方；

5. 调制混合茶、奶制品、咖啡或时令饮品；

6. 展示、推介特色饮品。

（八）4-03-02-11　食品安全管理师

定义：依据国家法律和标准，采用危害分析与关键控制点等食品安全控制技术，在食品生产、餐饮服务和食品流通等活动中，从事食品安全风险控制和管理的人员。

主要工作任务：

1. 制定食品安全管理制度；

2. 从事本单位食品生产许可证或食品经营许可证办理；

3. 组织本单位从业人员食品安全知识培训，实施从业人员健康管理；

4. 从事本单位食品生产与经营环境的卫生管理；

5. 从事本单位原料、食品及相关产品的安全管理；

6. 从事本单位食品采购、生产、储运、销售、餐饮服务的过程管理；

7. 从事本单位食品安全定期自查、追溯、召回、产品留样、文件记录管理；

8. 配合食品安全行政监管部门的食品安全监督检查和食品安全事故处理。

本职业包含但不限于下列工种：

冷链食品安全管理员

（九）4-04-05-07　服务机器人应用技术员

定义：运用服务机器人（含特种机器人）相关技术及工具，负责服务机器人在家用服务、医疗服务和公共服务等应用场景的集成、实施、优化、维护和管理的人员。

主要工作任务：

1. 分析服务机器人在个人/家用服务、医疗服务和公共服务等应用场景的需求，提出应用方案；

2. 对服务机器人环境感知、运动控制、人机交互等系统进行适配、安装、调试与故障排除；

3. 负责服务机器人应用系统的参数调测和部署实施；

4. 对服务机器人的运行效果进行监测、分析、优化与维护；

5. 提供服务机器人相关技术咨询和技术服务等。

（十）4-04-05-08　电子数据取证分析师

定义：从事电子数据的收集提取、数据恢复及取证分析的人员。

主要工作任务：

1. 针对各类电子数据的现场及在线提取固定；

2. 分析基于物理修复或数据特征等的电子数据恢复技术；

3. 提取分析不同介质和智能终端电子数据；

4. 提取分析服务器、数据库及公有云电子数据；

5. 提取分析物联网、工程控制系统电子数据；

6. 设计建立电子数据取证可视化分析模型；

7. 分析计算机及其他智能终端应用程序功能。

（十一）4-07-03-05　职业培训师

定义：从事面向全社会劳动者进行专业性、技能性、实操性职业（技能）培训一体化教学及培训项目开发、教学研究、管理评价和咨询服务等相关活动的教学人员。

主要工作任务：

1. 根据经济、技术和社会就业需要，开展职业培训需求调查分析；

2. 开发职业培训项目、课程与教材；

3. 进行职业培训教学研究与教学改革，制定职业培训计划和实施方案；

4. 运用现代职业培训理念和技术方法，实施职业培训教学活动；

5. 负责职业培训全过程与效果的全面管理，对学员学习情况进行考核与评价；

6. 提供职业培训咨询和指导服务等。

本职业包含但不限于下列工种：

企业培训师

（十二）4-07-05-06　密码技术应用员

定义：运用密码技术，从事信息系统安全密码保障的架构设计、系统集成、检测评估、运维管理、密码咨询等相关密码服务的人员。

主要工作任务：

1. 分析信息与通信系统中涉及密码技术的安全威胁和业务应用场景；

2. 设计密码保障应用规划和实施方案；

3. 从事信息系统的密码资源融合部署实施工作；

4. 依据标准和规范，开展信息系统密码应用安全性评估工作；

5. 从事密码类资产管理、安全保障和技术应用工作；

6. 应急处置密码应用安全突发事件；

7. 从事信息系统密码应用态势监控与运维工作；

8. 提供密码应用技术咨询、密码职业技能培训、密码科普等相关服务。

（十三）4-08-08-21　建筑幕墙设计师

定义：从事建筑幕墙及类似幕墙的装饰表皮创造或创意工作，绘制幕墙或类似幕墙的装饰表皮图纸的人员。

主要工作任务：

1. 根据建设单位、建筑师风格要求，研究制定设计建筑幕墙系统、风格、结构和分格方式，并明确有关设计材料、造价费用和建造时间；

2. 组织有关结构、力学、材料、热工、光学、声学等技术资料，绘制建筑幕墙设计图；

3. 设计幕墙构件生产和板块组装工艺及其必需的模具，设计幕墙构件生产和板块组装过程检验试验验收准则；

4. 组织设计建筑幕墙的安装方法和工艺，确保施工便捷性和幕墙安全性；

5. 制定建筑幕墙产品的检测方案，同时对幕墙施工进行指导和检查。

（十四）4-09-07-04　碳排放管理员 L[①]

定义：从事企事业单位二氧化碳等温室气体排放监测、统计核算、核查、交易和咨询等工作的人员。

主要工作任务：

1. 监测企事业单位碳排放现状；

2. 统计核算企事业单位碳排放数据；

3. 核查企事业单位碳排放情况；

4. 购买、出售、抵押企事业单位碳排放权；

5. 提供企事业单位碳排放咨询服务。

本职业包含但不限于下列工种：

民航碳排放管理员、碳排放监测员、碳排放核算员、碳排放核查员、碳排放交易员、碳排放咨询员

（十五）4-09-11-00　管廊运维员

定义：在电力、通讯、给排水等管线集于一体的城市综合管廊运营过程中，从事项目组织管理和设备运行与维护等技术工作的人员。

主要工作任务：

1. 对给水管道、电力电缆、燃气管道、蒸汽管道、通信线缆等市政管线进行日常巡检与应急处置；

---

① "L"表示绿色职业。

2. 监管管廊内管线施工；

3. 确保管廊内环境健康管理；

4. 管廊的构筑物及作业安全管理；

5. 检查、巡视、维护管廊构筑物，进行沉降监测、混凝土检测；

6. 管廊设备的运行与维护；

7. 管廊智慧化应用；

8. 管廊项目组织与绩效评价。

（十六）6-02-06-12　酒体设计师

定义：以消费市场为导向，应用感官鉴评技能与营养科学知识对原酒与调味酒的组合特性进行分析与综合评判，提出最优酒体配比方案并生产特定风格酒类产品的人员。

主要工作任务：

1. 对市场销售的酒类产品进行信息收集与分析；

2. 对企业自产原酒与调味酒的风格特性进行测试和分析；

3. 提出最优酒体调配方案；

4. 能够按照产品需求生产特定风格酒类产品。

（十七）6-25-04-10　智能硬件装调员

定义：能够使用示波器、信号发生器及计算机或手机等工具设备，完成智能硬件模块、组件及系统的硬件装配及调试、软件代码调试及测试、系统配置及联调等智能硬件装调工作任务的技术服务人员。

主要工作任务：

1. 操作电子产品装配设备、示波器、信号发生器等设备，完成智能硬件组件的装配、调试及故障排除，组件功能软件的测试及调试，撰写智能硬件组件的装调报告；

2. 分析研究智能硬件在家用服务、医疗服务、物流和公共服务等应用场景的具体需求，提出解决方案；

3. 负责智能硬件应用系统的参数调测、方案应用和部署实施，撰写智能硬件应用系统的装调维护报告；

4. 对智能硬件在环境感知、自动控制、人机交互等应用方面进行适配、安装、调试；

5. 测试智能硬件应用系统功能，撰写应用系统测试报告及优化报告；

6. 提供智能硬件相关技术咨询和技术服务等。

（十八）6-31-01-11　工业视觉系统运维员

定义：从事智能装备视觉系统选型、安装调试、程序编制、故障诊断与排除、日常维修与保养作业的人员。

主要工作任务：

1. 对相机、镜头、读码器等视觉硬件进行选型、调试、维护；

2. 进行物体采像打光；

3. 进行视觉系统精度标定；

4. 进行视觉系统和第三方系统坐标系统标定；

5. 将视觉应用系统和主控工业软件集成嵌入通讯；

6. 确认和抓取采像过程中物体特征；

7. 识别和分类系统运行过程中图像优劣，并判断和解决问题；

8. 设计小型样例程序，验证工艺精度；

9. 进行更换视觉硬件后的系统重置、调试和验证。

二、调整变更职业信息

（一）将"社区事务员（3-01-01-02）"职业名称变更为"社区工作者"。

（二）在"应急救援员（3-02-03-08）"职业下增设"直升机紧急救护员"工种。

（三）在"营销员（4-01-02-01）"职业下增设"外贸营销员"工种。

（四）将"道路客运汽车驾驶员（4-02-02-01）"职业下设的"出租汽车司机"工种取消，并在该职业下增设"巡游出租车司机""网约出租车司机"2个工种。

（五）在"食品安全管理师（4-03-02-11）"职业下增设"冷链食品安全管理员"工种。

（六）在"网络与信息安全管理员（4-04-04-02）"职业下增设"数据安全管理员"工种。

（七）在"信息安全测试员（4-04-04-04）"职业下增设"渗透测试员""合规测试员"2个工种。

（八）在"职业指导员（4-07-03-01）"职业下增设"残疾人职业能力评估师"工种。

（九）将"创业指导师（4-07-03-03）"职业下设的"企业培训师"工种调整为"职业培训师（4-07-03-05）"职业下设的工种。

（十）在"安检员（4-07-05-02）"职业下增设"邮件快件安检员"工种。

（十一）在"碳排放管理员（4-09-07-04）"职业下增设"民航碳排放管理员""碳排放监测员""碳排放核算员""碳排放核查员""碳排放交易员""碳排放咨询员"6个工种。

（十二）将"保育员（4-10-01-03）"职业名称变更为"保育师"。

（十三）在"家政服务员（4-10-01-06）"职业下增设"整理收纳师"工种。

（十四）在"美容师（4-10-03-01）"职业下增设"皮肤管理师"工种。

（十五）在"保健调理师（4-10-04-01）"职业下增设"藏药调理师"工种。

（十六）在"芳香保健师（4-10-04-03）"职业下增设"植物精油调理师"工种。

（十七）在"汽车维修工（4-12-01-01）"职业下增设"二手车整备工"工种。

（十八）在"体育场馆管理员（4-13-04-02）"职业下增设"压雪车驾驶员"工种。

（十九）在"公共营养师（4-14-02-01）"职业下增设"营养指导员"工种。

人力资源社会保障部办公厅关于加强新职业培训工作的通知

人社厅发〔2021〕28号

各省、自治区、直辖市及新疆生产建设兵团人力资源社会保障厅（局），中共海南省委人才发展局，国务院有关部委、直属机构人事劳动保障工作机构，有关行业协会、企业、事业单位人事劳动保障工作机构：

党的十九届五中全会提出，发展战略性新兴产业，推动互联网、大数据、人工智能等同各产业深度融合，推动先进制造业集群发展，构建一批各具特色、优势互补、结构合理的战略性新兴产业增长引擎。近年来，随着新技术、新产业、新业态、新模式的不断产生和发展，新职业不断涌现，我部会同有关部门分批向社会发布了新职业信息。为加快培养大批高素质劳动者和技术技能人才，改善新职业人才供给质量结构，支持战略性新兴产业发展，推动数字经济与实体经济深度融合，现就加强新职业培训工作有关事项通知如下。

一、加快新职业标准开发。组织制定新职业标准，同时面向社会广泛征集新职业标准或评价规范。对于征集到的新职业标准或评价规范，经我部组织评估论证后，及时上升为国家职业标准。有条件的省（自治区、直辖市）和部门（行业）可依托本地区、本部门（行业）的龙头企业、行业组织和院校等开发职业标准或评价规范，经我部审定后，作为国家职业标准予以颁布。探索职业标准开发新模式，增强国家职业标准的灵活性和适应性。

二、组织开展新职业培训。根据区域经济社会发展需要，适应市场需求，坚持就业导向，突出能力建设，大力开展新职业培训特别是数字经济领域人才培养。鼓励培训机构依据国家职业标准，采取多种形式开展培训。对于数字技术技能类职业，探索引入现代化手段和方式开展培训。组织举办新职业领域的专家论坛、专题研修等，广泛组织开展新职业技能竞赛活动，充分发挥以赛促学、以赛促训作用。结合新经济、新产业、新职业发展，建立职业与教育培训专业（项目）对应指引，修订技工院校专业目录，完善专业技术人才继续教育专业科目内容，增设与新职业对应的新专业（项目），加强新职业人才培养。

三、**加强新职业培训基础建设**。加快新职业培训大纲、培训教材、教学课程、职业培训包等基础资源开发，引导社会力量积极参与。加强新职业培训师资队伍建设，鼓励龙头企业、行业组织和院校中从事与新职业相关工作的人员参加师资培训。支持培训机构配套软硬件，改善教学环境。鼓励各类机构开发新职业实训设施设备等资源，服务新职业人才培养培训。

四、**有序开展新职业评价**。按照有关规定，组织新职业评价机构的征集遴选，积极稳妥推行社会化评价。经备案的评价机构根据职业特点，探索多元化评价方式。创新评价服务模式，探索"互联网+人才评价"的新模式，对于数字技术技能类职业可探索采用在线评价认定模式。对评价认定合格的人员，由评价机构按照有关规定制作并颁发证书（或电子证书）。获证人员信息纳入人才统计范围。

五、**强化政策待遇落实**。坚持以用为本，建立健全培养与使用相结合、评价与激励相联系的人才发展机制。各地人力资源社会保障部门要将新职业培训评价项目纳入本地职业技能提升行动"两目录一系统"，按规定落实职业技能培训补贴和职业技能鉴定补贴等政策。取得高级专业技术等级证书的，可作为申报高级职称的重要参考条件；取得中级、初级专业技术等级证书的，可纳入相应中级、初级职称直接认定范围。落实高技能人才与专业技术人才职业发展贯通相关政策，各类用人单位对在聘的高级工、技师、高级技师在学习进修、岗位聘任、职务职级晋升、评优评奖、科研项目申报等方面，比照相应层级专业技术人员享受同等待遇。

各地区、各有关部门要高度重视新职业培训工作，加强组织领导和沟通协调。加大宣传力度，做好政策解读，大力宣传典型经验和做法。加强工作指导和监督检查，强化引领和示范作用，营造良好社会氛围。

人力资源社会保障部办公厅

2021 年 4 月 30 日

人力资源社会保障部办公厅关于开展特级技师评聘试点工作的通知

人社厅发〔2021〕66号

各省、自治区、直辖市及新疆生产建设兵团人力资源社会保障厅（局），国务院有关部门、有关中央企业人事劳动保障工作机构：

为加强高技能人才队伍建设，拓展技能人才职业发展通道，根据《中共中央办公厅 国务院办公厅印发〈关于提高技术工人待遇的意见〉的通知》和《人力资源社会保障部关于改革完善技能人才评价制度的意见》（人社部发〔2019〕90号）等有关文件精神，现就开展特级技师评聘试点工作有关事项通知如下。

一、总体要求

以习近平新时代中国特色社会主义思想为指导，全面贯彻党的十九大和十九届二中、三中、四中、五中全会精神，认真落实习近平总书记对技能人才工作的重要指示精神，健全技能人才培养、使用、评价、激励制度，充分发挥高素质技术技能人才、能工巧匠、大国工匠在我国经济社会高质量发展中的重要作用，畅通技能人才职业发展通道，提高其社会地位和待遇水平，为健全完善职业技能等级制度奠定基础。

二、试点范围

（一）企业范围。经省级及以上人社部门备案开展职业技能等级认定的企业。其中，备案的中央企业分公司、子公司由中央企业统筹确定。

（二）职业（工种）范围。企业可选择与本企业专业技术人才实现职业发展贯通的工程技术类等职业（工种）先行试点。

三、岗位条件

特级技师是在高技能人才中设置的高级技术职务（岗位），应为企业生产科研一线从事技术技能工作并具备相应条件的优秀高技能人才。

（一）基本条件

1. 模范遵守国家法律法规和企业规章制度，具备良好的职业道德和工匠精神，爱岗敬业、甘于奉献、公认度高；

2. 具有高级技师职业资格或职业技能等级，并在高级技师岗位工作满 5 年且仍从事本职业（工种）工作；

3. 职业技能水平高、业绩贡献突出并在某一生产工作领域具有独特先进的操作技术方法，或在开发应用先进科学技术成果并将其转化为现实生产力方面、在技术革新和技术改造中创造效益并作出突出贡献，或在带徒传技等方面业绩突出；

4. 具有适应工作岗位需要的身体条件。

（二）具备基本条件并符合下列条件之一者优先考虑：

1. 中华技能大奖获得者；

2. 享受国务院颁发的政府特殊津贴人员；

3. 全国技术能手；

4. 国家级技能大师工作室带头人或获得省部级、中央企业及以上技能大师类称号者。

四、评审办法

遵循客观、公正、科学、规范的原则，按照以下步骤组织开展评审工作。

（一）制定方案。企业按照本通知要求结合实际制定工作方案，明确评审职业（工种）范围、评审条件、评审方式、组织形式、时间安排等，并向全体职工公开。

（二）组织评审。对符合资格条件者，原则上由企业考评机构自主组织或委托行业组织评审，提出特级技师建议人选名单。

（三）**公示核准**。建议人选名单须在企业内进行公示，公示期不少于5个工作日。经公示无异议的，由企业确定特级技师人员名单并颁发证书。证书样式和编码分别按照附件1和附件2要求确定，证书编码中第16位为大写英文字母T。

（四）**任职聘用**。企业应与特级技师签订聘任协议，明确双方责任、权利、义务等。同时，企业按有关要求和程序，及时按规定上传特级技师数据信息，纳入全国职业技能等级证书查询系统。

五、相关政策

（一）企业应为特级技师设立技能大师工作室等工作平台，为其开展技术技能革新、工艺流程改进、解决重大技术难题等提供条件，充分发挥其在技术攻关、发明创造以及带徒传技等方面的作用。企业应根据实际，吸纳特级技师参与科研攻关、重大项目招投标技术评审等工作。

（二）聘用到特级技师岗位的人员，可比照本企业正高级职称人员享受相关待遇。可结合实际情况，按规定享受疗休养（休假）以及落户、购（租）住房、医疗保障、子女教育等方面的政策。

六、工作要求

（一）**加强组织领导**。请各地区、各有关部门和单位于9月底前将试点申请（含企业名单）报我部备案后组织开展试点，今年内完成试点工作。各地也可结合实际，选择本地龙头企业、大型企业等组织开展试点。试点企业所在地人社部门要加强统筹协调，认真组织实施，及时提供咨询、备案、数据信息管理等各项服务工作。

（二）**健全评审制度**。各地区、各有关部门要指导开展特级技师评审的企业，坚持以用为本，科学制定实施方案，合理确定结构比例，对评审标准、评审程序、评审办法和配套措施作出具体规定，精心组织实施，自觉接受本企业职工监督。

（三）**确保评审质量**。设立特级技师，不是高级技师的普遍晋升，要从严掌握，稳妥开展，确保质量。对本通知印发前已开展特级技师评审工作的，可按本通知有关要求进行复核确认。要切实发挥特级技师作用，落实相关待遇政策。

（四）加强监督管理。各地区、各有关部门和单位要加强对特级技师评审工作的监督管理，建立退出机制。对申请人或申报单位弄虚作假的，应取消其参加本年度评审资格，五年内不得申请或参与特级技师评审申报工作。

附件：1. 特级技师证书参考样式
　　　2. 特级技师证书编码规则

人力资源社会保障部办公厅
2021 年 9 月 2 日

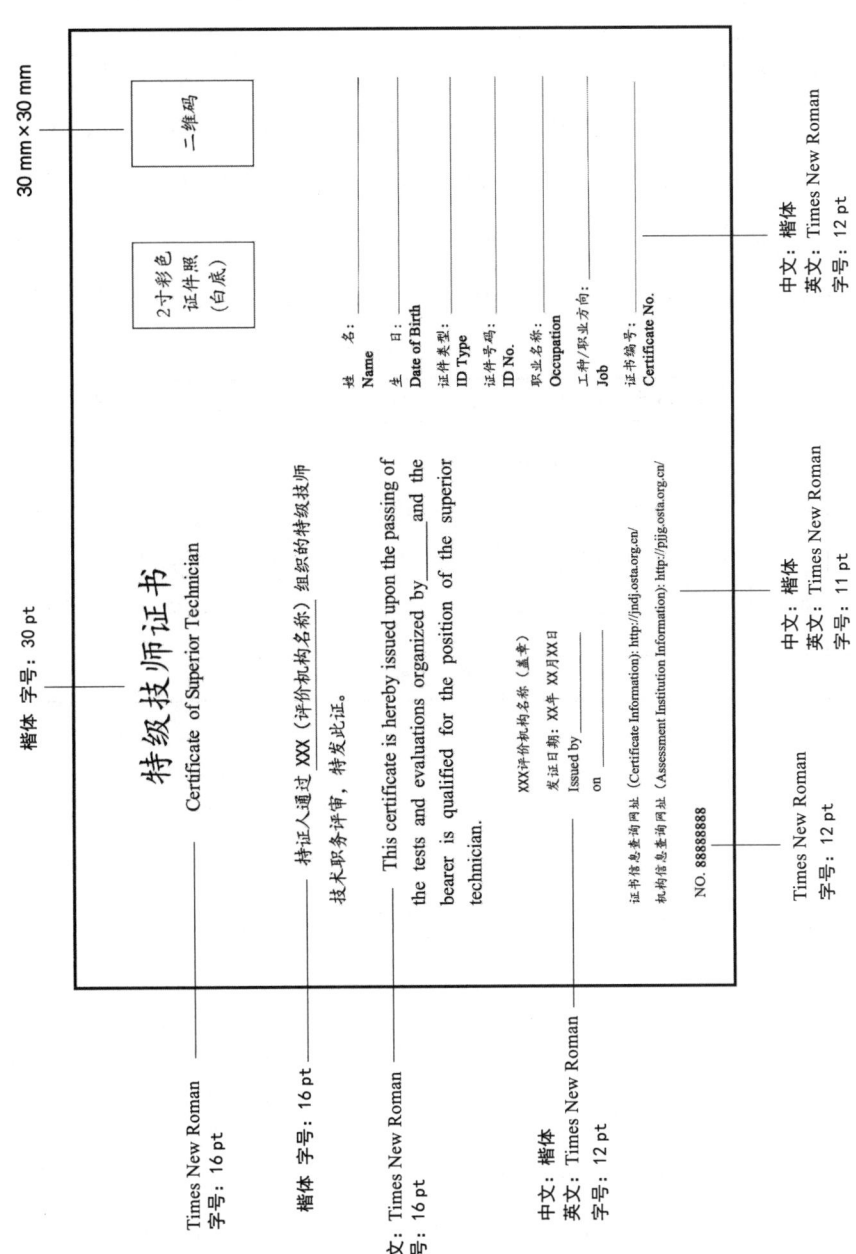

附件 2

特级技师证书编码规则

特级技师证书编码由 2 位大写英文字母和 20 位阿拉伯数字组成，主要包括 7 个部分：1. 评价机构类别代码；2. 评价机构代码；3. 评价机构（站点[①]）所在地省级代码；4. 评价机构（站点）序列码；5. 证书核发年份代码；6. 职业技能等级代码；7. 证书序列码。其中，第 1～4 部分由人力资源社会保障部门赋码，第 5～7 部分由评价机构赋码。具体表现形式见下表。

表　证书编码构成

<table>
<tr><th>序号</th><th>1</th><th>2</th><th>3</th><th>4</th><th>5</th><th>6</th><th>7</th><th>8</th><th>9</th><th>10</th><th>11</th><th>12</th><th>13</th><th>14</th><th>15</th><th>16</th><th>17</th><th>18</th><th>19</th><th>20</th><th>21</th><th>22</th></tr>
<tr><td>说明</td><td>评价机构类别代码</td><td colspan="4">评价机构代码</td><td colspan="2">评价机构（站点）所在地省级代码</td><td colspan="6">评价机构（站点）序列码</td><td colspan="2">证书核发年份代码</td><td>职业技能等级代码“T”</td><td colspan="6">证书序列码</td></tr>
<tr><td>来源</td><td colspan="13">人力资源社会保障部门确定</td><td colspan="9">评价机构确定</td></tr>
</table>

① 注：指在人力资源社会保障部备案的中央企业子公司、分公司和社会培训评价组织的考核站点。

人力资源社会保障部办公厅　中央网信办秘书局关于开展技术技能类"山寨证书"网络治理工作的通知

人社厅函〔2022〕73号

各省、自治区、直辖市及新疆生产建设兵团人力资源社会保障厅（局）、党委网信办：

为贯彻落实《人力资源社会保障部关于开展技术技能类"山寨证书"专项治理工作的通知》（人社部函〔2022〕25号）要求，维护广大人民群众的合法权益，维护社会诚信和经济社会秩序，保障国家职业资格和职业技能等级制度体系规范运行，人力资源社会保障部和中央网信办决定开展技术技能类"山寨证书"网络治理工作。现就有关事项通知如下。

一、工作目标

针对面向社会开展的与技能人员和专业技术人员相关的培训评价发证（含线上）活动，聚焦虚假宣传、夸大宣传问题，聚焦故意混淆概念、误导社会的炒作问题，聚焦媒体报道、群众反映强烈的问题，坚决关停一批违法违规账号和平台，清除一批违法违规网页和信息，为广大人民群众营造诚信、公正的培训考证的社会舆论氛围。

二、工作任务

此次网络治理工作，重点针对以下情况进行审核、监测和处置。

（一）违规使用"中华人民共和国""中国""中华""国家""全国"等

字样的；

（二）违规使用"职业资格""执业资格""人员资格""岗位合格（凭证）""专业技术职务""职业技能鉴定""职业技能等级"等字样的；

（三）使用"政府主推""×××部""原×××部""代考""包过""不过包退""速成""上岗必须""×天拿证""零基础包拿证""挂靠""挂证""轻松月入过万""高薪入职""毕业推荐高薪工作""内部推荐"等字样的；

（四）违法使用中华人民共和国国徽标识的；

（五）其他涉嫌故意混淆概念、渲染求职焦虑、误导社会进行炒作等情况。

三、工作要求

（一）加强组织协调。各地网信部门与人社部门要加强合作，结合本地实际，细化网络治理工作实施方案，明确目标任务。人社部门加强线索通报，网信部门加大处置力度，不断完善工作机制。

（二）压实平台责任。督促重点网站平台预先梳理风险点，排查问题漏洞，强化技术手段，完善工作机制，加强内容审核管理，及时清理违法违规信息。

（三）强化处置曝光。加强对网站平台和账号上的培训考证宣传活动的审核监测，及时处置一批违法违规网站平台和账号，查办一批典型案例，组织新闻媒体适时开展宣传曝光，形成震慑效应。

人力资源社会保障部办公厅
中央网信办秘书局
2022年4月29日

人力资源社会保障部办公厅 市场监管总局办公厅统计局办公室 关于发布机器人工程技术人员等职业信息的通知

人社厅发〔2022〕35号

各省、自治区、直辖市及新疆生产建设兵团人力资源社会保障厅（局）、市场监管局、统计局，国务院各部委、各直属机构人事劳动保障工作机构，中央军委政治工作部兵员和文职人员局，各中央企业、有关社会组织人事劳动保障工作机构：

根据《中华人民共和国劳动法》有关规定，为贯彻落实《国务院关于推行终身职业技能培训制度的意见》提出的"紧跟新技术、新职业发展变化，建立职业分类动态调整机制，加快职业标准开发工作"要求，加快构建与国际接轨、符合我国国情的现代职业分类体系，我们面向社会持续公开征集新职业信息。经专家评估论证、书面征求中央和国家机关有关部门意见、面向社会公开征求意见等程序，此次遴选确定了机器人工程技术人员等18个新职业信息，现予发布。

附件：机器人工程技术人员等职业信息（略）

人力资源社会保障部办公厅
市场监管总局办公厅
统计局办公室
2022年7月18日

人力资源社会保障部办公厅 市场监管总局办公厅关于开展职业技能培训和评价问题专项治理行动的通知

人社厅函〔2023〕85号

各省、自治区、直辖市及新疆生产建设兵团人力资源社会保障厅（局）、市场监管局（厅、委）：

为贯彻落实习近平总书记重要指示批示精神，扎实推进职业技能培训和评价专项整治工作，人力资源社会保障部、市场监管总局决定联合开展职业技能培训和评价问题专项治理行动（以下简称专项行动）。现就有关事项通知如下。

一、目标任务

从2023年7月到12月，在全国范围内集中开展专项行动。全面排查2019年职业技能提升行动实施以来职业技能培训和评价中存在的突出问题，集中打击虚假培训骗取补贴、售卖证书、"吃"培训的"黑色利益链"等行为，依法依规治理培训评价乱象，进一步突出就业导向，切实提升培训质效。

二、专项行动内容

（一）排查范围

各级各类培训机构（包括职业院校、技工院校、民办职业技能培训机构、企业、行业协会学会、主管部门所属单位等，以下统称培训机构）开展政府补贴性职业技能培训情况。人力资源社会保障部门备案的职业资格鉴定机构和职业技能等级认定机构（以下统称评价机构）开展职业资格鉴定、职业技能等级认定及发证情况；行业协会学会等社会组织和企事业单位自行开展的能力水平评价及发证情况。

（二）排查方式和主要措施

各地人力资源社会保障部门要通过实地检查、互联网检索、大数据筛查等多种方式，结合网民留言、群众投诉举报、各类媒体报道、巡视审计等反映的问题线索，组织对培训机构和评价机构、行业协会学会等社会组织和企事业单位开展的培训和评价相关活动进行全面排查，做到全覆盖无死角。

对排查发现以及审计报告反映的问题线索，要依法依规严肃处理，做到有案必查、违法必究。对涉及违反职业技能培训和评价规定的，要通过行政指导、行政约谈等行政管理措施予以督促，责令限期整改。对涉及行政违法的，要依法予以行政处罚，坚决做到发现一起，严肃查处一起。对涉嫌违法犯罪的，要按照规定移送司法机关，追究有关单位和个人的刑事责任。对公职人员涉嫌违法违纪的，要按照干部管理权限将线索移送纪检监察机关严肃追责问责。

（三）整治内容

1. 对培训机构及其开展的政府补贴性职业技能培训进行排查处理。重点排查培训机构开展的政府补贴性培训项目、参训人员身份、培训时长、上课记录、培训内容、申领培训补贴资金的材料、补贴资金发放记录等。

对不以就业创业为目的组织人员参加"兴趣式培训"、拼凑人数"滥竽充数"式培训等就业针对性不强的低效无效培训，要进行综合分析。培训项目与《职业技能提升行动方案（2019—2021年）》（国办发〔2019〕24号）和《"十四五"职业技能培训规划》（人社部发〔2021〕102号）要求不符，与当地经济社会发展需要、市场急需紧缺、劳动者就业创业需求存在偏差的，要移出政府补贴性培训项目目录。对相关培训机构，依法责令限期整改；未按期整改的，移出政府补贴性培训机构目录。

对编造上课记录未开展培训、提交虚假材料骗取套取培训补贴资金的培训机构，要追回补贴资金，移出政府补贴性培训机构目录，依法给予行政处罚；构成犯罪的，依法追究刑事责任。

2. 对利用互联网技术在线实施职业技能培训的培训机构及其开展的政府补贴性培训进行排查处理。重点排查是否对培训人员进行了实名实人验证、培训过程是否留痕。对篡改数据、线上学习记录造假、以刷课方式开展虚假线上培训骗取培训补贴资金的培训机构和线上平台，要追回补贴资金，移出政府补贴性培训机构目录，依法给予行政处罚；构成犯罪的，依法追究刑事责任。

3. 对主管部门所属单位及其开展的政府补贴性培训进行排查处理。重点排查政府部门所属单位组织开展的政府补贴性培训的组织方式、培训质量、参加人员等。对未开展培训、转包外包给其他单位的，由主管部门责令限期整改；对公职人员和社会人员内外勾结形成"靠训吃训""黑色利益链"，伪造材料、监守自盗的，按照干部管理权限移送纪检监察机关等查处，对相关人员的失职失责行为严肃追责问责。

4. 对经人力资源社会保障部门备案的评价机构及其开展的评价活动进行排查处理。重点排查评价的职业（工种）范围、参评人员资格审核、评价过程管理、考务管理、题库资源建设、评分结果档案记录、证书数据管理等。对超范围评价、不符合报考条件、伪造报名资格、降低考试难度、伪造试卷、编造虚假资料、不考试就发证、滥发倒卖证书等行为，取消评价结果、宣布证书作废、撤销上传证书数据，追回相应补贴资金，限期整改；未按期整改的，终止备案。

5. 对未经审批备案的职业技能培训机构和评价机构相关活动进行排查处理。重点排查未经人力资源社会保障部门审批备案的职业技能培训机构和评价机构（含自行开展能力水平评价活动的行业协会学会等社会组织和企事业单位）所发证书、项目名称、商业宣传、收费等情况。各地人力资源社会保障部门对上述机构所发证书或在商业宣传时假借行政机关名义、违规使用国徽和行政机关标志、违规使用"中华人民共和国""中国""中华""国家""全国""职业资格""人员资格""职业技能鉴定""包过""保过"等字样的，限期整改；情节严重的，移送有关部门依法处理。

（四）建立长效机制

要将"当下改"与"长久立"相结合，完善职业技能培训资质行政许可和评价机构备案制度。组织开展职业技能考核鉴定应经人力资源社会保障部门备案。未经批准不得在国家职业资格目录之外自行设置国家职业资格，严禁在国家职业资格目录之外开展职业资格许可和认定工作。各类企业不得自行开展冠以职业资格名称的相关活动。加强信息化建设，实现职业技能培训实名制管理。人力资源社会保障部依托"平台企业协同共治系统"，向平台企业发送指令和合规提示，督促平台企业对"职业资格""职业技能鉴定""职业资格证书""职业技能等级证书"等禁限售商品服务信息加强管控。

三、有关要求

（一）**加强组织领导**。要提高政治站位，充分认识治理培训和评价乱象、提升培训质效的重要意义，紧密结合学习贯彻习近平新时代中国特色社会主义思想主题教育，把专项行动中发现的问题纳入主题教育检视整改清单，精心组织，周密部署，稳妥推进。人力资源社会保障部门负责做好职业技能培训机构审批、评价机构备案和监督管理等工作。市场监管部门依法查处违反市场监管法律法规行为。加强部门协作，加大执法检查力度，确保专项行动各项措施落到实处。

（二）**加强情况报送**。各省级人力资源社会保障部门自7月起，每两周向人力资源社会保障部报送专项行动进展情况表（见附件1、附件2），11月底前报送专项行动工作总结。专项行动期间，发现重大要情应及时报告。

（三）**加强调研检查**。各省级人力资源社会保障部门会同市场监管部门结合本地实际制定具体实施方案，指导督促培训机构、评价机构做好整改工作。审计问题清单涉及的省份要按照审计整改要求执行；没有进行审计的省份要主动与审计部门联系，了解审计要求，结合专项行动工作部署安排进行全面排查。要加强跟踪问效，做好工作调度、督促指导，及时开展检查抽查。

（四）加强作风建设和警示教育。各地要以严实深细作风推进专项行动整改到位，坚决防止形式主义官僚主义。根据专项行动进展，依法及时通报违纪违法典型案例。深入开展警示教育，加强廉政教育，推动警示教育和廉政教育常态化，进一步增强党员干部、工作人员纪律意识和规矩意识。教育引导培训机构、评价机构管理人员和工作人员严格遵守廉洁自律要求，严禁滥用职权、徇私舞弊、造假牟利。

附件：1. 职业技能培训和评价问题专项治理行动进展情况表（职业技能培训）（略）
2. 职业技能培训和评价问题专项治理行动进展情况表（职业技能评价）（略）

人力资源社会保障部办公厅
市场监管总局办公厅
2023年6月30日

人力资源社会保障部关于印发《国家职业标准编制技术规程（2023年版）》的通知

人社厅发〔2023〕31号

各省、自治区、直辖市及新疆生产建设兵团人力资源社会保障厅（局），中共海南省委人才发展局，中央和国家机关有关部门组织人事部门，中央军委政治工作部兵员局、文职人员局，有关行业组织、企业人事劳动保障工作机构：

根据《中华人民共和国劳动法》有关规定和《中共中央办公厅 国务院办公厅关于加强新时代高技能人才队伍建设的意见》有关要求，为健全完善由国家职业标准、行业企业评价规范、专项职业能力考核规范等构成的多层次、相互衔接的职业标准体系，我们对《国家职业技能标准编制技术规程（2018年版）》进行了全面修订。同时，结合工作实际，新增了专业技术类职业标准编制有关内容。现将修订后的《国家职业标准编制技术规程（2023年版）》（以下简称《规程》）印发给你们，请遵照执行。

本《规程》自印发之日起施行。2012年颁布、2018年修订颁布的《国家职业技能标准编制技术规程》同时废止。现行国家职业标准中有关内容与本《规程》不一致的，以本《规程》为准。

附件：国家职业标准编制技术规程（2023年版）

人力资源社会保障部办公厅

2023年8月31日

附件

国家职业标准编制技术规程
（2023 年版）

目　　录

第一部分　技能类

1. 范围 ……………………………………………………………… 110
2. 术语和定义 ……………………………………………………… 110
  2.1　职业 ………………………………………………………… 110
  2.2　职业分类 …………………………………………………… 110
  2.3　国家职业标准（技能类） ………………………………… 110
3. 总则 ……………………………………………………………… 110
  3.1　指导思想 …………………………………………………… 110
  3.2　工作目标 …………………………………………………… 111
  3.3　编制原则 …………………………………………………… 111
4. 职业标准结构要素 ……………………………………………… 111
  4.1　封面 ………………………………………………………… 111
  4.2　说明 ………………………………………………………… 112
  4.3　内容 ………………………………………………………… 112
  4.4　附录 ………………………………………………………… 112
5. 职业标准内容 …………………………………………………… 112
  5.1　职业概况 …………………………………………………… 112
  5.2　基本要求 …………………………………………………… 116
  5.3　工作要求 …………………………………………………… 116
  5.4　权重表 ……………………………………………………… 119
6. 编制程序 ………………………………………………………… 120

6.1 组织开发 ……………………………………………………………… 120
6.2 公开征集 ……………………………………………………………… 122
7. 职业标准编排格式 …………………………………………………………… 123
7.1 职业标准报批稿格式 ………………………………………………… 123
7.2 职业标准出版格式 …………………………………………………… 123

附录1：职业标准结构图 ……………………………………………………… 125
附录2：职业技能等级划分依据 ……………………………………………… 126
附录3：职业环境条件描述要素 ……………………………………………… 128
附录4：职业能力特征描述要素 ……………………………………………… 129
附录5：申请参加职业技能评价的条件 ……………………………………… 130
附录6：职业标准编制启动会或评审会程序 ………………………………… 132
附录7：职业标准报批稿格式 ………………………………………………… 133
附录8：职业标准报批稿的字体和字号要求 ………………………………… 139
附录9：职业标准出版格式 …………………………………………………… 140
附录10：职业标准出版物的字体和字号要求 ……………………………… 146

第二部分　专业技术类

1. 范围 …………………………………………………………………………… 147
2. 术语和定义 …………………………………………………………………… 147
   2.1 职业 …………………………………………………………………… 147
   2.2 职业分类 ……………………………………………………………… 147
   2.3 国家职业标准（专业技术类） ……………………………………… 147
3. 总则 …………………………………………………………………………… 147
   3.1 指导思想 ……………………………………………………………… 147
   3.2 工作目标 ……………………………………………………………… 148
   3.3 编制原则 ……………………………………………………………… 148
4. 职业标准结构要素 …………………………………………………………… 149
   4.1 封面 …………………………………………………………………… 149

  4.2 说明 ··· 149
  4.3 内容 ··· 149
  4.4 附录 ··· 149
5. 职业标准内容 ··· 149
  5.1 职业概况 ··· 149
  5.2 基本要求 ··· 152
  5.3 工作要求 ··· 153
  5.4 权重表 ··· 155
6. 编制程序 ··· 156
  6.1 职业标准立项 ··· 156
  6.2 职业标准开发 ··· 157
  6.3 职业标准审定 ··· 157
  6.4 颁布 ··· 158
7. 职业标准编排格式 ··· 158
  7.1 职业标准报批稿格式 ··· 158
  7.2 职业标准出版格式 ··· 158
附录1：职业标准结构图 ··· 160
附录2：专业技术等级划分依据 ····································· 161
附录3：职业环境条件描述要素 ····································· 162
附录4：职业能力特征描述要素 ····································· 163
附录5：申请参加专业技术等级考核的条件 ··························· 164
附录6：职业标准评审会程序 ······································· 165
附录7：职业标准报批稿格式 ······································· 166

国家职业标准编制技术规程
（第一部分　技能类）

1. 范围

本规程规定了国家职业标准（以下简称职业标准）的编制指导思想、工作目标、编制原则、结构要素、标准内容、编制程序以及编写表述规则和格式要求，并列出了有关表述样式。

本规程适用于现行《中华人民共和国职业分类大典》（以下简称《大典》）中所列技能类有关职业的职业标准编制。

2. 术语和定义

2.1　职业

从业人员为获取主要生活来源所从事的社会工作类别。

2.2　职业分类

以工作性质的同一性或相似性为基本原则，对社会职业进行的系统划分与归类。

2.3　国家职业标准（技能类）

在职业分类的基础上，根据职业活动内容，对从事本职业应具备的知识和技能要求提出的综合性水平规定。它是开展职业教育培训和技能人才评价的基本依据。

3. 总则

3.1　指导思想

以习近平新时代中国特色社会主义思想为指导，依据《中华人民共和国劳动法》和《中华人民共和国职业教育法》，立足新发展阶段、贯彻新发展理念、构建新发展格局、推动高质量发展，落实《关于分类推进人才评价机制改革的指导意见》《关于提高技术工人待遇的意见》《关于推行终身职业技能培训制度的意见》《关于加强新时代高技能人才队伍建设的意见》等有关要求，适应经济社会发展和科技进步需要，强化工匠精神和敬业精神，建立以职业活动为导向、以职业能力为核心的职业标准体系。

3.2 工作目标

职业标准应满足人力资源管理、职业教育培训和技能人才评价等工作需要，促进人力资源配置优化和从业人员素质提高，为全面建设社会主义现代化国家提供有力的技能人才支撑。

3.3 编制原则

3.3.1 整体性原则

职业标准应反映当前该职业活动的整体状况和水平，不仅要突出该职业的主流技术、主要技能要求，而且应兼顾不同地域或行业间可能存在的差异，同时还应考虑其未来发展趋势。

职业标准一般应定位略高于全国平均水平，且是多数人员经过教育培训或岗位实践能够达到的水平。

3.3.2 等级性原则

职业标准应综合考量从业人员职业活动范围的宽窄、工作责任的大小、工作难度的高低、技术技能复杂程度等因素划分职业技能等级。

3.3.3 规范性原则

职业标准的内容结构、表述方法应符合本规程的要求；职业标准中的术语应保持一致，同一概念应使用同一个术语；文字描述应简洁明确且无歧义，能被专业人员理解；所用专业术语与文字符号应符合现行国家技术标准。

3.3.4 实用性原则

职业标准不仅应客观、准确地反映工作现场对从业人员的知识和技能要求，而且应符合人力资源管理、职业教育培训和技能人才评价的需要。

3.3.5 可操作性原则

职业标准内容应力求具体化、可度量、可检验，便于实施。

4. 职业标准结构要素

4.1 封面

封面应列出职业标准的信息，包括职业名称、职业编码、版本、发布部门等。

4.2 说明

说明应视情况依次列出以下内容：

——职业标准的编制依据；

——职业标准的主要内容或修订情况；

——职业标准的起草单位 / 主要起草人；

——职业标准的审定单位 / 审定人员；

——鸣谢单位 / 人员。

4.3 内容

职业标准内容主要包括职业概况、基本要求、工作要求和权重表四部分（职业标准结构图见附录1）。

4.4 附录

职业标准附录为可选要素，可列出标准历史沿革，或者有助于职业标准理解和使用的附加信息，如专业术语、参考文献、索引等。

5. 职业标准内容

5.1 职业概况

5.1.1 职业名称

应采用《大典》确定的职业名称。若职业下包含工种，应列出工种名称。

5.1.2 职业编码

应采用《大典》确定的职业编码。

5.1.3 职业定义

应采用《大典》确定的职业定义。

5.1.4 职业技能等级

职业标准应根据职业的实际情况，参照《职业技能等级划分依据》（见附录2）确定技能等级级次，等级设置应为连续等级。

职业技能等级实行"八级工"制，由低到高分为：学徒工[①]、五级/初级工、四级/中级工、三级/高级工、二级/技师、一级/高级技师、特级技师、首席技师。[②] 技能类职业标准仅对五级/初级工、四级/中级工、三级/高级工、二级/技师、一级/高级技师的知识和技能要求进行描述；学徒工、特级技师、首席技师不作具体描述。

5.1.5 职业环境条件

从业人员所处的客观工作环境。

职业标准应根据职业的实际情况，参照《职业环境条件描述要素》（见附录3）进行客观描述。

5.1.6 职业能力特征

从业人员从事某个职业须具备的基本能力和潜力。

职业标准应根据职业的实际情况，参照《职业能力特征描述要素》（见附录4），列出影响从业人员职业生涯发展的必备核心要素。

5.1.7 普通受教育程度

从业人员初入本职业时一般具备的学历（力）。

职业标准应根据职业的实际情况，从下列表述中选择其一进行描述：

——无学历要求；

——初中毕业；

——高中毕业（或同等学力）；

——大学专科毕业（或同等学力）；

——大学本科毕业（或同等学力）。

5.1.8 职业培训要求

5.1.8.1 培训参考时长

职业标准应根据职业的特点和内容，分别列出各等级培训期限的参考

[①] 中国特色企业新型学徒制的学员除外。

[②] 行业企业根据自身特点，考虑历史沿用、约定俗成等因素，对上述技能等级名称可使用不同称谓，并明确其与相应技能等级的对应关系。

性学时要求（包含理论知识学习时间和操作技能学习时间），以标准学时表示。

理论知识学习时间，由"基本要求"相关内容和各等级"工作要求"中的"相关知识要求"两部分所需的学习时间折算而成；操作技能学习时间，由各等级"工作要求"中的"技能要求"所需学习时间折算而成。学习时间按每天 8 标准学时计算。

示例：

培训参考时长：五级 / 初级工不少于 ×× 标准学时；四级 / 中级工不少于 ×× 标准学时；三级 / 高级工不少于 ×× 标准学时；二级 / 技师不少于 ×× 标准学时；一级 / 高级技师不少于 ×× 标准学时。

5.1.8.2　培训教师

根据职业的实际情况和培训对象的技能等级，对职业培训中承担理论知识或操作技能教学任务的教师应具备的条件提出要求。

5.1.8.3　培训场所设备

实施职业培训所必备的场所和设施设备要求。应对理论知识和操作技能培训场所设备分别进行描述。

5.1.9　职业技能评价[①]要求

5.1.9.1　申报条件

申请参加本职业相应等级技能评价的人员应具备的条件。

职业标准应根据职业的实际情况，参照《申请参加职业技能评价的条件》（见附录5）进行描述。原则上，各职业的申报年限不低于《申请参加职业技能评价的条件》的要求。必要时，可根据不同的职业类型结合实际情况作适当调整。

5.1.9.2　评价方式

职业标准应根据职业的特点，对理论知识考试、操作技能考核以及综合评审的方式，分别进行详细说明。

---

① 含职业技能鉴定和职业技能等级认定。相关法律法规另有规定的，从其规定。

理论知识考试以笔试、机考等方式为主，主要考核从业人员从事本职业应掌握的基本要求和相关知识要求。

操作技能考核主要采用实际操作等方式进行，主要考核从业人员从事本职业应具备的技能水平。现实工作场景已实现数字化操作的职业，操作技能考核可采用模拟或仿真操作等方式进行。准入类职业资格操作技能考核不得采用模拟或仿真操作方式考核。

综合评审主要针对二级/技师和一级/高级技师，通常采取审阅申报材料、答辩等方式进行全面评议和审查。

理论知识考试、操作技能考核和综合评审均实行百分制，成绩皆达60分（含）以上为合格。职业标准中标注"★"的为涉及安全生产或操作的关键技能，如考生在操作技能考核中违反操作规程或未达到该技能要求的，则操作技能考核成绩为不合格。

5.1.9.3 监考人员、考评人员与考生配比

职业标准应根据职业的特点，分别列出理论知识考试中的监考人员与考生数量的比例、操作技能考核中的考评人员与考生数量的比例，以及综合评审委员的最低人数。

理论知识考试中的监考人员与考生配比不低于1∶15（其中，采用机考方式的一般不低于1∶30），且每个考场不少于2名监考人员；操作技能考核中的考评人员与考生配比应根据职业特点、考核方式等因素确定，一般不低于1∶10，且考评人员为3人以上单数，每位考生由不少于3名考评员评分；综合评审委员为3人以上单数。

5.1.9.4 评价时长

职业标准应根据职业的特点和内容，分别列出各等级的理论知识考试、操作技能考核以及综合评审的最低时长要求，以分钟表示。

5.1.9.5 评价场所设备

职业标准应对理论知识考试和操作技能考核必备的场所和设施设备要求分别进行描述。

5.2 基本要求

5.2.1 职业道德

从业人员在职业活动中应遵循的基本观念、意识、品质和行为的要求，即一般社会道德、职业素养以及工匠精神和敬业精神在职业活动中的具体体现。主要包括职业道德基本知识、职业守则两部分。

职业标准应列出最能反映本职业特点的职业守则。

5.2.2 基础知识

从业人员在职业活动中应掌握的通用基本理论、安全、职业健康、环境保护、数字素养和有关法律法规知识等。

职业标准应本着实用性原则，列出与本职业密切相关并贯穿整个职业活动的，且为最低等级应掌握的核心基础知识。

5.3 工作要求

5.3.1 通则

工作要求是在分析、细化职业活动的基础上，对从业人员完成本职业具体工作所应具备的技能要求和相关知识要求的描述。它是职业标准的核心部分。工作要求应分等级进行编写，各等级的技能要求和相关知识要求应依次递进，高级别涵盖低级别的要求。职业下设工种（方向）或职业所包括的工作内容之间相似程度不高的，可采用模块化编写模式。

工作要求内容的编写，原则上不得超出《大典》描述的职业定义和主要工作任务。①

工作要求包括职业功能、工作内容、技能要求、相关知识要求 4 项内容（见下表）。

---

① 相关法律法规及政策文件另有规定的，从其规定。

×级/×××

职业功能	工作内容	技能要求	相关知识要求
1. ××××	1.1××××	1.1.1 能×××××× 1.1.2 ★能×××××× ……	1.1.1 ×××××× 1.1.2 ×××××× ……
	1.2××××	1.2.1 能×××××× 1.2.2 能×××××× ……	1.2.1 ×××××× 1.2.2 ×××××× ……
2. ××××	2.1××××	2.1.1 能×××××× 2.1.2 能×××××× ……	2.1.1 ×××××× 2.1.2 ×××××× ……
	2.2××××	2.2.1 能×××××× 2.2.2 能×××××× ……	2.2.1 ×××××× 2.2.2 ×××××× ……
……	……	……	……

5.3.2 职业功能

从业人员所要实现的工作目标，或本职业活动的主要方面（活动项目）。

职业标准应根据职业的特点，按照工作领域、工作项目、工作程序、工作对象或工作成果等划分职业功能。具体要求为：

——每项职业功能都应是：可就业的最小技能单元；从业人员的主要工作职责之一；可独立进行培训和评价。

——职业功能的划分标准要统一，通常情况下，每个等级的职业功能应不少于3项。

——职业功能的规范表述形式是："动词+名词"，如"维修发动机"；或"名词+动词"，如"市场调查""发动机维修"；或"动词"，如"制作""修理"。

——通常情况下，职业功能在各技能等级中是一致的，在二级/技师和一级/高级技师中，可增加"技术管理和培训"等内容。

5.3.3 工作内容

完成职业功能所应做的工作，是职业功能的细分。

职业标准应按照工作种类、工作流程或工作对象等划分工作内容。具体要求为：

——每项工作内容应是一个有始有终的完整过程，或是可观察到的具体工作单元，或是完成一项服务，或是产生一种结果。

——通常情况下，每项职业功能应包含2项或2项以上的工作内容。

——工作内容的规范表述形式与职业功能相同。

5.3.4 技能要求

完成每项工作内容应达到的结果或应具备的能力，是工作内容的细分。

职业标准应列出从业人员可独立完成的技能要求，其描述应具有可操作性。具体要求为：

——技能要求的内容应具有可操作性，对每项技能应有具体的描述，能量化的一定要量化；对于不同等级中同一项工作或技能，应分别写出不同的具体要求，不可用"了解""掌握""熟悉"等词语或仅用程度副词来区分等级。

——技能要求的规范表述形式为"能……+动词……"，或"能+动词……"等，如"能根据服装原型的要求测量人体的净体数据""能车削普通螺纹、英制螺纹""能在1分钟之内录入60个英文字符，准确率达到90%"。

——技能要求中涉及工具设备的使用时，不能单纯要求"能使用……工具或设备"，而应写明"能使用……工具或设备+动词……"，如"能使用剪刀剪裁服装""能使用百分尺、游标量具、千分尺等常用量具检验零部件""能使用计算机辅助设计软件完成三维建模"。

5.3.5 相关知识要求

达到每项技能要求必备的知识。

职业标准应列出完成职业活动所需掌握的技术理论、技术要求、操作规程和安全规范等知识点。相关知识要求应与技能要求相对应，是具体的知识点，而不是宽泛的知识领域。

5.4 权重表

5.4.1 理论知识权重表

职业标准应列出基本要求和各等级职业功能对应的相关知识要求在职业培训、职业技能评价中所占的权重（见下表）。

项目	技能等级	五级/ 初级工 （%）	四级/ 中级工 （%）	三级/ 高级工 （%）	二级/ 技师 （%）	一级/ 高级技师 （%）
基本要求	职业道德	×	×	×	×	×
	基础知识	×	×	×	×	×
相关知识要求	职业功能1	×	×	×	×	×
	职业功能2	×	×	×	×	×
	职业功能3	×	×	×	×	×
	……	……	……	……	……	……
	合计	100	100	100	100	100

5.4.2 技能要求权重表

职业标准应列出各等级职业功能对应的技能要求在职业培训、职业技能评价中所占的权重（见下表）。

项目	技能等级	五级/ 初级工 （%）	四级/ 中级工 （%）	三级/ 高级工 （%）	二级/ 技师 （%）	一级/ 高级技师 （%）
技能要求	职业功能1	×	×	×	×	×
	职业功能2	×	×	×	×	×
	职业功能3	×	×	×	×	×
	……	……	……	……	……	……
	合计	100	100	100	100	100

6. 编制程序

职业标准的开发分为组织开发和公开征集两种方式。

6.1 组织开发

6.1.1 受理申请

中国就业培训技术指导中心（以下简称指导中心）根据经济社会发展需要，结合行业主管部门、行业协会等单位的职业标准开发需求，商人力资源社会保障部职业能力建设司（以下简称职业能力司），提出拟开发职业标准的职业（工种）范围，面向社会公开征集职业标准开发单位。有意向的单位，在规定时间内按要求向指导中心提交申请和工作方案。

6.1.2 评估遴选

指导中心负责对有意向参与职业标准开发工作的单位进行评估，综合考虑权威性、专业性等因素，遴选确定牵头单位，其他符合条件的列为参与单位。指导中心将评估遴选结果报职业能力司，职业能力司征求相关部门意见。

6.1.3 发布计划

职业能力司将评估遴选结果报经人力资源社会保障部领导同意后，由指导中心印发职业标准开发计划，明确拟开发的职业（工种）、牵头单位、参与单位、开发时限等。

6.1.4 开发编写

6.1.4.1 成立工作组

开发单位负责组建工作组，工作组由编写专家和本单位1名工作人员（即联络人）组成。

编写专家组由不少于5名专家组成，包括方法专家、内容专家和实际工作专家。方法专家由熟悉本规程和职业标准编制方法的人员担任；内容专家由长期从事该职业理论研究和教学工作的人员担任；实际工作专家由长期从事该职业活动的管理或操作人员担任。实际工作专家应占编写专家组总人数的一半以上；编写专家组应确定组长和主笔人。

联络人负责职业标准开发全过程的组织协调、进度控制、质量把关、信息传送等具体工作。

6.1.4.2 开展职业调查和职业分析

开发单位应组织力量开展职业调查，了解该职业的活动目标、工作领域、发展状况、从业人员数量、受教育程度以及从业人员必备的知识和技能等。在职业调查的基础上，由编写专家组进行职业分析，为职业标准编制做好前期准备。

6.1.4.3 召开职业标准编制启动会

开发单位组织召开职业标准编制启动会（程序见附录6），确定人员分工、时间进度，编写专家组汇报职业调查和分析、标准开发进度安排、任务分工及存在的问题等情况，与会专家讨论职业标准"职业功能"和"工作内容"等基本框架结构，并进行至少2个等级的1项"职业功能"的拟写。

6.1.4.4 编写初稿

编写专家组按照职业标准编制启动会确定的进度、框架结构等，结合职业调查和职业分析结果，编写职业标准初稿。

6.1.4.5 组织初审

开发单位组织召开职业标准初审会（程序见附录6），组织由7名以上单数人员组成的评审专家组（不含编写专家）对职业标准初稿进行初审，并形成专家初审意见。

6.1.5 审定颁布

6.1.5.1 征求意见

开发单位根据专家初审意见修改完善，形成职业标准征求意见稿，经指导中心符合性审查，由职业能力司报经人力资源社会保障部领导同意后，征求相关部门意见，同时通过技能人才评价工作网向社会公示征求意见（人力资源社会保障部门户网站同步链接），公示期限为10个工作日。

6.1.5.2 终审

根据公示征求意见情况，开发单位进一步修改完善，形成职业标准终审稿和征求意见采纳情况报告。开发单位组织召开职业标准终审会（程序见附录6），由7名以上单数人员组成的评审专家组（不含编写专家，初审专家比例不超过50%）对职业标准终审稿进行终审，形成专家终审意见。开发单位根据终审意见进一步修改完善，形成职业标准报批稿。

6.1.5.3 颁布

指导中心将职业标准报批稿报职业能力司审核。职业能力司将审核后的报批稿报经人力资源社会保障部领导同意后，由人力资源社会保障部办公厅或人力资源社会保障部办公厅会同有关部门综合司局颁布。职业标准内容应在标准颁布文件印发之日起10个工作日内，由指导中心在技能人才评价工作网发布。

6.2 公开征集

6.2.1 发布通告

人力资源社会保障部向社会发布征集国家职业标准的通告。

6.2.2 受理

6.2.2.1 有关单位向人力资源社会保障部提出颁布职业标准申请，由职业能力司会同指导中心进行符合性审查，并征求相关部门意见。如有多家单位同时提交同一职业标准申请，由职业能力司会同指导中心，结合相关部门意见，经评估择优确定。

6.2.2.2 鼓励有关单位在申报新职业建议的同时，按照本规程编写并提交该职业的职业标准初稿。

6.2.3 征求意见

申请单位根据人力资源社会保障部审查意见修改完善，形成职业标准征求意见稿，由职业能力司报经人力资源社会保障部领导同意后，征求相关部门意见，同时通过技能人才评价工作网向社会公示征求意见（人力资源社会保障部门户网站同步链接），公示期限为10个工作日。

6.2.4 终审

根据公示征求意见情况，申请单位进一步修改完善，形成职业标准终审稿和征求意见采纳情况报告。申请单位组织召开职业标准终审会，由 7 名以上单数人员组成的评审专家组（不含编写专家）对职业标准终审稿进行终审，形成专家终审意见。申请单位根据终审意见进一步修改完善，形成职业标准报批稿。

6.2.5 颁布

指导中心将职业标准报批稿报职业能力司审核。职业能力司将审核后的报批稿报经人力资源社会保障部领导同意后，由人力资源社会保障部办公厅或人力资源社会保障部办公厅会同有关部门综合司局颁布。职业标准内容应在标准颁布文件印发之日起 10 个工作日内，由指导中心在技能人才评价工作网发布。

7. 职业标准编排格式

7.1 职业标准报批稿格式

职业标准报批稿统一采用 A4 纸张开幅，尺寸为 210 毫米 ×297 毫米，允许误差 ±1 毫米。职业标准报批稿采用统一编排格式（见附录 7），并统一字体和字号（见附录 8）。

开发单位可直接使用电子模板（文件名为"国家职业标准编写模板 .doc"），按其已经设定好的编排格式进行编排。

7.2 职业标准出版格式

7.2.1 通则

出版职业标准的纸张统一采用 32 开幅面，尺寸为 148 毫米 ×210 毫米，允许误差 ±1 毫米。职业标准出版物采用统一格式（见附录 9），并统一字体和字号（见附录 10）。

7.2.2 封面

封面采用统一格式（见附录 9 图 1）。

7.2.2.1 职业名称

职业名称居中排列，可分为上下多行编排，行间距为 3 毫米。

7.2.2.2 颁布版本

按照颁布发文的实际情况编写,无则不写。

7.2.2.3 职业编码

职业编码中阿拉伯数字间的间隔线为半字线。

7.2.3 说明

说明部分另起一页,采用统一格式(见附录9图2)。

7.2.4 正文

正文从单数页起排,采用统一格式(见附录9图3、图4、图5)。正文首页中职业名称与"国家职业标准"字样分两行编排,行间距为3毫米。除正文首页外,每页25行,每行24个中文字符。

7.2.5 封底

封底采用统一格式(见附录9图6)。

7.2.6 其他

7.2.6.1 标题和段落

标题占两行,上下居中,顶格编排,编号与其后的文字之间空一个汉字间隙。

标题下每个段落段首空两个汉字起排,回行时顶格编排。

7.2.6.2 书眉和页码

从职业标准的正文开始,在每页书眉位置列出职业编码,单数页排在书眉右侧(见附录9图3),双数页排在书眉左侧(见附录9图4)。

从说明页到正文前用正体大写罗马数字开始编页码;正文起用阿拉伯数字从1开始另编页码。页码单数页排在右下侧(见附录9图3),双数页排在左下侧(见附录9图4)。

附录 1

职业标准结构图

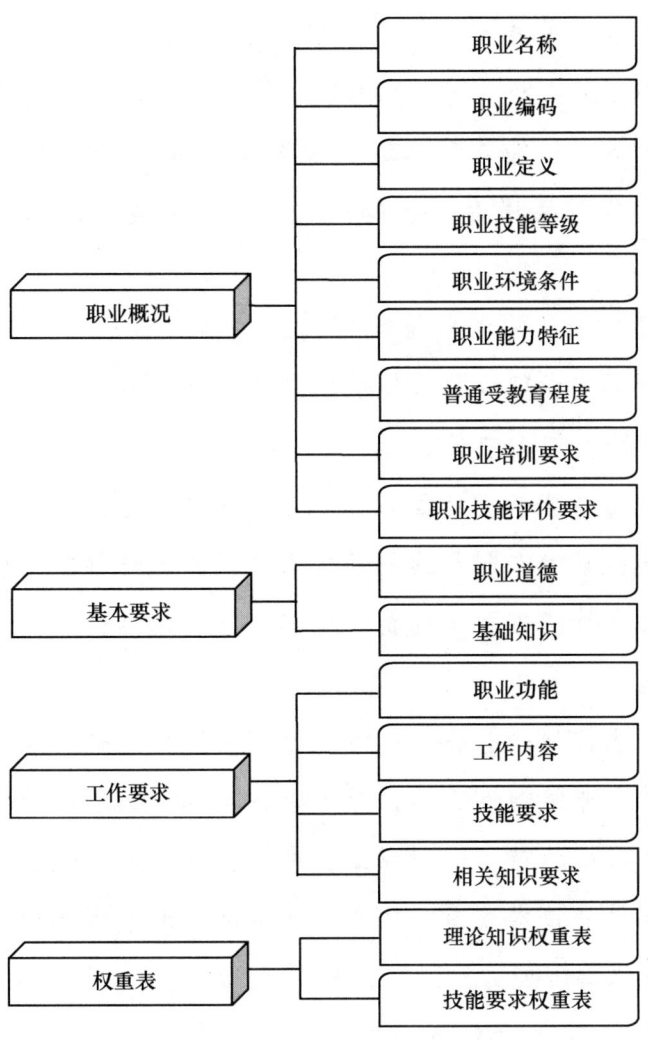

附录 2

职业技能等级划分依据

1. 学徒工：在师傅指导下，完成本职业某一方面工作。

2. 五级/初级工：能够运用基本技能独立完成本职业的常规工作。

3. 四级/中级工：能够熟练运用基本技能独立完成本职业的常规工作；在特定情况下，能够运用专门技能完成技术较为复杂的工作；能够与他人合作。

4. 三级/高级工：能够熟练运用基本技能和专门技能完成本职业较为复杂的工作，包括完成部分非常规性的工作；能够独立处理工作中出现的问题；能够指导和培训初、中级工。

5. 二级/技师：能够熟练运用专门技能和特殊技能完成本职业复杂的、非常规性的工作；掌握本职业的关键技术技能，能够独立处理和解决技术或工艺难题；在技术技能方面有创新；能够指导和培训初、中、高级工；具有一定的技术管理能力。

6. 一级/高级技师：能够熟练运用专门技能和特殊技能在本职业的各个领域完成复杂的、非常规性工作；熟练掌握本职业的关键技术技能，能够独立处理和解决高难度的技术问题或工艺难题；在技术攻关和工艺革新方面有创新；能够组织开展技术改造、技术革新活动；能够组织开展系统的专业技术培训；具有技术管理能力。

7. 特级技师：在生产科研一线从事技术技能工作、业绩贡献突出的企业高技能领军人才。能够熟练运用专门技能和特殊技能在本职业的各个领域完成复杂的、非常规性工作；精通本职业领域的重要理论原理及关键技术技能，能够独立处理和解决高难度的技术问题或工艺难题；承担传授技艺的任务，在技能人才梯队培养上作出突出贡献。

8. 首席技师：在技术技能领域作出重大贡献，或在本地区、本行业企业具有公认的高超技能、精湛技艺的地方或行业企业高技能领军人才。为地方、行业企业高技能人才队伍建设作出突出贡献；为国家重大技术攻关、成果转化、技术创新、发明等作出突出贡献，在地方、行业企业的技术进步与发展中发挥关键作用，专业水平在地方、行业企业具有很高认可度和影响力。

附录 3

职业环境条件描述要素

1. 工作地点

室内：指从事该职业的人员在室内工作的时间超过 75%。

室外：指从事该职业的人员在室外工作的时间超过 75%。

室内、外：指从事该职业的人员在室内、外工作的时间大体相等。

2. 温度

低温：指从事该职业的人员作业环境平均气温小于或等于 5 ℃。

高温：指从事该职业的人员作业环境在高气温，或有强烈的热辐射，或伴有高气湿相结合的异常气象条件下，WBGT 指数超过规定限值。

3. 潮湿：指接触水或大气中空气相对湿度平均大于或等于 80%。

4. 噪声：指在工作时间内 8 h/d 或 40 h/w 噪声暴露等效声级大于或等于 80 dB（A）。

5. 大气条件

环境中有毒有害物质的浓度、空气中的粉尘浓度应符合国家有关规定标准。

6. 其他条件

附录 4

职业能力特征描述要素

1. 一般智力：主要指学习能力，即获取、领会和理解外界信息的能力，以及分析、推理和判断的能力。

2. 表达能力：以语言或文字方式有效地进行交流、表述的能力。

3. 计算能力：准确而有目的地运用数字进行运算的能力。

4. 空间感：凭思维想象几何形体和将简单三维物体表现为二维图像的能力。

5. 形体知觉：觉察物体、图画或图形资料中有关细部的能力。

6. 色觉：辨别颜色的能力。

7. 手指灵活性：迅速、准确、灵活地运用手指完成既定操作的能力。

8. 手臂灵活性：熟练、准确、稳定地运用手臂完成既定操作的能力。

9. 动作协调性：根据视觉信息协调眼、手、足及身体其他部位，迅速、准确、协调地作出反应，完成既定操作的能力。

10. 其他。

附录5

申请参加职业技能评价的条件[①]

1. 具备以下条件之一者,可申报五级/初级工:

(1) 年满16周岁,拟从事本职业或相关职业[②]工作。

(2) 年满16周岁,从事本职业或相关职业工作。

2. 具备以下条件之一者,可申报四级/中级工:

(1) 累计从事本职业或相关职业工作满5年。

(2) 取得本职业或相关职业五级/初级工职业资格(职业技能等级)证书后,累计从事本职业或相关职业工作满3年。

(3) 取得本专业或相关专业[③]的技工院校或中等及以上职业院校、专科及以上普通高等学校毕业证书(含在读应届毕业生)。

3. 具备以下条件之一者,可申报三级/高级工:

(1) 累计从事本职业或相关职业工作满10年。

(2) 取得本职业或相关职业四级/中级工职业资格(职业技能等级)证书后,累计从事本职业或相关职业工作满4年。

(3) 取得符合专业[④]对应关系的初级职称(专业技术人员职业资格)后,累计从事本职业或相关职业工作满1年。

(4) 取得本专业或相关专业的技工院校高级工班及以上毕业证书(含在读应届毕业生)。

[①] 企业开展自主评价的申报条件,可根据国家职业标准,结合企业工种(岗位)特殊要求,对职业功能、工作内容、技能要求和申报条件等进行适当调整,原则上不低于国家职业标准要求。无相应国家职业标准的,企业可参照本规程自主开发制定企业评价规范。企业可结合实际,灵活运用过程化考核、模块化考核、岗位练兵、技术比武、技能竞赛、业绩评审、直接认定等多种方式进行评价。

参加中国特色企业新型学徒制的学员按照培养目标进行考核定级。

[②] 在具体职业标准中应明确相关职业的范围,下同。

[③] 在具体职业标准中应明确与该职业对应的专业或相关专业的范围,下同。

[④] 在具体职业标准中应明确与该职业对应的专业,下同。

(5)取得本职业或相关职业四级/中级工职业资格（职业技能等级）证书，并取得高等职业学校、专科及以上普通高等学校本专业或相关专业毕业证书（含在读应届毕业生）。

(6)取得经评估论证的高等职业学校、专科及以上普通高等学校本专业或相关专业的毕业证书（含在读应届毕业生）。

4. 具备以下条件之一者，可申报二级/技师：

(1)取得本职业或相关职业三级/高级工职业资格（职业技能等级）证书后，累计从事本职业或相关职业工作满5年。

(2)取得符合专业对应关系的初级职称（专业技术人员职业资格）后，累计从事本职业或相关职业工作满5年，并在取得本职业或相关职业三级/高级工职业资格（职业技能等级）证书后，从事本职业或相关职业工作满1年。

(3)取得符合专业对应关系的中级职称（专业技术人员职业资格）后，累计从事本职业或相关职业工作满1年。

(4)取得本职业或相关职业三级/高级工职业资格（职业技能等级）证书的高级技工学校、技师学院毕业生，累计从事本职业或相关职业工作满2年。

(5)取得本职业或相关职业三级/高级工职业资格（职业技能等级）证书满2年的技师学院预备技师班、技师班学生。

5. 具备以下条件之一者，可申报一级/高级技师：

(1)取得本职业或相关职业二级/技师职业资格（职业技能等级）证书后，累计从事本职业或相关职业工作满5年。

(2)取得符合专业对应关系的中级职称后，累计从事本职业或相关职业工作满5年，并在取得本职业或相关职业二级/技师职业资格（职业技能等级）证书后，从事本职业或相关职业工作满1年。

(3)取得符合专业对应关系的高级职称（专业技术人员职业资格）后，累计从事本职业或相关职业工作满1年。

附录 6

职业标准编制启动会或评审会程序

1. 职业标准编制启动会可按以下程序进行：

（1）介绍参会领导及专家。

（2）讲解职业标准编制技术规程。

（3）编写专家组汇报职业调查和分析、标准开发进度安排、任务分工及存在的问题等情况。

（4）与会专家讨论、答疑。

（5）与会专家讨论职业标准的"职业功能"和"工作内容"等基本框架结构，并进行至少 2 个等级的 1 项"职业功能"的拟写。

2. 职业标准初审会或终审会可按以下程序进行：

（1）介绍参会领导及专家，讲解标准审定要求。

（2）推荐专家评审组组长。

（以下程序由专家评审组组长主持）

（3）编写专家组代表汇报职业标准编制思路、等级设置、存在问题等情况。（终审会上还需汇报对征求意见的研究采纳情况）

（4）与会专家就职业标准进行质疑，标准编写组进行答疑。

（5）与会专家逐条审定职业标准内容，编写专家组代表负责做好修改记录。

（6）形成专家评审意见，评审专家在评审意见上签字。

（7）宣读评审意见。

附录 7

职业标准报批稿格式

国家职业标准

职业编码：×-××-××-××

职业名称

（报批稿）

标准制定单位 制定

说 明

××。

（职业标准的编制依据）××。

（职业标准的主要内容或修订情况）

——×××。

——×××。

——×××。

（职业标准的起草单位/主要起草人）×××。

（职业标准的审定单位/审定人员）××。

（鸣谢单位/人员）××××××××××××××××××××××××××××××。

职业名称
国家职业标准
（报批稿）

1. 职业概况

1.1 职业名称

×××××××。

1.2 职业编码

×–××–××–××。

1.3 职业定义

××。

1.4 职业技能等级

×××。

1.5 职业环境条件

××××××××××××。

1.6 职业能力特征

××。

1.7 普通受教育程度

×××。

1.8 职业培训要求

1.8.1 培训参考时长

××。

1.8.2 培训教师

××。

1.8.3 培训场所设备

××。

1.9 职业技能评价要求

1.9.1 申报条件

××。

1.9.2 评价方式

××。

1.9.3 监考人员、考评人员与考生配比

××。

1.9.4 评价时长

××。

1.9.5 评价场所设备

××。

···分页符···

2. 基本要求

2.1 职业道德

2.1.1 职业道德基本知识

2.1.2 职业守则

（1）××××××××××。

（2）××××××××××。

2.2 基础知识

2.2.1 ××××

（1）××××××××××。

（2）××××××××××。

2.2.2 ××××

（1）××××××××××。

（2）××××××××××。

···分页符···

3. 工作要求

××。

3.1 ×级/×××

职业功能	工作内容	技能要求	相关知识要求
1.×××××	1.1××××××	1.1.1××××××××× 1.1.2★×××××××× 1.1.3××××××××× ……	1.1.1××××××××× 1.1.2××××××××× 1.1.3××××××××× ……
	1.2××××××	1.2.1××××××××× 1.2.2××××××××× 1.2.3××××××××× ……	1.2.1××××××××× 1.2.2××××××××× 1.2.3××××××××× ……
2.×××××	2.1××××××	2.1.1××××××××× 2.1.2××××××××× ……	2.1.1××××××××× 2.1.2××××××××× ……
	2.2××××××	2.2.1××××××××× 2.2.2××××××××× 2.2.3××××××××× ……	2.2.1××××××××× 2.2.2××××××××× 2.2.3××××××××× ……
	……	……	……
……	……	……	……

················分页符················

4. 权重表

4.1 理论知识权重表

项目 \ 技能等级		五级/初级工(%)	四级/中级工(%)	三级/高级工(%)	二级/技师(%)	一级/高级技师(%)
基本要求	××××	×	×	×	×	×
	××××	×	×	×	×	×
相关知识要求	××××	×	×	×	×	×
	××××	×	×	×	×	×
	××××	×	×	×	×	×
合计		100	100	100	100	100

4.2 技能要求权重表

项目 \ 技能等级		五级/初级工(%)	四级/中级工(%)	三级/高级工(%)	二级/技师(%)	一级/高级技师(%)
技能要求	××××	×	×	×	×	×
	××××	×	×	×	×	×
	××××	×	×	×	×	×
	××××	×	×	×	×	×
合计		100	100	100	100	100

················分页符················

5. 附录

××。

附录 8

职业标准报批稿的字体和字号要求

序号	页别	位置	文字内容	字号和字体
01	封面	第一行	国家职业标准	一号华文中宋
02		第二行	职业编码	小四号黑体
03		第三行	职业名称	小一号黑体
04		第四行	报批稿	三号宋体
05		倒数第一行	标准制定单位	四号宋体
06		倒数第一行	制定	四号宋体
07	说明	第一行	说明	三号黑体
08			说明内容	小四号宋体
09	正文首页	第一行	职业名称	小二号黑体
10		第二行	国家职业标准	小二号黑体
11		第三行	报批稿	小四号宋体
12	各页		标题	小四号黑体
13			职业标准的正文	小四号宋体
14			表中的数字和文字	五号宋体
15			脚注、脚注编号	五号宋体

附录 9

职业标准出版格式

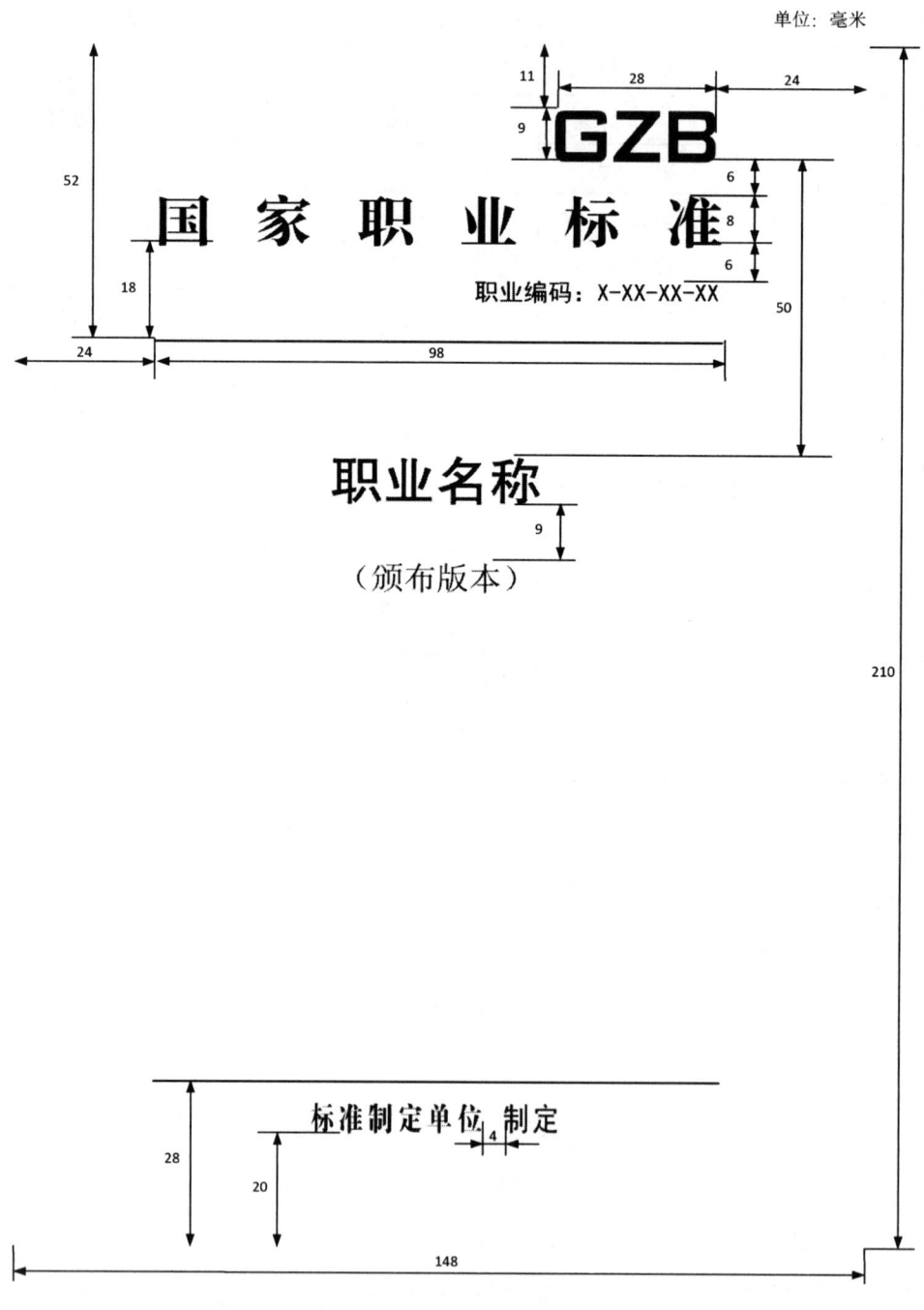

图 1　职业标准封面格式

单位:毫米

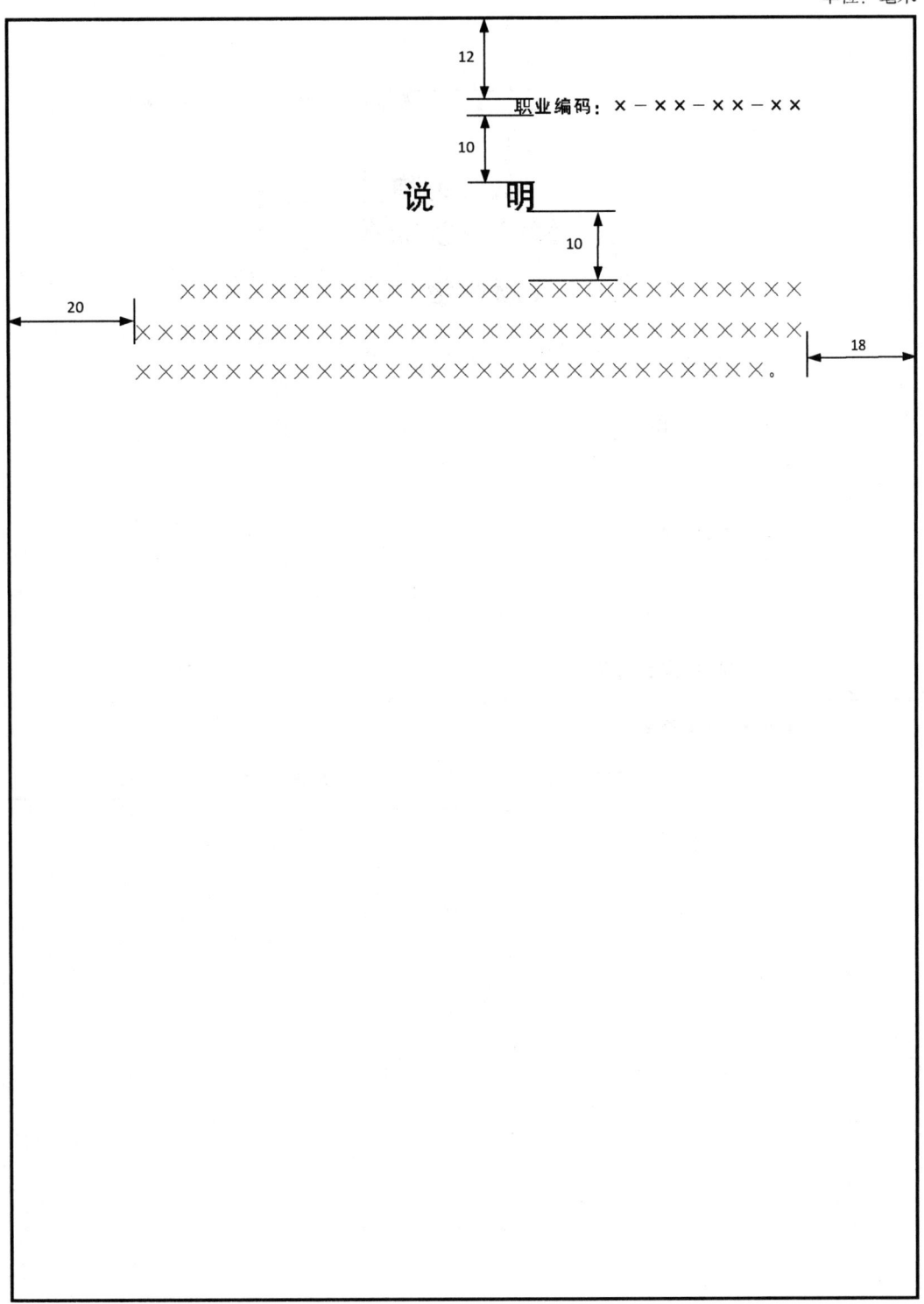

图 2　职业标准说明格式

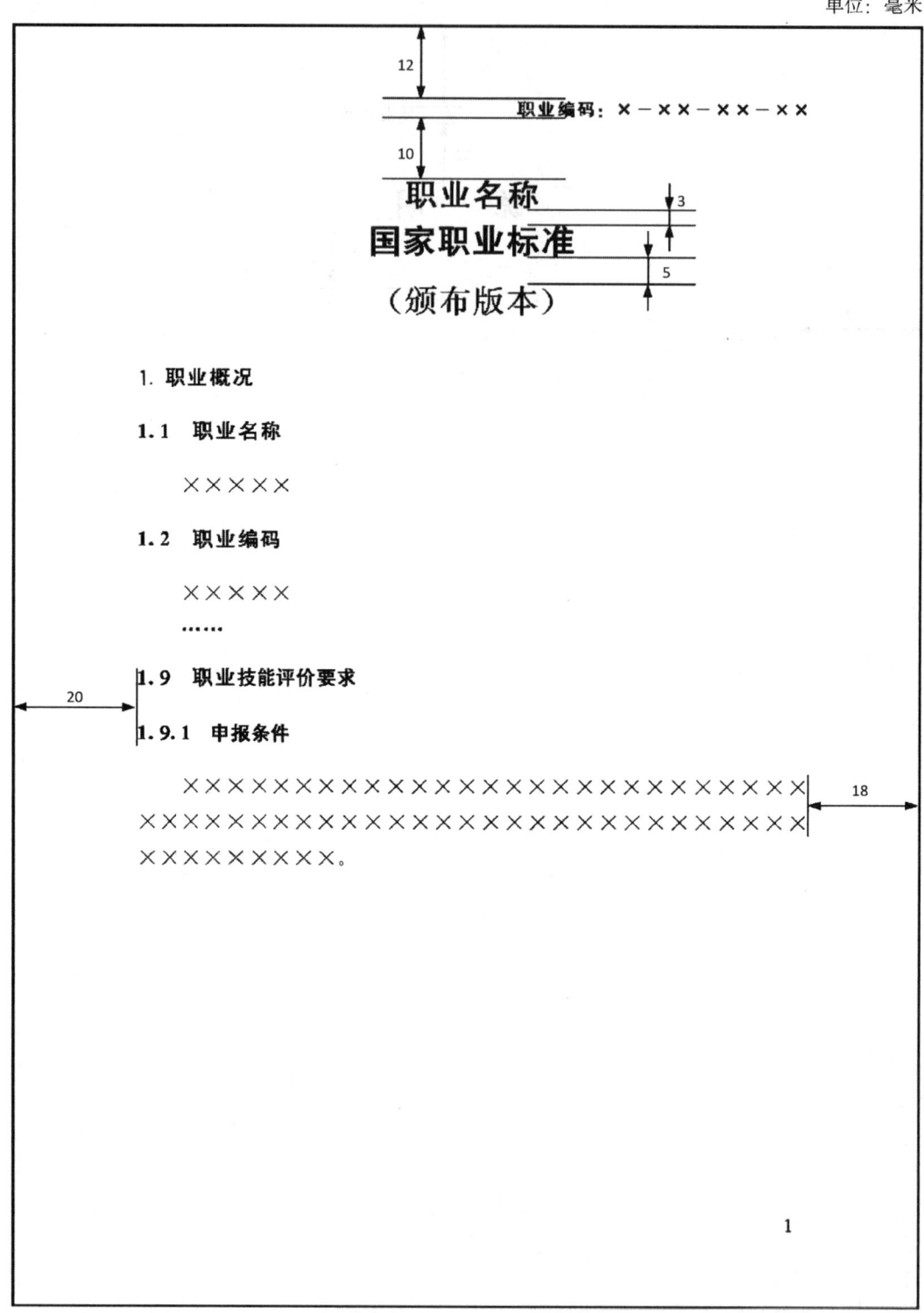

图 3　职业标准正文格式 1

单位：毫米

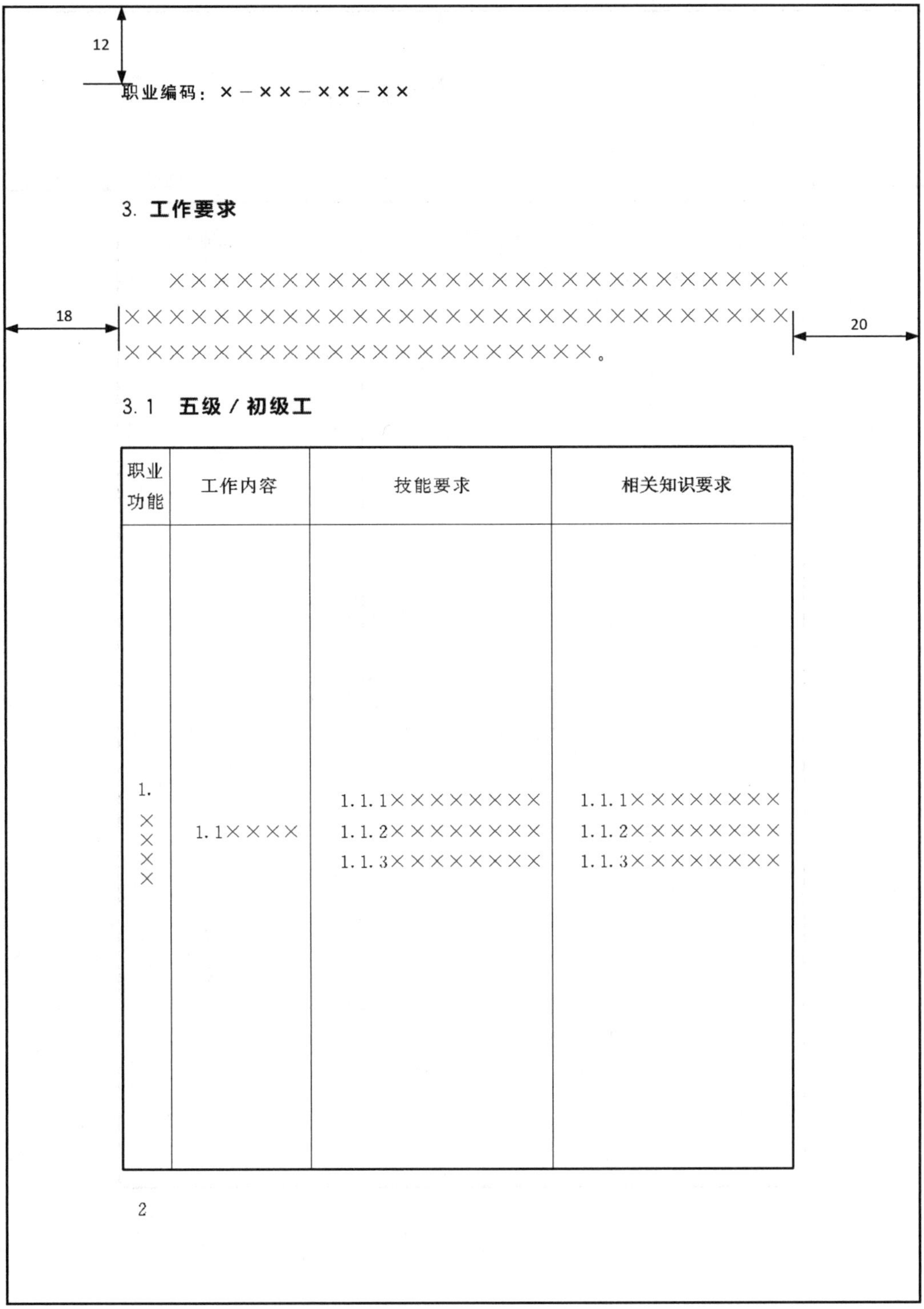

图 4　职业标准正文格式 2

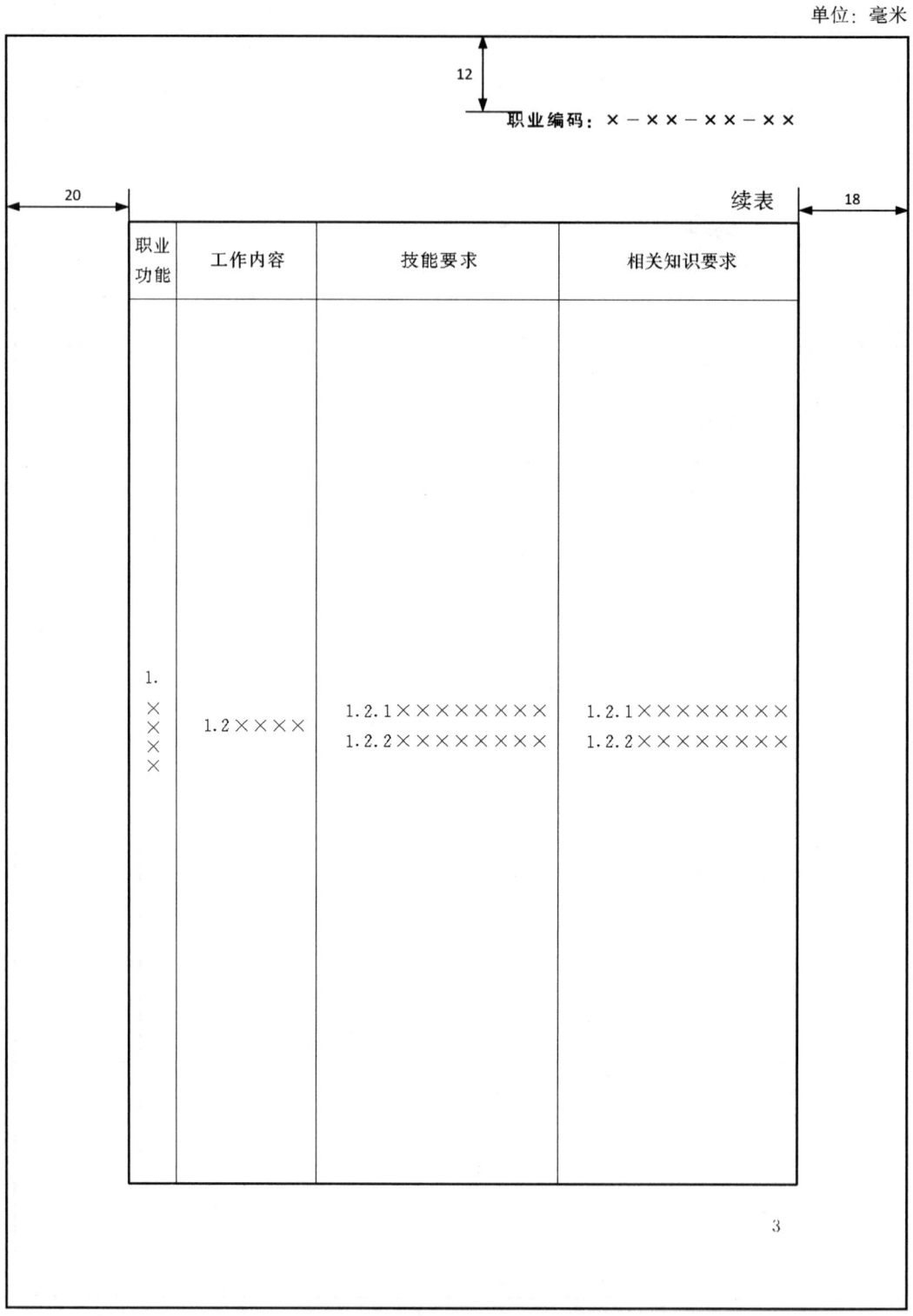

图 5　职业标准正文格式 3

图 6 职业标准封底格式

附录 10

职业标准出版物的字体和字号要求

序号	页别	位置	文字内容	字号和字体
01	封面	右上第一行	职业标准的标志	专用美术体字（色值：C=95，M=95，Y=0，K=5）
02		右上第二行	职业编码	小四号黑体
03		第一行	国家职业标准	专用字（一号风雅宋）
04		第二行	职业名称	一号黑体
05		第三行	颁布版本	三号宋体
06		倒数第一行	标准制定单位	专用字（三号大标宋）
07		倒数第一行	制定	三号黑体
08	说明	第一行	说明	三号黑体
09			说明内容	五号宋体
10	正文首页	第一行	职业名称	三号黑体
11		第二行	国家职业标准	三号黑体
12		第三行	颁布版本	三号宋体
13	各页		标题	五号黑体
14			职业标准的正文	五号宋体
15			表中的数字和文字	小五号宋体
16			脚注、脚注编号	小五号宋体
17	封底	右上角	职业编码	小四号黑体
18	单双数页	书眉右、左侧	职业编码	小五号黑体
19		版心右、左下角	页码	小五号宋体

国家职业标准编制技术规程
（第二部分　专业技术类）

1. 范围

本规程规定了国家职业标准（以下简称职业标准）的编制指导思想、工作目标、编制原则、结构要素、标准内容、编制程序以及编写表述规则和格式要求，并列出了有关表述样式。

本规程适用于现行《中华人民共和国职业分类大典》（以下简称《大典》）中所列专业技术类有关职业的职业标准编制。

2. 术语和定义

2.1 职业

从业人员为获取主要生活来源所从事的社会工作类别。

2.2 职业分类

以工作性质的同一性或相似性为基本原则，对社会职业进行的系统划分与归类。

2.3 国家职业标准（专业技术类）

在职业分类的基础上，根据职业活动内容，按照专业技术类有关职业的职业属性和工作要求，对从业人员的理论知识、专业能力提出的综合性规定。它是开展相应职业教育培训、继续教育和专业能力评价的基本依据。

3. 总则

3.1 指导思想

以习近平新时代中国特色社会主义思想为指导，依据《中华人民共和国劳动法》和《中华人民共和国职业教育法》，立足新发展阶段、贯彻新发展理念、构建新发展格局、推动高质量发展，落实《关于加强和改进新时代人才工作的意见》《关于深化人才发展体制机制改革的意见》《关于分类推进人才评价机制改革的指导意见》《关于深化职称制度改革的意见》和《专业技术人员继续教育规定》等有关要求，适应经济社会发展和科技进步需要，弘扬科学精神和敬业精神，推动实施新时代人才强国战略、创新驱动发展战略，建立以职业活动为导向、以专业能力为核心的职业标准体系。

3.2 工作目标

职业标准应满足人力资源开发和管理的需要，充分发挥职业在经济社会发展和产业应用中的引领性和导向性作用。以职业分类和职业标准为基准，推进专业技术人员教育培训与专业技术等级考核，促进专业技术人员提升专业能力和综合素质，实现人力资源深度开发。

3.3 编制原则

3.3.1 整体性原则

职业标准应反映当前该职业活动在我国的整体状况和发展趋势，突出该职业领域的核心理论知识、主流技术及未来发展要求，适应专业技术标准化程度高、通用性强的特点，兼顾不同领域或行业间可能存在的差异。

职业标准一般应定位于全国中等偏上水平，且是相关专业技术领域人员经过继续教育或岗位实践能够达到的水平。

3.3.2 等级性原则

职业标准应遵循技术发展和人才成长规律，按照专业技术人员"职业活动范围的宽窄、工作责任的大小、工作难度的高低或技术复杂程度、风险等级"来划分专业技术等级。

3.3.3 规范性原则

职业标准的内容结构、表述方法应符合本规程的要求；职业标准中的术语应保持一致，同一概念应使用同一个术语；文字描述应简洁明确且无歧义，能被专业人员理解；所用技术术语与文字符号应符合现行国家技术标准。

3.3.4 实用性原则

职业标准不仅应客观、准确地反映工作岗位对专业技术人员的理论知识、技术能力要求，而且应符合继续教育、人才评价和人力资源管理工作的需要。

3.3.5 可操作性原则

职业标准内容应力求具体化、可度量、可检验,便于实施。

4. 职业标准结构要素

4.1 封面

封面应列出职业标准的信息,包括职业名称、职业编码、版本、发布部门等。

4.2 说明

说明应视情况依次列出以下内容:

——职业标准编制的依据;

——职业标准的主要内容或修订情况;

——职业标准的起草单位/主要起草人;

——职业标准的审定人员。

4.3 内容

职业标准主要内容包括职业概况、基本要求、工作要求和权重表四部分(职业标准结构图见附录1)。

4.4 附录

职业标准附录为可选要素,可以列出有助于职业标准理解和使用的附加信息,如专业术语、参考文献、索引等。

5. 职业标准内容

5.1 职业概况

5.1.1 职业名称

应采用《大典》确定的职业名称。

5.1.2 职业编码

应采用《大典》确定的职业编码。

5.1.3 职业定义

应采用《大典》确定的职业定义。

5.1.4　专业技术等级

专业技术等级由低到高一般可分为初级、中级、高级。根据职业实际需要，各等级可设若干职业方向。

参照《专业技术等级划分依据》（见附录2），确定专业技术等级，专业技术等级连续设置。

5.1.5　职业环境条件

从业人员所处的客观工作环境。

职业标准应根据职业的实际情况，参照《职业环境条件描述要素》（见附录3）进行客观描述。

5.1.6　职业能力特征

从业人员从事某个职业须具备的基本能力和潜力。

职业标准应根据职业的实际情况，参照《职业能力特征描述要素》（见附录4），列出影响本职业从业人员职业生涯发展的必备基本能力。

5.1.7　普通受教育程度

从业人员初入本职业时须具备的最低学历（力）要求。

职业标准应根据职业的实际情况，从下列表述中选择其一进行描述：

——高中毕业（或同等学力）；

——大学专科学历（或同等学力）；

——大学本科学历（或学士学位）；

——硕士学位（或第二学士学位）；

——博士学位。

5.1.8　职业培训要求

职业培训要求包括培训时间、培训教师、培训场所设备3项内容。

5.1.8.1　培训时间

根据本职业必备的基础知识、专业知识、技术实践要求，构建融合新技术和反映产业应用要求的培训培养模式、培训课程体系，编制培训大纲。参训人员按照本职业培训大纲的要求参加有关课程培训，完成规定学时。

职业标准应根据职业的特点和内容，分别列出各等级培训时间的参考性时长要求，以标准学时表示。

示例：初级××标准学时；中级××标准学时；高级××标准学时。

5.1.8.2 培训教师

对培训中承担理论知识或专业能力培训任务的人员要求。应根据职业的实际情况和培训对象的专业技术等级，提出要求：

——理论知识培训教师应具有的职称（职业资格）或专业技术等级和年限。

——专业能力培训教师应具有的职称（职业资格）或专业技术等级和年限。

5.1.8.3 培训场所设备

实施职业培训所必备的场所和设施设备要求。应对理论知识和专业能力培训场所设备分别进行描述：

——理论知识培训所需的教学场地要求和必备的教学仪器设备。

——专业能力培训所需的场地要求和必备的设施设备。

5.1.9 专业技术考核要求

5.1.9.1 申报条件

职业标准应根据职业的实际情况，参照《申请参加专业技术等级考核的条件》（见附录5）进行描述。原则上，各职业的申报年限应不低于规定的要求；国家有特殊规定的从其规定。如需对申报条件进行调整，须提交有关文字说明。

5.1.9.2 考核方式

从理论知识、专业能力两个维度对专业技术人员专业技术水平进行考核，分别以笔试（机考）、实操考核。

理论知识考试以笔试或机考方式为主，主要考查专业技术人员从事本职业应掌握的基本知识和专业知识；专业能力考核主要采用专业设计、模拟操作等实操考核方式进行，主要考查专业技术人员从事本职业应具备的实际工作能力。

职业标准应根据职业的特点，分别对笔试（机考）、实操考核的具体方法和形式，各职业等级考核的依据、分值结构、评分要求等作出说明。

理论知识考试、专业能力考核均实行百分制，成绩皆达60分（含）以上为合格。考核合格者获得相应专业技术等级证书。

5.1.9.3 监考人员、考评人员与考生配比

职业标准应根据职业的特点，分别列出理论知识考试中的监考人员与考生数量的比例、专业能力考核中的考评人员与考生数量的比例。

理论知识考试中的监考人员与考生配比不低于1：15，且每个考场不少于2名监考人员；专业能力考核中的考评人员与考生配比应根据职业特点、考核方式等因素确定，且考评人员为3人（含）以上单数。

5.1.9.4 考核时间

职业标准应根据职业的特点和内容，分别列出各专业技术等级的理论知识考试、专业能力考核的最低时间要求，以分钟表示。

5.1.9.5 考核场所设备

职业标准应对理论知识考试和专业能力考核必备的场所和设施设备要求分别进行描述。

5.2 基本要求

5.2.1 职业道德

专业技术人员在职业活动中应遵循的基本观念、意识、品质和行为的要求，即一般社会道德以及科学精神和敬业精神在职业活动中的具体体现。主要包括职业道德基本知识、职业守则两部分。

职业标准应列出最能反映本职业特点的职业守则。

5.2.2 基础知识

专业技术人员在职业活动中应掌握的通用基本理论、安全、知识产权保护、环境保护和有关法律法规知识等。

职业标准应本着实用、够用的原则，列出与本职业密切相关并贯穿整个

职业活动的核心基础知识。

5.3 工作要求

5.3.1 通则

工作要求是在分析、细化职业活动基础上，对专业技术人员完成本职业具体工作所应具备的技术要求和相关知识要求的描述。它是职业标准的核心部分。工作要求应分专业技术等级进行编写，各等级的专业技术要求和相关知识要求应依次递进，高级别涵盖低级别的要求。对于职业所包括的工作内容之间相似程度不高的，可以采用模块化编写模式。

工作要求内容的编写原则上不得超出《大典》关于职业描述的职业定义和主要工作任务。

工作要求包括职业功能、工作内容、专业能力要求、相关知识要求 4 项内容（见下表）。

× 级

职业功能	工作内容	专业能力要求	相关知识要求
1.××××	1.1 ××××	1.1.1 能 ××××××× 1.1.2 能 ×××××× ……	1.1.1 ×××××××× 1.1.2 ×××××××× ……
	1.2 ××××	1.2.1 能 ×××××× 1.2.2 能 ×××××× ……	1.2.1 ×××××××× 1.2.2 ×××××××× ……
2.××××	2.1 ××××	2.1.1 能 ×××××× 2.1.2 能 ×××××× ……	2.1.1 ×××××××× 2.1.2 ×××××××× ……
	2.2 ××××	2.2.1 能 ×××××× 2.2.2 能 ×××××× ……	2.2.1 ×××××××× 2.2.2 ×××××××× ……
	……	……	……
……	……	……	……

5.3.2 职业功能

从业人员所要实现的工作目标，或本职业活动的主要方面（活动项目）。

职业标准应根据职业的特点，按照工作领域、工作项目、工作程序、工作对象或工作成果等划分职业功能。具体要求为：

——每项职业功能都应是：可就业的最小专业技术单元；从业人员的主要工作职责之一，定期出现；可独立进行培训和评价。

——职业功能的划分标准要统一，通常情况下，每个等级的职业功能应不少于3项。

——职业功能模块的规范表述形式是："动词+宾语"。

——通常情况下，职业功能在各专业技术等级中是一致的，高等级的职业功能一般比低等级多。

5.3.3 工作内容

完成职业功能所应做的工作，是职业功能的细分。

职业标准应按照工作种类、工作流程或工作对象等划分工作内容。具体要求为：

——每项工作内容应是一个有始有终的完整过程，或是可观察到的具体工作单元，或是完成一项服务，或是产生一种结果。

——通常情况下，每项职业功能应包含2项或2项以上的工作内容。

——工作内容的规范表述形式与职业功能相同。

5.3.4 专业能力要求

完成每项工作内容应达到的结果或应具备的能力，以及创新、协作、绿色、安全等方面能力，是工作内容的细分。

职业标准应列出从业人员可独立完成的专业能力要求，其描述应具有可识别性、可度量性。具体要求为：

——专业能力要求的内容应具有可识别性，对每项能力应有具体的描述，能度量的一定要量化；对于不同等级中同一项工作或能力，应分别写出不同的具体要求，不可用"了解""掌握""熟悉"等词语或仅用程度副词来区分等级。

——专业能力要求的规范表述形式为"能……+动词……"，或"能+动词……"等，一般应包含"知识、技能、素养"3个要素。

——专业能力要求中涉及仪器设备的使用时，不能单纯要求"能使用……仪器或设备"，而应写明"能使用……仪器或设备+动词……"。

5.3.5 相关知识要求

达到每项专业能力要求必备的知识。

职业标准应列出完成职业活动所需掌握的理论知识、专业技术要求、操作规程和安全规范等知识点。相关知识要求应与专业能力要求相对应，是具体的知识点，而不是宽泛的知识领域。

5.4 权重表

5.4.1 理论知识权重表

职业标准应列出基本要求和各等级职业功能对应的相关知识要求在教育培训、专业能力考核评价中所占的权重（见下表）。

项目	专业技术等级	初级（%）	中级（%）	高级（%）
基本要求	职业道德	×	×	×
	基础知识	×	×	×
相关知识要求	职业功能1	×	×	×
	职业功能2	×	×	×
	职业功能3	×	×	×
	……	……	……	……
合计		100	100	100

5.4.2 专业能力要求权重表

职业标准应列出各等级职业功能对应的专业能力要求在教育培训、专业能力考核评价中所占的权重（见下表）。

项目	专业技术等级	初级（%）	中级（%）	高级（%）
专业能力要求	职业功能 1	×	×	×
	职业功能 2	×	×	×
	职业功能 3	×	×	×
	……	……	……	……
合计		100	100	100

6. 编制程序

6.1 职业标准立项

6.1.1 提出计划

行业主管部门可结合职业发展需求提出职业标准开发申请，人力资源社会保障部专业技术人员管理司（以下简称专技司）根据《大典》确定职业标准开发计划，面向社会公开征集遴选职业标准开发单位和职业标准。公开征集到的职业标准，可择优直接进入 6.3.1 初审环节。

6.1.2 组建工作组

职业标准开发单位牵头组建工作组，工作组由编写专家和本单位 1 名工作人员（即联络人）组成。

编写专家组由不少于 5 名专家组成，包括方法专家、内容专家和实际工作专家，涵盖相关职业领域的高等院校、科研院所、企业等。方法专家由熟悉本规程和职业标准编制方法的人员担任；内容专家由长期从事该职业理论研究和教学工作的人员担任；实际工作专家由长期从事该职业活动的管理或专业技术人员担任，占编写专家组总人数的一半以上。编写专家组应确定组长和主笔人。

联络人负责职业标准开发全过程的组织协调、进度控制、质量把关、材料报送等具体工作，并将工作组人员名单报专技司。

6.1.3 开展职业调查和职业分析

开发单位应组织力量开展职业调查，了解该职业的活动目标、工作领域、发展状况、从业人员数量、受教育程度以及从业人员必备的知识和专业技术等。职业调查可以由编写专家组承担，也可以委托专门工作机构进行。在职业调查的基础上，由编写专家组进行职业分析，为职业标准编制做好前期准备。

6.2 职业标准开发

6.2.1 召开职业标准编制启动会

开发单位组织召开职业标准编制启动会，专技司介绍职业标准开发的总体安排和有关要求，中国就业培训技术指导中心（以下简称指导中心）宣讲辅导本规程，开发单位确定人员分工、时间进度安排，编写专家研究提出职业标准的基本框架结构，并进行至少1项"工作内容"2个等级的职业标准拟写。

6.2.2 编写职业标准初稿

编写专家组按照职业标准编制启动会确定的进度、框架结构等，结合职业调查和职业分析的结果，编写职业标准初稿。

6.3 职业标准审定

6.3.1 初审

职业标准初稿经指导中心符合性审查后，开发单位组织召开职业标准初审会（程序见附录6），组织专家（不含编写专家组专家）对职业标准初审稿内容进行评审，形成专家评审意见。评审专家组由7名以上单数人员组成。

6.3.2 征求意见

开发单位根据专家评审意见修改完善形成职业标准征求意见稿，经专技司审核后报人力资源社会保障部领导审定，征求相关部门意见，并面向社会征求意见，时间为10个工作日。

6.3.3 终审

开发单位根据征求意见情况修改完善形成职业标准终审稿、征求意见采纳情况汇总表。组织召开职业标准终审会（程序见附录6），组织专家（不含编写专家组，初审专家比例不超过50%）对职业标准终审稿内容进行评审，形成专家评审意见。评审专家组由7名以上单数人员组成。

6.4 颁布

开发单位根据专家评审意见修改排版形成职业标准报批稿，经专技司审核后报人力资源社会保障部领导审定，由人力资源社会保障部办公厅或人力资源社会保障部办公厅会同有关部门综合司局颁布。

7. 职业标准编排格式

7.1 职业标准报批稿格式

职业标准报批稿统一采用A4纸张开幅，尺寸为210毫米×297毫米，允许误差±1毫米。职业标准报批稿采用统一编排格式（见附录7），并统一字体和字号。

7.2 职业标准出版格式

7.2.1 通则

出版职业标准的纸张统一采用32开幅面，尺寸为148毫米×210毫米，允许误差±1毫米。职业标准出版物采用统一格式，并统一字体和字号。

7.2.2 封面

封面采用统一格式。

7.2.2.1 职业名称

职业名称居中排列，可分为上下多行编排，行间距为3毫米。

7.2.2.2 颁布版本

按照颁布发文的实际情况编写，无则不写。

7.2.2.3 职业编码

职业编码中阿拉伯数字间的间隔线为半字线。

7.2.3 说明

说明部分另起一页，采用统一格式。

7.2.4 正文

正文从单数页起排，采用统一格式。正文首页中职业名称与"国家职业标准"字样分两行编排，行间距为3毫米。除正文首页外，每页25行，每行24个中文字符。

7.2.5 封底

封底采用统一格式。

7.2.6 其他

7.2.6.1 标题和段落

标题占两行，上下居中，顶格编排，编号与其后的文字之间空一个汉字间隙。

标题下每个段落段首空两个汉字起排，回行时顶格编排。

7.2.6.2 书眉和页码

从职业标准的正文开始，在每页书眉位置列出职业编码，单数页排在书眉右侧，双数页排在书眉左侧。

从说明页到正文前用正体大写罗马数字开始编页码；正文起用阿拉伯数字从1开始另编页码。页码单数页排在右下侧，双数页排在左下侧。

附录1

职业标准结构图

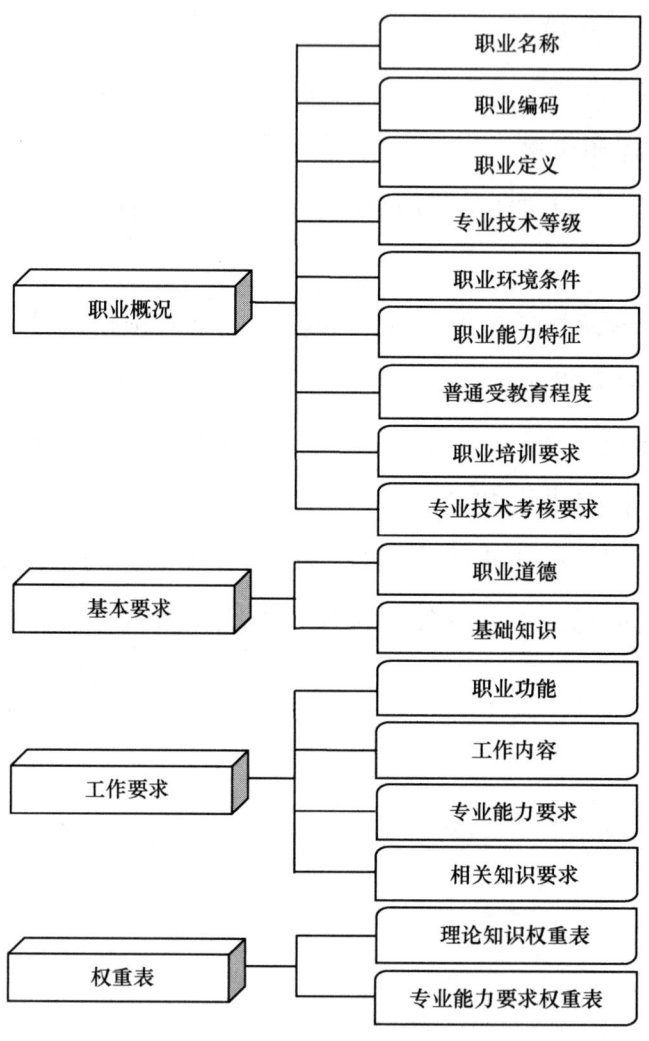

附录 2

专业技术等级划分依据

1. 初级：能够运用基本技术独立完成本职业的常规工作。

2. 中级：能够熟练运用基本技术独立完成本职业的常规工作；在特定情况下，能够运用专门技术完成技术较为复杂的工作；能够与他人合作。

3. 高级：能够熟练运用基本技术和专门技术完成本职业较为复杂的工作，包括完成部分非常规性的工作；能够独立处理工作中出现的问题；能够指导和培训初、中级专业技术人员。

附录3

职业环境条件描述要素

1. 工作地点

室内：指从事该职业的人员在室内工作的时间超过75%。

室外：指从事该职业的人员在室外工作的时间超过75%。

室内、外：指从事该职业的人员在室内、外工作的时间大体相等。

2. 温度

低温：指从事该职业的人员作业环境平均气温小于或等于5℃。

高温：指从事该职业的人员作业环境在高气温，或有强烈的热辐射，或伴有高气湿相结合的异常气象条件下，WBGT指数超过规定限值。

3. 潮湿：指接触水或大气中空气相对湿度平均大于或等于80%。

4. 噪声：指在工作时间内8 h/d或40 h/w噪声暴露等效声级大于或等于80 dB（A）。

5. 大气条件

环境中有毒有害物质的浓度、空气中的粉尘浓度应符合国家有关规定标准。

6. 其他条件

附录 4

职业能力特征描述要素

1. 一般智力：主要指学习能力，即获取、领会和理解外界信息的能力，以及分析、推理和判断的能力。

2. 表达能力：以语言或文字方式有效地进行交流、表述的能力。

3. 计算能力：准确而有目的地运用数字进行运算的能力。

4. 空间感：凭思维想象几何形体和将简单三维物体表现为二维图像的能力。

5. 形体知觉：觉察物体、图画或图形资料中有关细部的能力。

6. 色觉：辨别颜色的能力。

7. 手指灵活性：迅速、准确、灵活地运用手指完成既定操作的能力。

8. 手臂灵活性：熟练、准确、稳定地运用手臂完成既定操作的能力。

9. 动作协调性：根据视觉信息协调眼、手、足及身体其他部位，迅速、准确、协调地作出反应，完成既定操作的能力。

10. 其他。

附录 5

申请参加专业技术等级考核的条件

1. 取得初级培训学时证明，并具备以下条件之一者，可申报初级专业技术等级。

（1）取得技术员职称。

（2）具备相关专业大学本科及以上学历（含在读的应届毕业生）或学士学位。

（3）具备相关专业大学专科学历，从事本职业技术工作满 1 年。

（4）技工院校毕业生按国家有关规定申报。

2. 取得中级培训学时证明，并具备以下条件之一者，可申报中级专业技术等级。

（1）取得助理工程师职称后，从事本职业技术工作满 2 年。

（2）具备大学本科学历，或学士学位，或大学专科学历，取得初级专业技术等级后，从事本职业技术工作满 3 年。

（3）具备硕士学位或第二学士学位，取得初级专业技术等级后，从事本职业技术工作满 1 年。

（4）具备相关专业博士学位。

（5）技工院校毕业生按国家有关规定申报。

3. 取得高级培训学时证明，并具备以下条件之一者，可申报高级专业技术等级。

（1）取得工程师职称后，从事本职业技术工作满 3 年。

（2）具备硕士学位，或第二学士学位，或大学本科学历，或学士学位，取得中级专业技术等级后，从事本职业工作满 4 年。

（3）具备博士学位，取得中级专业技术等级后，从事本职业技术工作满 1 年。

（4）技工院校毕业生按国家有关规定申报。

附录 6

职业标准评审会程序

职业标准初审会和终审会可按以下程序进行。

1. 推荐专家评审组组长。

（以下程序由专家评审组组长主持）

2. 编写专家组代表汇报职业标准编制思路、等级设置、存在问题、征求意见及采纳等情况。

3. 与会专家就职业标准进行质疑，标准编写组进行答疑。

4. 与会专家逐条审定职业标准内容，编写专家组代表负责做好修改记录。

5. 形成专家评审意见，评审专家在评审意见上签字。

6. 宣读评审意见。

附录 7

职业标准报批稿格式

国家职业标准

职业编码：X-XX-XX-XX

职业名称

（报批稿）

标准制定单位 制定

说 明

  ××。

  （职业标准编制的依据）××。

  （职业标准的主要内容或修订情况）

  ——××。

  ——××××××××××××××××××××××××××××××××××××××。

  ——××××××××××××××××××××××××××××××××××。

  （职业标准的起草单位/主要起草人）××。

  （职业标准的审定人员）××。

职业名称
国家职业标准
(报批稿)

1. 职业概况

1.1 职业名称

×××××××。

1.2 职业编码

×-××-××-××。

1.3 职业定义

××。

1.4 专业技术等级

××。

1.5 职业环境条件

××××××××××××。

1.6 职业能力特征

××。

1.7 普通受教育程度

××。

1.8 职业培训要求

××。

1.9 专业技术考核要求

1.9.1 申报条件

××。

1.9.2 考核方式

××。

1.9.3 监考人员、考评人员与考生配比

××。

1.9.4 考核时间

××。

1.9.5 考核场所设备

××。

·········分页符·········

2. 基本要求

2.1 职业道德

2.1.1 职业道德基本知识

2.1.2 职业守则

（1）××××××××××。

（2）×××××××××。

2.2 基础知识

2.2.1 ××××

（1）××××××××××。

（2）×××××××××。

2.2.2 ××××

（1）××××××××××。

（2）××××××××××。

......................................分页符....................................

3. 工作要求

××。

3.1 ×级

××××××××××××××××。（明确各职业方向所包含的职业功能）

职业功能	工作内容	专业能力要求	相关知识要求
1.××××	1.1×××××××	1.1.1××××××× 1.1.2××××××× 1.1.3×××××××	1.1.1××××××× 1.1.2××××××× 1.1.3××××××× ......
	1.2×××××××	1.2.1××××××× 1.2.2××××××× 1.2.3×××××××	1.2.1××××××× 1.2.2××××××× 1.2.3××××××× ......
2.××××	2.1×××××××	2.1.1××××××× 2.1.2×××××××	2.1.1××××××× 2.1.2××××××× ......
	2.2×××××××	2.2.1××××××× 2.2.2××××××× 2.2.3×××××××	2.2.1××××××× 2.2.2××××××× 2.2.3××××××× ......
	......	......	......
......	......	......	......

......................................分页符....................................

4. 权重表
4.1 理论知识权重表

项目	专业技术等级	初级(%)	中级(%)	高级(%)
基本要求	职业道德	×	×	×
	基础知识	×	×	×
相关知识要求	职业功能1	×	×	×
	职业功能2	×	×	×
	职业功能3	×	×	×
	……	……	……	……
合计		100	100	100

4.2 专业能力要求权重表

项目	专业技术等级	初级(%)	中级(%)	高级(%)
专业能力要求	职业功能1	×	×	×
	职业功能2	×	×	×
	职业功能3	×	×	×
	……	……	……	……
合计		100	100	100

人力资源社会保障部办公厅关于做好劳动关系协调师职业技能等级认定工作的通知

人社厅函〔2023〕141号

各省、自治区、直辖市及新疆生产建设兵团人力资源社会保障厅（局）：

根据《中华人民共和国职业分类大典（2022年版）》、《关于健全完善新时代技能人才职业技能等级制度的意见（试行）》（人社部发〔2022〕14号）和《关于加强劳动关系协调员队伍建设的指导意见》（人社部发〔2022〕74号）等有关规定，为进一步加强劳动关系协调师职业技能等级认定评价机构（以下简称评价机构）遴选备案管理，提升劳动关系协调师职业技能等级认定质量，推进劳动关系协调员队伍职业化、专业化建设，现就做好劳动关系协调师职业技能等级认定工作通知如下。

一、申报条件

申报面向社会开展劳动关系协调师职业技能等级认定的社会培训评价组织，根据开展认定的区域范围，在符合我部和所在地省级人力资源社会保障部门确定的申报条件基础上，应当具备以下条件。

（一）具备协调劳动关系相关专业背景

各类院校申报的，需设有劳动与社会保障、劳动经济学、劳动关系、人力资源管理、工商企业管理、社会工作、法学、社会学等相关专业；企业等单位申报的，经营范围需包含人力资源管理服务、劳动法律服务、劳动争议调解代理等；社会培训机构申报的，需已开展劳动关系协调、人力资源管理、劳动保障事务处理、社会工作等相关职业培训或评价；已脱钩的行业学会或协会申报的,需具有劳动关系理论、劳动法律法规等方面研究背景,或从事协调劳动关系相关工作。

(二)拥有具备相应资质的考评人员、命题专家

1. 考评人员应当满足以下条件:

(1)拥护中国共产党的领导,具有良好的政治素质、职业道德和专业素养,社会责任感强,工作态度严谨。

(2)持有劳动关系协调师(员)三级及以上职业技能等级证书(职业资格证书)。其中,开展劳动关系协调师二级及以上考评工作的考评人员,需持有劳动关系协调师(员)二级及以上职业技能等级证书(职业资格证书)。

(3)未持有相应劳动关系协调师(员)职业技能等级证书(职业资格证书)的,需取得劳动与社会保障、劳动经济学、劳动关系、人力资源管理、工商企业管理、社会工作、法学、社会学等相关专业中级及以上职称后,累计从事协调劳动关系相关工作2年及以上。其中,开展劳动关系协调师二级及以上考评工作的考评人员,需取得相关中级及以上职称后,累计从事协调劳动关系相关工作5年及以上。

(4)遵纪守法,没有违法违纪、犯罪和不良行为记录。

2. 命题专家应当满足以下条件:

(1)拥护中国共产党的领导,具有良好的政治素质和职业道德,并具有较高的专业素养,社会责任感强,工作态度严谨。

(2)需持有劳动关系协调师(员)二级及以上职业技能等级证书(职业资格证书)。

(3)未持有劳动关系协调师(员)二级及以上职业技能等级证书(职业资格证书)的,需取得劳动与社会保障、劳动经济学、劳动关系、人力资源管理、工商企业管理、社会工作、法学、社会学等相关专业高级职称。其中,开展劳动关系协调师二级及以上命题工作的命题专家,需取得相关专业高级职称后,累计从事相关工作5年及以上。

(4)遵纪守法,没有违法违纪、犯罪和不良行为记录。

（5）与评价机构签订保密协议。

（6）优先从国家协调劳动关系三方会议专家委员会委员和各地省级人社部门专家库中确定。

（三）具有相应的管理制度（详见附件1）

1. 内部财务管理、人员管理等制度。

2. 劳动关系协调师职业技能等级认定工作实施办法，包括：考务管理、试题管理、证书管理、质量督导、档案管理等。

二、提交材料

（一）按照我部和所在地省级人力资源社会保障部门有关规定需提交的材料。

（二）劳动关系协调师职业各等级样题。

（三）考评人员、命题专家人员情况表（见附件2）。

（四）题库（卷库）建设情况说明。

（五）其他根据国家和地方要求需要提供的有关材料。

三、日常管理

（一）劳动关系协调师职业技能等级认定题库（卷库）需根据实际情况及时更新。

（二）评价机构每年底前向备案所在地的人力资源社会保障部门提供年度开展劳动关系协调师职业技能等级认定情况，包括题库建设（更新）、认定人数及人员名单等情况。

四、组织实施

各级人力资源社会保障部门要充分认识做好劳动关系协调师职业技能等级认定是提升劳动关系协调员队伍能力素质，充分发挥劳动关系协调员作用，推动构建中国特色和谐劳动关系的重要举措，将其作为一项重要任务抓实抓好。要加强组织领导，明确人力资源社会保障部门内部相关部门（机构）职责分工。要及时建立本地区劳动关系协调师职业技能等级认定有关工作机制，指导评价机构完善题库（卷库），规范开展劳动关系协调师职业技能等级认定。要加强对评价机构的监督管理，促进评价机构评价能力和评价质量的不断提升。

附件1：评价机构管理制度清单

附件2：人员情况表（略）

人力资源社会保障部办公厅

2023年10月26日

附件 1

评价机构管理制度清单

一、内部管理制度

（一）机构财务管理制度：包含认定收费标准。

（二）机构人员管理制度：含管理人员、专/兼职考评员、专/兼职督导员、外聘命题专家的管理规定和培训规定等。

（三）机构公章使用制度。

二、考务管理制度

（四）劳动关系协调师职业技能等级认定报名及资格审核办法。

（五）劳动关系协调师职业技能等级认定考核实施细则：包括理论知识、操作技能、综合评审等。

（六）认定过程中值班专家管理办法。

（七）职业技能等级认定考生违规违纪处理办法。

（八）职业技能等级认定成绩管理办法：包括阅卷、录分、成绩复核等。

三、试题管理制度

（九）职业技能等级认定试题管理规定：包括命题、试题保存、抽题（含备用试题），试卷印刷、运送、安全保密等。

四、质量督导制度

（十）职业技能等级认定考评工作质量管理规定。

（十一）职业技能等级认定考评员管理规定：包括考评员选拔、培训、任期、回避制度及违规违纪处理。

（十二）职业技能等级认定督导员管理规定：包括督导员选拔、培训、任期、回避制度及违规违纪处理。

五、证书管理制度

（十三）职业技能等级证书管理规定：包括证书制作、上网备案、发放、遗失补办等规定。

六、档案管理及公示制度

（十四）职业技能等级认定档案管理规定：包括档案归档范围、保管期限、工作职责、档案室管理、档案借阅移交、保密规定等。

（十五）职业技能等级认定公示制度：包括招生简章、评价公告、成绩公布、社会监督等。

七、安全管理制度

（十六）职业技能等级认定考试现场安全管理制度。

（十七）职业技能等级认定考场突发事件应急预案。

国家邮政局办公室 人力资源社会保障部办公厅关于加快推进邮政快递业职业技能等级认定的实施意见

国邮办发〔2023〕30号

各省、自治区、直辖市邮政管理局、人力资源社会保障厅（局），新疆生产建设兵团人力资源社会保障局，中国快递协会，中国邮政集团有限公司综合部、各主要快递企业：

为加快推进邮政快递业职业技能等级认定工作，根据《中共中央办公厅 国务院办公厅关于加强新时代高技能人才队伍建设的意见》、《人力资源社会保障部关于健全完善新时代技能人才职业技能等级制度的意见（试行）》（人社部发〔2022〕14号）等有关文件精神和要求，制定本实施意见。

一、总体要求

（一）指导思想。坚持以习近平新时代中国特色社会主义思想为指导，全面贯彻党的二十大精神，认真落实人才强国战略，把职业技能等级认定作为邮政快递业高质量发展的重要支撑，健全邮政快递业技能人才评价制度，拓展技能人才职业发展通道，优化技能人才结构，提升技能人才素质，壮大高技能人才规模，切实保障快递员群体合法权益，助力建设知识型、技能型、创新型劳动者大军，为推动邮政快递业高质量发展和交通强国邮政篇建设提供有力人才支撑。

（二）目标任务。深化职业资格制度改革，建立健全邮政快递业职业技能等级认定工作体系和工作机制，推动职业技能等级制度落实，促进邮政快递业技能人才队伍提质增量，到"十四五"期末，累计新增取得职业技能等级证书不少于 50 万人次，其中新增高技能人才（取得高级工及以上职业技能等级证书）10 万人次。

二、重点工作

（一）**全面推行职业技能等级制度**。对邮政快递业技能类职业（工种，见附件1），实行技能人才职业技能等级制度，由用人单位和社会培训评价组织按照有关规定组织实施职业技能等级认定，并颁发职业技能等级证书。对邮政快递业设有高级技师的职业（工种），可在其上增设特级技师和首席技师技术职务（岗位），在初级工之下补设学徒工，形成由学徒工、初级工、中级工、高级工、技师、高级技师、特级技师、首席技师构成的"八级工"职业技能等级（岗位）序列（见附件2）。

（二）**建立健全职业技能等级评价机构**。邮政管理部门要积极对接人力资源社会保障部门，严格按照国家相关要求，充分发挥邮政管理部门人才工作机构、快递协会、邮政快递业人才培养基地、普通高校、职业院校（含技工院校）、职业技能培训机构等资源作用，遴选推荐一批符合相关资质的单位机构，报经人力资源社会保障部门备案成为邮政快递业职业技能等级认定社会培训评价组织，尽快实现省级全覆盖。同时，支持具备条件的邮政、快递企业按照有关规定备案为职业技能等级认定用人单位，面向本单位员工自主开展技能人才评价工作。

（三）**规范组织实施和证书颁发**。社会培训评价组织和用人单位要严格按照国家职业标准及相关规定，开展备案范围内的职业（工种）的评价认定工作，将邮政快递业职业技能等级认定培训教材及试题库作为培训、评价的主要依据，通过理论知识考试、技能考核、综合评审和竞赛选拔等方式开展评价。对考核合格人员按照人力资源社会保障部统一规定的编码规则和证书样式要求，制作并颁发相应的职业技能等级证书，实现全国范围内查询验证。

（四）建立常态化考核认定机制。社会培训评价组织要根据市场需求和邮政快递业从业人员需要，依据有关规定，按照客观、公正、科学、规范的原则，面向邮政快递业从业人员等开展职业技能等级认定。符合条件的邮政、快递企业等用人单位结合生产经营特点和实际需要，按照有关规定自主开展技能人才评价。鼓励邮政、快递企业在职业技能等级认定工作初期，广泛开展定级考评，根据岗位条件、职工日常表现、工作业绩等，按照有关规定认定职工相应职业技能等级。支持邮政、快递企业将职业技能等级认定与岗位练兵、技术比武、技术攻关、揭榜领题等相结合。鼓励以赛促评，依据国家职业标准举办的职业技能竞赛，按照有关规定对获得优秀等次的选手晋升相应职业技能等级。引导邮政、快递企业定期组织已经完成认定的从业人员开展业务知识和实操技能培训。被派遣劳动者可在用工单位进行职业技能等级认定。

（五）加强职业研究和标准教材建设。邮政管理部门、人力资源社会保障部门要主动适应邮政快递业职业结构变化，指导研究申报邮政快递业新职业新工种，组织相关国家职业标准开发，指导邮政、快递企业制定评价规范。加快邮政快递业职业技能等级认定培训教材及试题库建设，为邮政快递业职业技能等级认定提供服务支持。

（六）强化考评考务人员培养和储备。邮政管理部门、人力资源社会保障部门要督促指导社会培训评价组织和用人单位，持续加强考评考务人员队伍建设，优化完善能力提升机制，做好岗前培训和技术提升学习，不断加强职业道德教育，将职业道德作为评价考评考务人员素质的首要标准。要积极推动行业企业、快递协会、相关院校等共同参与考评考务人员培养，不断充实考评考务人员力量，培养储备一批理论与实践一体、专职与兼职结合的高质量考评考务人员队伍。

（七）促进认定结果与培养使用待遇相结合。邮政管理部门、人力资源社会保障部门要将职业技能等级认定作为引导职业技能培训方向、检验培训质量的重要手段，推动建立评价与使用相结合的机制，评以适用、以用促评。鼓励邮政、快递企业结合用人需求，根据职业技能等级认定结果合理安排使用技能人才，实现职业技能等级认定结果与技能人才使用相衔接。推动邮政、快递企业建立与职业技能等级序列相匹配的岗位绩效工资制，将职业技能等级作为技能人才工资分配的重要参考，突出技能人才实际贡献，合理确定技能人才工资水平，实现多劳者多得、技高者多得。

（八）加强高技能人才队伍建设。邮政管理部门、人力资源社会保障部门要积极拓宽邮政快递业技能人才职业发展通道，支持高技能人才参加职称评审和职业资格考试，鼓励专业技术人才参加职业技能评价，搭建两类人才成长立交桥。鼓励邮政、快递企业打破学历、资历、年龄、比例等限制，对技能高超、业绩突出的一线职工，可直接认定高级工及以上职业技能等级；对解决重大工艺技术难题和重大质量问题、技术创新成果获得省部级以上奖项、"师带徒"业绩突出的高技能人才，可破格晋升职业技能等级。健全行业高技能人才激励机制，引导用人单位工资分配向高技能人才倾斜，高技能人才人均工资增幅不低于本单位相应层级专业技术人员和管理人员人均工资增幅。加强对技能人才的政治引领和政治吸纳，积极推荐高技能人才作为各级"两代表一委员"人选，选拔推荐高技能人才参加各级各类评选，增强高技能人才的职业认同感、成就感、获得感和荣誉感。

三、组织实施

（一）**加强组织领导**。各级邮政管理部门、人力资源社会保障部门要充分认识加快推进职业技能等级认定对于加强邮政快递业技能人才队伍建设、支撑邮政快递业高质量发展的重要意义，切实加强组织领导，健全工作机制，明确目标任务，加强督促指导，切实抓细抓实。快递协会要积极参与职业技能等级认定，共同做好考评考务人员培养。具备条件的邮政、快递企业要按照有关规定自主开展技能人才评价工作，根据职业技能等级认定结果合理安排使用技能人才。

（二）**分步有序推进**。各地邮政管理部门、人力资源社会保障部门要按照全覆盖、可及性、便利性的要求，制定完善符合本地区实际的推进实施方案，加快建立健全邮政快递业技能人才评价服务体系。同时，建立常态化认定工作机制，每年定期召开职业技能等级认定专题会议，大力推进职业技能等级认定工作有序、稳步开展。

（三）强化宣传引导。各级邮政管理部门、人力资源社会保障部门要通过各类媒体、网站、报刊等宣传渠道，加强对邮政快递业职业技能等级认定工作的宣传，大力宣传在邮政快递业职业技能等级认定和技能培训工作中成绩突出、效果明显的单位和个人，进一步增强邮政快递业从业人员的职业认同感和归属感。要大力宣传邮政快递业技能人才特别是高技能人才优秀典型，树立职业楷模，弘扬劳模精神、劳动精神、工匠精神和"小蜜蜂"精神，营造尊重劳动、崇尚技能、鼓励创造的浓厚氛围。

（四）及时报送情况。各省级邮政管理部门、人力资源社会保障部门要加强对本地邮政快递业职业技能等级认定工作情况汇总和统计分析，特别是社会培训评价组织和用人单位工作开展情况、新增持证技能人才情况等，于每年12月20日前书面报至国家邮政局人事司。职业技能等级认定工作中的典型经验做法以及遇到的困难问题随时报送人力资源社会保障部职业能力建设司。

附件：1. 邮政快递业技能类职业（工种）目录
　　　2. 职业技能等级（岗位）要求

国家邮政局办公室
人力资源社会保障部办公厅
2023年12月2日

附件1

邮政快递业技能类职业（工种）目录

大类	中类	小类	细类（职业）	工种
第三大类办事人员和有关人员	3-01 办事人员	3-01-02 行政事务处理人员	3-01-02-01 机要员	机要通信业务员
第四大类社会生产服务和生活服务人员	4-02 交通运输、仓储物流和邮政业服务人员	4-02-07 邮政和快递服务人员	4-02-07-01 邮政营业员	
			4-02-07-02 邮件分拣员	国内邮件分拣员
				国际邮件分拣员
			4-02-07-03 邮件转运员	国内邮件接发员
				国际邮件接发员
				火车邮件押运员
				汽车邮件驾押员
			4-02-07-04 邮政投递员	
			4-02-07-05 报刊业务员	
			4-02-07-06 集邮业务员	
			4-02-07-07 邮政市场业务员	
			4-02-07-08 快递员	快件揽收员
				快件派送员
			4-02-07-09 快件处理员	快递信息处理员
				国内快件处理员
				国际快件处理员
			4-02-07-10 国际快递业务师	
			4-02-07-11 快递站点管理师	
	4-05 金融服务人员	4-05-01 银行服务人员	4-05-01-01 银行综合柜员	邮政储汇业务员
	4-07 租赁和商务服务人员	4-07-05 安全保护服务人员	4-07-05-02 安检员	邮件快件安检员
第六大类生产制造及有关人员	6-31 生产辅助人员	6-31-01 机械设备修理人员	6-31-01-10 机电设备维修工	快递设备运维师
共计	5	5	15	15

附件2

职业技能等级（岗位）要求

序号	级别名称	基本要求	实施机构
1	学徒工	能够基本完成本职业某一方面的主要工作。	用人单位
2	初级工	能够运用基本技能独立完成本职业的常规工作。	
3	中级工	能够熟练运用基本技能独立完成本职业的常规工作；在特定情况下，能够运用专门技能完成技术较为复杂的工作；能够与他人合作。	
4	高级工	能够熟练运用基本技能和专门技能完成本职业较为复杂的工作，包括完成部分非常规性的工作；能够独立处理工作中出现的问题；能够指导和培训初、中级工。	
5	技师	能够熟练运用专门技能和特殊技能完成本职业复杂的、非常规性的工作；掌握本职业的关键技术技能，能够独立处理和解决技术或工艺难题；在技术技能方面有创新；能够指导和培训初、中、高级工；具有一定的技术管理能力。	用人单位和社评组织
6	高级技师	能够熟练运用专门技能和特殊技能在本职业的各个领域完成复杂的、非常规性工作；熟练掌握本职业的关键技术技能，能够独立处理和解决高难度的技术问题或工艺难题；在技术攻关和工艺革新方面有创新；能够组织开展技术改造、技术革新活动；能够组织开展系统的专业技术培训；具有技术管理能力。	
7	特级技师	在生产科研一线从事技术技能工作、业绩贡献突出的"企业高技能领军人才"。能够熟练运用专门技能和特殊技能在本职业的各个领域完成复杂的、非常规性工作；精通本职业及相关职业的重要理论原理及关键技术技能，能够独立处理和解决高难度的技术问题或工艺难题；承担传授技艺的任务，在技能人才梯队培养上作出突出贡献。	省级及以上人力资源社会保障部门指导用人单位实施

续表

序号	级别名称	基本要求	实施机构
8	首席技师	在技术技能领域作出重大贡献，或在本地区、本行业企业具有公认的高超技能、精湛技艺的"地方或行业企业高技能领军人才"。为地方、行业企业高技能人才队伍建设作出突出贡献；为国家重大技术攻关、成果转化、技术创新、发明等作出突出贡献，在地方、行业企业的技术进步与发展中发挥关键作用，专业水平在地方、行业企业具有很高认可度和影响力。	省级及以上人力资源社会保障部门、国务院有关行业主管部门指导用人单位实施

注：1. 行业企业可结合实际对上述要求进行修订完善。

2. 上述职业技能等级证书样式和编码按照有关规定确定。证书编码第16位为大写英文字母或阿拉伯数字，其中"X"表示"学徒工"，"T"表示"特级技师"，"S"表示"首席技师"，"5、4、3、2、1"分别表示"初级工、中级工、高级工、技师、高级技师"。

人力资源社会保障部办公厅关于加强农民工职业技能培训工作的意见

人社厅发〔2023〕55号

各省、自治区、直辖市及新疆生产建设兵团人力资源社会保障厅（局）：

农民工是产业工人队伍的重要组成部分，是促进人口高质量发展和实现共同富裕的重点群体。为认真贯彻落实《中共中央办公厅 国务院办公厅关于加强新时代高技能人才队伍建设的意见》和党中央、国务院有关决策部署，健全终身职业技能培训制度，促进农民工技能提升和就业创业，现就加强农民工职业技能培训工作提出以下意见。

一、总体要求

以习近平新时代中国特色社会主义思想为指导，深入贯彻党的二十大和二十届二中全会精神，立足新发展阶段，贯彻新发展理念，将农民工职业技能培训作为实施人才强国战略、就业优先战略的具体举措和重要抓手，深入推进"十四五"职业技能培训规划。以农村转移劳动力、返乡农民工、脱贫劳动力等为重点，面向广大农民工群体开展大规模、广覆盖、多形式的职业技能培训。进一步优化组织实施、严格过程监管、提升就业质效、加强管理服务，努力提升农民工职业技能、就业创业和融入城市的能力和水平，推动其稳定就业、高质量就业和创业创新，为推进乡村全面振兴和实现共同富裕提供技能要素支撑。

二、主要内容

（一）加强组织发动和信息公开。充分利用信息共享、比对、调查等手段,摸排农民工求职意愿和就业技能需求,通过信息推送、集中宣讲、送策入村入企等多种方式,组织发动农民工积极参加职业技能培训,提升就业稳岗技能水平。依托政府门户网站、人力资源社会保障政务服务平台、微信公众号等多种信息渠道公布并更新职业技能培训项目目录和机构目录,方便农民工根据个人实际需要选择合适的培训机构参加有针对性的培训项目。

(二)**大力开展就业技能培训**。农村转移劳动力密集的地方可结合当地经济和产业发展需求,重点围绕生产制造、建筑、乡村旅游等领域开展就业技能培训,促使当地农村转移劳动力能就业、返乡农民工再就业。指导培训机构对拟参训的农村转移劳动力知识技能基础、就业意愿等情况进行分析,因地因人制宜,立足本地资源、特色产业优势,加大劳务品牌和乡村工匠培育力度。以农民工输入为主的地方可结合劳动力市场需求和用工企业要求,大力开展建筑、维修、家政、餐饮、保安、物流等有效实用的技能培训,帮助其稳定就业,更好融入城市。

(三)**强化在岗农民工职业技能培训**。支持各类企业对新录用农民工和在岗转岗农民工广泛开展岗前培训、岗位技能提升培训、企业新型学徒制培训和高技能人才培训。发挥行业协会、龙头企业和培训机构作用,引导帮助中小微企业开展在岗农民工培训。推动用工企业通过公共就业服务机构、人力资源服务机构、培训机构等与农民工主要输出地对接,根据用工企业实际需求开展农民工订单、定向、定岗和项目制培训,促进技能培训与就业岗位精准对接。

(四)**创新开展创业培训和新职业新业态培训**。鼓励准备创业和创业初期的农民工参加创业培训,加强就业创业政策扶持和创业培训后续指导服务。针对学习能力强、创业意识足的新生代农民工,积极开展电子商务、数字经济、人工智能等新技术新领域创业培训,促进提高创业质量和层次。充分发挥行业龙头企业、大型电商平台等的引领作用,开展直播销售员、网络约车、网络送餐、快递物流等新职业新业态领域职业技能培训。

(五)**优化就业服务与职业技能培训衔接融通**。对在就业公共服务平台等登记有培训就业意愿的农民工，提供相应的培训信息或统筹组织参加就业技能培训。依托公共就业服务中心、职业院校（含技工院校，下同）、职业培训机构、人力资源服务机构等为准备外出就业的农民工提供有针对性的就业及培训政策解读、职业指导、技能培训、岗位推荐等全链条服务。坚持就地就近、辐射全域打造"家门口就业服务圈"，为农民工实现家门口就业提供"最后一公里"服务。强化零工市场即时快招服务，为零散务工农民工提供便捷化、扁平化、实用化的短期技能培训，提升零工就业能力。

（六）**加强职业技能培训载体建设**。积极构建市场主导、政府支持的载体建设体系。鼓励支持行业协会、龙头企业、职业院校等兴办职业培训集团（联盟），推进培训、就业一体化发展。依法规范民办职业培训机构发展，鼓励建立行业自律机制，挖掘一批品牌培训机构和品牌培训项目，支持其发展壮大。指导高技能人才培训基地和技能大师工作室开展高层次、高质量技能培训，充分发挥示范引领作用。

（七）**加强职业技能培训资源建设**。加大国家职业标准、行业企业评价规范、专项职业能力考核规范开发力度，加强职业培训教材、数字资源体系建设和师资队伍建设。大力推动职业培训机构、技工院校、高技能人才培训基地等开展标准化职业技能培训。结合实际，加大汽车维修工、养老护理员、家政服务员、育婴员、砌筑工等适合农民工培训就业的职业（工种）国家职业培训规划教材、国家基本职业培训包推广使用力度。用好"互联网＋职业技能培训"、多媒体资源培训等培训形式，满足更多农民工特别是新生代农民工的多样化、个性化培训需求。

三、统筹培训资金来源及使用

（八）**强化各类资金统筹**。统筹使用好就业补助资金、失业保险基金、职业技能提升行动专账资金、企业职工教育经费以及人才队伍建设有关经费，支持农民工职业技能培训工作。引导激励督促企业按照《关于企业职工教育经费提取与使用管理的意见》等规定，足额提取职工教育经费，其中60%以上用于一线职工的教育和培训。

（九）落实职业技能培训支持政策。农民工参加职业技能培训，符合条件的按规定给予职业培训补贴。脱贫（含防返贫监测对象）、就业困难、零就业家庭的农民工以及城乡未继续升学应届初高中毕业生中的农村学员和城市低保家庭学员，在培训期间可按规定给予生活费补贴。个体工商户用工、民办非企业单位用工以及灵活就业农民工，可按规定纳入职业培训补贴范围。对于企业吸纳农民工就业，直接组织其培训且承担培训成本的，可按规定将培训补贴直补企业。

（十）完善培训补贴使用机制。市（地）级（含）以上人力资源社会保障部门可商财政部门动态调整职业培训补贴的职业（工种）范围，并结合经济发展、培训成本、物价指数等情况调整职业培训补贴标准。鼓励农民工培训后参加职业技能评价，对取得职业资格证书（或职业技能等级证书、专项职业能力证书）的，按规定落实职业技能评价补贴和技能提升补贴等政策。同一职业（工种）的同一等级不可重复申领培训补贴（含参保职工技能提升补贴）。

四、加强服务和规范管理

（十一）加强组织领导。充分认识做好农民工职业技能培训工作的重要意义，进一步提高政治站位，将农民工职业技能培训工作提上重要日程安排。建立人力资源社会保障部门牵头协调、多部门共同参与的工作机制，加强统筹、明确责任、细化分工，形成工作合力。做好现有各项培训政策措施的衔接与融合，确保政策措施落实到位。

（十二）提升经办服务效率。进一步优化补贴申领流程，明确申领职业培训补贴、生活费补贴等所需的申请材料、办理条件、办理时限等，提升经办服务效率。提升信息化便民服务水平，减少证明材料，对可通过大数据等信息化手段比对确认信息的，不再要求提供纸质证明材料。探索推行职业培训补贴"全程网办""掌上办""一站办"等方式，切实提升劳动者领取补贴效率。

（十三）压实资金安全主体责任。定期组织开展补贴经办流程风险防控和排查，建立风险隐患清单，明确日常监督重点，规范职权行为。建立政府补贴培训资金"谁使用、谁负责"的责任追究机制，对关键环节、关键流程经办人员加强警示教育，签订廉政守纪承诺书。对经办人员违纪违法行为保持零容忍态势，对套取骗取、虚报冒领职业培训补贴资金等违纪违法问题发现一起，查处一起，决不姑息。

（十四）加强政策宣传引导。加大政策宣传解读力度，创新宣传方式，充分运用新媒体等多种途径提高政策的公众知晓度，为院校、机构、企业、农民工等全面了解并享受政策提供支持，促进农民工职业技能培训工作取得实效。积极总结经验做法，宣传推广典型案例，大力营造技能就业、技能成才的良好社会氛围。

人力资源社会保障部办公厅

2023年12月28日

人力资源社会保障部办公厅　公安部办公厅 市场监管总局办公厅关于加强职业技能 评价规范管理工作的通知

人社厅发〔2024〕27号

各省、自治区、直辖市及新疆生产建设兵团人力资源社会保障厅（局）、公安厅（局）、市场监管局（厅、委）：

　　加强职业技能评价规范管理，对于开展职业技能培训、提高劳动者素质、引导激励技能人才成长成才具有重要促进作用。为进一步巩固职业技能培训和评价专项整治工作成果，持续加强职业技能评价监督管理，促进技能人才高质量发展，为经济社会发展提供有力技能人才支撑，现就有关事项通知如下。

　　一、**严格规范多元评价**。职业技能评价主要通过职业资格评价、职业技能等级认定和专项职业能力考核进行。职业资格评价按照人力资源社会保障部公布的现行《国家职业资格目录》，由相关部门（单位）依据国家职业标准和有关规定实施。职业技能等级认定由经人力资源社会保障部门遴选公布的用人单位和社会培训评价组织实施，其中用人单位对本单位职工（含劳务派遣等人员）依据国家职业标准和评价规范自主进行职业技能等级认定；社会培训评价组织按照市场化、社会化、专业化原则，依据国家职业标准面向社会开展职业技能等级认定。专项职业能力考核要结合新兴产业发展、地方特色产业需要和就业创业需求，选择市场需求大、可就业创业的最小技能单元（模块），并依据专项职业能力考核规范组织开展。国家职业标准由人力资源社会保障部组织制定颁布；评价规范由用人单位依据《国家职业标准编制技术规程（2023年版）》制定。

二、加强评价质量管理。职业资格评价和职业技能等级认定可通过考核评价或工作业绩评审认定等方式进行。职业资格实施部门（单位）和职业技能等级认定用人单位、社会培训评价组织（以下统称评价机构）组织考核评价，应当制定考务管理、质量管理、证书管理和收费标准等管理办法，并向社会公开。各地人力资源社会保障部门要加强考务组织，指导评价机构按照命题技术规程做好试题试卷命制工作。评价机构应建立考评人员和内部质量督导人员队伍，完善考核评价场地、设施设备等，妥善保管评价工作全过程资料，确保评价过程和结果可追溯、可倒查。

三、加大监管查处力度。按照"谁备案谁监管"的原则，现行《国家职业资格目录》内的职业资格实施部门（单位）会同人力资源社会保障部门对职业资格评价实施监管。按照"谁遴选谁监管"的原则，人力资源社会保障部门会同有关部门对职业技能等级认定实施监管。评价机构应在属地开展职业技能评价活动。各地人力资源社会保障部门会同公安、市场监管等部门对评价机构及其开展的评价活动进行常态化监管，对不严格执行国家职业标准或评价规范、不严格审核报考条件，甚至伪造报名资格、伪造试卷、编造虚假资料、不考试就发证、滥发倒卖证书等行为，应取消评价结果、宣布证书作废、撤销上传证书数据，追回相应补贴资金，对相关评价机构给予限期整改、移出职业技能评价机构目录等处理；构成职务犯罪的，移交纪检监察部门处理；构成其他犯罪的，移交公安机关依法追究刑事责任。有关单位开展的评价活动所发证书或在商业宣传时假借行政机关名义、违规使用国徽和行政机关标志、违规使用"中华人民共和国""中国""中华""国家""全国""职业资格""人员资格""职业技能鉴定""包过""保过"等字样的，限期整改并依法给予行政处罚；情节严重的，移送有关部门依法处理。

四、强化信息平台建设。加强机构管理、考务管理、评价监管等信息化建设，加强与有关部门信息互联互通，逐步实现信息共享比对、远程监控、违纪违规行为预警等功能，提高监管服务效率和水平。人力资源社会保障部依托"平台企业协同共治系统"，向平台企业发送指令和合规提示，督促平台企业对"职业资格""职业技能鉴定""职业资格证书""职业技能等级证书"等禁限售商品服务信息加强管控。各地人力资源社会保障部门依托技能人才评价工作网等现有信息系统，建立职业技能评价服务监管平台，实现职业技能评价全过程、全链条信息记录。

五、建立长效工作机制。各地人力资源社会保障部门要加强和有关行业主管部门沟通协调，通过质量督导、现场督查、同行监督、社会监督，采取"双随机、一公开"和"互联网+监管"等方式，将职业技能评价纳入有效监管。要加强基础能力建设，健全规章制度和风险防控体系，不断强化源头防控。要深入开展警示教育，适时选择代表性强、危害性大的违纪违规典型案例，通过新闻报道、以案说法、专家点评等方式及时向社会公开，以案示警、以案明纪，切实增强党员干部纪律意识、规矩意识和底线思维，严禁滥用职权、徇私舞弊、造假牟利，积极营造风清气正的职业技能评价工作氛围。

人力资源社会保障部办公厅
公安部办公厅
市场监管总局办公厅
2024年5月9日

人力资源社会保障部办公厅关于颁布保健调理师（保健艾灸师）等10个国家职业标准的通知

人社厅发〔2024〕28号

各省、自治区、直辖市及新疆生产建设兵团人力资源社会保障厅（局）：

根据《中华人民共和国劳动法》有关规定，我部组织制定了保健调理师（保健艾灸师）等10个国家职业标准，现予颁布施行。

附件：10个国家职业标准目录

人力资源社会保障部办公厅

2024年5月21日

附件

10个国家职业标准目录

序号	职业编码	职业名称
1	4-10-04-01	保健调理师（保健艾灸师）（试行）
2	6-12-01-00	化学合成制药工（试行）
3	6-12-05-01	生化药品制造工（试行）
4	6-12-05-02	发酵工程制药工（试行）
5	6-20-03-02	焊接设备装配调试工（试行）
6	6-20-03-03	焊接材料制造工（试行）
7	6-23-04-01	摩托车装调工（试行）
8	6-29-04-03	照明工程施工员（试行）
9	6-31-01-04	仪器仪表维修工（化工仪表维修工）（试行）
10	6-31-05-00	包装工（试行）

注：以上职业标准内容可在人力资源社会保障部官网查询。

人力资源社会保障部职业能力建设司、中国就业培训技术指导中心（人力资源社会保障部职业技能鉴定中心）文件

关于印发职业资格证书全国联网查询系统管理技术规程的通知

人社鉴发〔2013〕2号

各省、自治区、直辖市及新疆生产建设兵团人力资源社会保障厅（局）职业技能鉴定（指导）中心，国务院有关部门（行业组织、集团公司）劳动保障工作机构，企业技能人才评价中央试点单位、军队士兵职业技能鉴定工作办公室：

  为大力推行国家职业资格证书制度，提高证书的管理水平，按照《关于做好职业资格证书查询系统建设工作的通知》（人社厅发〔2009〕44号）文件要求，我中心组织制定了《职业资格证书全国联网查询系统管理技术规程》。现印发给你们，请遵照执行。

  附件：《职业资格证书全国联网查询系统管理技术规程》

人力资源社会保障部职业技能鉴定中心

2013年6月26日

附件

职业资格证书全国联网查询系统管理技术规程

第一章　总则
第二章　组织实施
第三章　数据入网
第四章　安全管理
第五章　用户服务
第六章　人员管理
第七章　附则

第一章　总　则

第一条　为有效防止和打击假冒职业资格证书行为，维护用人单位和广大劳动者的合法权益，加强证书管理，规范证书网上查询工作，根据有关规定，制定本规程。

第二条　职业资格证书是指按照规定的国家职业技能标准，经由人力资源和社会保障部行政部门批准的考核鉴定机构，对劳动者的技能水平进行鉴定评价，对合格者所授予的相应凭证。

第三条　全国联网职业资格证书查询系统地址为人力资源和社会保障部官方网站（www.mohrss.gov.cn）和中国就业培训技术指导中心官方网站（www.cettic.gov.cn）。

第四条　该查询系统提供六种证书查询方式：①证件号码+证书编号；②证件号码+准考证号；③证件号码+姓名；④证书编号+准考证号；⑤证书编号+姓名；⑥准考证号+姓名。

第二章　组织实施

第五条　人力资源和社会保障部职业能力建设司负责证书查询系统的建设指导工作，人力资源和社会保障部职业技能鉴定中心负责建设和运行管理工作。

第六条　各省（市、自治区）人力资源和社会保障厅（局）职业技能鉴定中心（以下简称"地方"）、国务院有关部门（行业组织、集团公司）劳动保障工作机构（以下简称"行业"）和企业技能人才评价中央试点单位（以下简称"中央试点企业"）负责证书查询数据入网工作。

第三章　数据入网

第七条　各发证机构要确保向社会提供的证书数据真实完整。

第八条　各职业技能鉴定管理机构要指定专职的信息化管理人员负责数据入网工作，并制定具体的实施方案。

第九条　各地方、各行业和中央试点企业职业技能鉴定管理机构负责维护本地区、行业和中央试点企业的证书数据传输上网、数据更新的管理工作。

第十条　证书查询系统执行统一的技术标准，证书数据采集使用考务管理系统生成 JDX 文件直接入库，使用其他系统（软件）采集证书数据需按照证书数据采集表（见附表）的字段内容，生成 EXCEL 或 DBF 文件整理入库。

第十一条　证书数据须通过"国家职业资格证书全国联网查询系统业务数据综合交换平台"统一上传，经数据校验筛选后入库上网查询。

第十二条　证书数据每半个月上传一次，每月15日上传上月25日至本月10日的数据；每月30日上传本月11日至本月24日的数据，如遇休息日或法定假日，数据上报和上传时间顺延。

第四章　安全管理

第十三条　证书数据备份。每次上传证书数据后，及时将证书数据备份到数据库服务器硬盘和专用的加密存储设备中，并将该设备交机要人员保管。

第十四条　证书数据上传账号和密码的保管。妥善保管证书数据交换平台的账号和密码，并定期或不定期更改密码，不得向他人泄漏证书上网的用户账号和密码。

第十五条　实施"数字安全证书"，即使用U盾进行数据入网。妥善保管U盾和U盾密码，不得随意将U盾借给他人使用，不得向他人泄露U盾密码；如发现U盾丢失或损坏，必须及时补办或更换。

第十六条　证书入网IP地址管理。入网单位需使用固定IP地址，使用"国家职业资格证书全国联网查询系统业务数据综合交换平台"的安全模块锁定工作时段和IP地址，不得随意更改证书入网专用IP地址。

第十七条　证书入网须专用计算机管理。入网单位需配置专用计算机用于证书数据入网与维护管理。

第十八条　病毒与安全防护。入网单位须重视计算机防病毒与网络安全，定期对涉及数据入网的计算机设备进行检查维护，定期升级杀毒。

第五章　用户服务

第十九条　职业资格证书全国联网查询系统提供统一的在线用户服务与在线技术支持平台，为查询用户提供意见反馈的网络渠道。

第二十条　入网单位应通过统一的网络技术平台，及时回答所辖范围内的用户提问。

第二十一条　入网单位应制定相应的措施和工作流程，完善证书发放后的用户服务。

第六章 人员管理

第二十二条 各入网单位须指定专职的职业技能鉴定信息化管理人员负责，并制定具体的实施方案。

第二十三条 职业技能鉴定信息化管理人员应具备下列条件：

（一）热爱职业技能鉴定工作，具有良好的职业道德和敬业精神。

（二）掌握国家职业技能鉴定有关政策、法规和规章，熟悉职业技能鉴定理论和技术方法。

（三）从事职业技能鉴定技术管理工作三年以上。

第二十四条 职业技能鉴定信息化管理人员应履行的职责：

（一）证书数据收集和整理。收集新办理的证书数据，整理汇总，编制汇总表，交领导审查。

（二）证书数据上传。经主管领导审查确认后，由数字证书持有者及时保质保量地将证书数据上传到数据库中。

（三）证书数据备份。每次上传证书数据后，及时将证书数据备份到数据库服务器硬盘和专用的加密存储设备中，并将该设备交机要人员保管。

（四）数字证书的保管。数字证书介质按照"谁持有，谁负责"的原则管理。数字证书持有者领取数字证书后应及时更改数字证书介质保护口令，防止他人冒用。数字证书持有者应定期更改数字证书介质保护口令，若发现口令可能泄露，应立即更改。数字证书使用完毕，持有者应立即从计算机上取下数字证书介质并妥善保管，防止他人非法使用，并严禁私自将数字证书转借他人使用。

（五）日常维护。定期和不定期对证书数据库服务器进行检查、维护，定期升级并杀毒。发现数据库服务器运行异常或存在运行安全隐患，应及时处理并向上级领导报告。

（六）信息化管理员在上传证书数据时，仅限于上传本机构或下属机构鉴定颁发的证书数据，否则后果自负。

第二十五条 部鉴定中心每年将定期组织职业技能鉴定信息化管理人员的业务培训学习工作，培训合格者可获部中心颁发的岗位培训合格证。

第七章 附 则

第二十六条 各单位可按照本规程制定相应细则。

第二十七条 本规程由部鉴定中心负责解释。

第二十八条 本规程自颁布之日起施行。

附表

职业资格证书数据采集表

字段名	字段类型	长度	举例	备注
姓名	字符	20个英文字符或10个中文字符	张三	
性别	字符	2个英文字符或1个中文字符	1	1=男；2=女；0=未知性别；9=未说明性别
出生日期	日期		1981-02-28	
文化程度	字符	2个英文字符或1个中文字符	91	91=研究生；92=大学本科；93=大学专科和专科学校；94=中等专业学校；95=技工学校；96=高中；97=初中；98=小学；99=文盲或半文盲
发证日期	日期		2001-10-22	
证书编号	字符	16个英文字符	0101120201100058	
身份证号	字符	18个英文字符	11010519810228××××	
职业编码	字符	16个英文字符	6-04-01-01	
职业名称	字符	60个英文字符或30个中文字符	车工	
理论知识考试成绩	数值	4个英文字符（包含一位小数）	84.8	
操作技能考核成绩	数值	4个英文字符（包含一位小数）	85.8	
综合评审成绩	数值	4个英文字符（包含一位小数）	82.3	
评定成绩	字符	10个英文字符或5个中文字符	3	1=不合格；2=合格；3=良好；4=优秀
职业技能鉴定机构名称	字符	60个英文字符或30个中文字符	××市职业技能鉴定指导中心	

关于征集第三方评价机构的通告

中就培函〔2018〕95号

为贯彻落实中共中央、国务院《关于分类推进人才评价机制改革的指导意见》要求，深化技能人才评价工作改革，受人力资源社会保障部委托，我中心拟结合当前人力资源市场对技能人才需求，面向社会公开征集第三方评价机构，开展职业技能等级认定试点，现就有关事宜通告如下。

一、职业技能等级认定试点职业范围

根据当前人力资源市场急需紧缺职业情况，明确以下职业为第三方评价机构开展职业技能等级认定试点工作的范围：机械冷加工人员、机械热加工人员、金属加工机械制造人员、工装工具制造加工人员、化工产品生产通用工艺人员、房屋建筑施工人员、木制品制造人员、鞋帽制作人员、销售人员、仓储人员、软件和信息技术服务人民、信息通信网络运行管理人员、汽车摩托车修理技术服务人员、计算机和办公设备维修人员、家用电子电器产品维修人员、康复矫正服务人员、餐饮服务人员、生活照料服务人员、美容美发服务人员、保健服务人员（详见附件1）。

二、第三方评价机构应具备的条件

（一）在中国境内依法登记，以人才培养评价服务为主要工作职责的企业或社会培训评价组织，具有规范的财务制度和管理制度，社会信用良好，无违法、失信等不良行为记录。

（二）在拟开展评价的职业领域具有广泛的影响力，曾经参与国家职业技能标准、行业相关标准编制工作，有教学大纲和教材，有考核评价经验和基础条件，具有6年以上人才评价工作经历，累计5万人次以上的培训评价规模，质量信誉良好，无违规记录。

（三）有专门负责职业技能等级认定工作的机构、与评价工作相适应的专职工作人员、专家队伍及相应的场地设施设备和视频监控设备，能够为职业技能等级认定工作提供稳定的经费保障。

（四）具有完善的职业技能等级认定工作质量管控措施，把社会效益放在首位，不得以营利为最终目的。

（五）自愿接受人力资源社会保障部门的监督管理。

三、需提交的材料

（一）符合条件的企业和社会培训评价组织，向我中心提出申请，提交以下材料，经审核评估及实地考察后，通过协议约定方式开展相关工作：

1.《第三方评价机构基本情况表》（见附件2）；

2. 法人登记证书复印件；

3. 职业技能等级认定试点工作实施方案及质量管控措施；

4. 专家等专业人员技术技能水平证明；

5. 场地设施设备等资产有效证明文件等。

上述材料能通过网络核验的，可不提供书面材料。

（二）申请材料请邮寄或传真至我中心，联系方式如下（如邮寄，请在信封上注明"第三方评价机构申请材料"）。

单位名称：中国就业培训技术指导中心。

通信地址：北京市朝阳区育慧路3号。

邮政编码：100101。

联系人、联系电话、传真（略）。

附件：1. 急需紧缺职业（工种）
　　　2. 第三方评价机构基本情况表

中国就业培训技术指导中心
人力资源社会保障部职业技能鉴定中心
2018 年 12 月 29 日

附件 1

急需紧缺职业（工种）

序号	职业（工种）名称	
1	机械冷加工人员	车工（含数控车工）
		铣工（含数控铣工）
		钳工
		磨工
		镗工
		多工序数控机床操作调整工
		电切削工
		冲压工
2	机械热加工人员	铸造工
		锻造工
		金属热处理工
3	金属加工机械制造人员	机床装调维修工
4	工装工具制造加工人员	模具工
5	化工产品生产通用工艺人员	制冷工
6	房屋建筑施工人员	砌筑工
		混凝土工
		钢筋工
		架子工
7	木制品制造人员	手工木工（含精细木工）
		机械木工
		木地板制造工
8	鞋帽制作人员	制鞋工
		制帽工
9	销售人员	电子商务师
		收银员

续表

序号	职业（工种）名称	
10	仓储人员	理货员
		物流服务师
		冷藏工
11	软件和信息技术服务人员	呼叫中心服务员
12	信息通信网络运行管理人员	网络与信息安全管理员
13	汽车摩托车修理技术服务人员	汽车维修工
		摩托车修理工
14	计算机和办公设备维修人员	计算机维修工
		办公设备维修工
15	家用电子电器产品维修人员	家用电器产品维修工
		家用电子产品维修工
16	康复矫正服务人员	眼镜验光员
		眼镜定配工
17	餐饮服务人员	中式烹调师
		中式面点师
		西式烹调师
		西式面点师
		餐厅服务员
		茶艺师
18	生活照料服务人员	育婴员
		保育员
		养老护理员
		家政服务员
19	美容美发服务人员	美容师
		美发师
20	保健服务人员	保健按摩师

附件 2

第三方评价机构基本情况表

一、基本信息

名称	
地址	
注册登记机构	
统一社会信用代码	

联系人		职务	
联系电话		电子邮箱	

二、拟开展职业技能等级评价的职业（工种）及评价规范情况

序号	职业（工种）名称	职业编码	有无职业标准或评价规范
1			
2			
3			
...			

三、人员场地、设施设备以及组织优势、专业优势（含参与国家职业技能标准编制、人才评价）等情况

注：请申请单位在单位名称处加盖本单位公章；本表可增行或续页。

关于做好职业资格证书查询工作的通知

人社鉴函〔2019〕20号

各省、自治区、直辖市及新疆生产建设兵团人力资源社会保障厅（局）职业技能鉴定（指导）中心，国务院有关部委（行业组织）职业技能鉴定指导中心，军队士兵职业技能鉴定工作办公室：

为贯彻落实《国务院关于印发个人所得税专项附加扣除暂行办法的通知》（国发〔2018〕41号）有关要求，做好职业资格证书查询和数据管理工作，现就有关工作通知如下。

一、**加强管理，明确责任**。各省（自治区、直辖市）及国务院有关部委（行业组织）职业技能鉴定（指导）中心负责本地区、本行业职业资格证书数据库与查询系统的建设运行，承担证书数据采集与合规性审核工作，承担向全国联网职业资格证书数据交换系统传输上报数据职责。职业资格证书数据按照"谁发证、谁负责"的原则，由提供方对所提供数据的合法性、真实性、完整性、及时性负责。

二、**规范流程，逐级落实**。要制定本地区、本行业的职业资格证书查询工作制度和实施细则，规范证书数据上报与审核流程。要充分利用大数据技术，对采集的数据进行筛查预警。证书数据实行逐级上报、逐级审核。数据上传须填报《全国集中监管库职业资格证书数据审核确认表》（见附件1），由专职信息管理员和中心领导签字确认，加盖单位公章后，扫描成电子文档上传至全国联网职业资格证书数据交换系统。确保证书颁发之日起30日内在国家职业资格证书全国联网查询系统上可查询。

三、统一标准、规范采集。证书数据采集须按照《职业资格证书数据采集标准表》(以下简称采集表,见附件2)要求,做到数据项必填字段完整无缺项,字段名称与采集表一致,字段类型采用字符型,长度符合要求,描述内容规范。其中职业资格名称字段应与《国家职业资格目录》中的职业资格名称一致,日期字段应设置为"YYYY-MM-DD"10位字符,鉴定中心、发证机关字段内容应与证书上验印的发证机关名称保持一致。

四、确保数据安全。各省、行业鉴定中心对本地区、本行业证书数据的存储与传输负有安全保护责任。证书数据须存放于专门存储设备中,不得存放于个人工作电脑中。个人工作电脑中的证书数据要及时销毁。证书数据通过CA认证数字证书(以下简称UKEY)进行安全加密传输。各省、行业鉴定中心应妥善保管UKEY和密码,不得将UKEY借给他人使用,不得泄露UKEY密码。如发现UKEY丢失或损坏,须及时补办或更换。

五、技术筛查、专家复核。我中心利用大数据技术,对全国集中监管库的职业资格证书数据进行实时和定期筛查,并组织专家对可疑数据进行复核、验证和调查。复核期间可暂停可疑数据查询服务,对确认有问题的数据将停止查询并清理出库,移交有关单位处理。

六、源头可溯、责任追究。各省、行业鉴定中心须对2019年1月1日以后颁发的职业资格证书建立可溯源的数据管理机制,做到鉴定与发证全流程可追溯。对于伪造、恶意上传、违规修改、恶意破坏或泄露证书数据等行为,视情节轻重,予以冻结账号、废止交换平台数字证书、停止或取消相关鉴定资质等处罚。情节严重构成犯罪的,依法移送司法机关。

在执行过程中,如遇有问题,请及时向我中心鉴定指导处反映。

联系人和联系电话略。

附件：1. 全国集中监管库职业资格证书数据审核确认表
      2. 职业资格证书数据采集标准表

人力资源社会保障部职业技能鉴定中心
2019年4月16日

附件1

全国集中监管库
职业资格证书数据审核确认表

基本信息	单位名称			
	单位负责人			
	信息管理员			
	标题名称			
	上传日期			
数据信息	数据类型			
	职业资格名称（职业工种名称）		级别	数量
	合计			

信息管理员意见	签字： 年 月 日
单位意见	中心领导签字： 单位盖章： 年 月 日

附件 2

职业资格证书数据采集标准表

字段名	字段类型	最大长度	填写举例	是否必填	备注
姓名	字符型	40个字符	刘×	是	
性别	字符型	2个字符	1或男	是	1=男；2=女
出生日期	字符型	10个字符	1977-12-28	是	1977年12月28日
发证日期	字符型	10个字符	2018-05-11	是	2018年5月11日
证书编号	字符型	16个字符	1864010000200001	是	
证件类型	字符型	100个字符	201或居民身份证	是	201=居民身份证；227=中国护照；210=港澳居民来往内地通行证；237=港澳居民居住证；213=台湾居民来往大陆通行证；238=台湾居民居住证；208=外国护照；233=外国人永久居留身份证；239=《中华人民共和国外国人工作许可证》（A类）、240=《中华人民共和国外国人工作许可证》（B类）、241=《中华人民共和国外国人工作许可证》（C类）、299=其他个人证件 *因国税项目新加字段
证件号码	字符型	18个字符	110×××1977122×××3X	是	
职业资格	字符型	80个字符	社会体育指导员	是	职业资格 *因2018版证书新加字段
职业方向	字符型	60个字符	游泳	是	*因2018版证书新加字段

续表

字段名	字段类型	最大长度	填写举例	是否必填	备注
技能等级	字符型	10个字符	2或二级或技师	是	1=一级或高级技师 2=二级或技师 3=三级或高级工 4=四级或中级工 5=五级或初级工
鉴定中心	字符型	100个字符	×××职业技能鉴定指导中心	是	纸质证书上的职业技能鉴定（指导）中心（印）
发证机关	字符型	100个字符	×××人力资源和社会保障厅（局）	是	纸质证书上的发证机关（印），在查询结果页显示责任承担主体 *新加字段

文件格式要求：Excel、CSV。

关于印发《职业技能等级证书编码规则（试行）》和《职业技能等级证书参考样式》的通知

人社鉴发〔2019〕2号

各省、自治区、直辖市及新疆生产建设兵团人力资源社会保障厅（局）职业技能鉴定（指导）中心，职业技能等级认定试点机构：

根据《人力资源社会保障部办公厅关于开展职业技能等级认定试点工作的通知》（人社厅发〔2018〕148号）要求，为做好职业技能等级认定试点工作，经商职业能力建设司，我们制定了《职业技能等级证书编码规则（试行）》和《职业技能等级证书参考样式》，现印发给你们，请遵照执行。

附件：1. 职业技能等级证书编码规则（试行）
   2. 职业技能等级证书参考样式

人力资源社会保障部职业技能鉴定中心
2019年4月19日

附件1

职业技能等级证书编码规则
（试行）

一、证书编码结构

职业技能等级证书编码由1位大写英文字母和21位阿拉伯数字组成，主要包括7个部分：1.评价机构类别代码；2.评价机构代码；3.评价机构（站点①）所在地省级代码；4.评价机构（站点）序列码；5.证书核发年份代码；6.职业技能等级代码；7.证书序列码。其中，第1~4部分由人力资源社会保障部门赋码，第5~7部分由评价机构赋码。具体表现形式见表1。

表1 证书编码构成

序号	1	2	3	4	5	6	7	8	9	10	11	12	13	14	15	16	17	18	19	20	21	22
说明	评价机构类别代码	评价机构代码			评价机构（站点）所在地省级代码		评价机构（站点）序列码						证书核发年份代码		职业技能等级代码	证书序列码						
来源	人力资源社会保障部门确定													评价机构确定								

二、代码及释义

（一）第1位：评价机构类别代码

评价机构类别指用人单位和社会培训评价组织，分别面向本单位和面向社会开展职业技能等级评价，其代码分别使用大写英文字母Y和S表示，见表2。

表2 评价机构类别代码

评价机构类别	代码标识
用人单位	Y
社会培训评价组织	S

---

① 注：指在人力资源社会保障部备案的中央企业子公司、分公司和社会培训评价组织的考核站点。

（二）第 2～5 位：评价机构代码

评价机构先行向人力资源社会保障部备案的，由人力资源社会保障部确定并赋码，代码使用阿拉伯数字，从 0001～9999 依次顺序取值；评价机构先行向省级人力资源社会保障部门备案的，固定取值 0000，见表 3。

表 3　评价机构代码

备案管理部门	代码标识
人力资源社会保障部	0001～9999
省级人力资源社会保障部门	0000

（三）第 6～7 位：评价机构（站点）所在地省级代码

评价机构（站点）所在地省级代码取值见表 4。

表 4　省级代码表

代码	名称	代码	名称	代码	名称
11	北京市	12	天津市	13	河北省
14	山西省	15	内蒙古自治区	21	辽宁省
22	吉林省	23	黑龙江省	31	上海市
32	江苏省	33	浙江省	34	安徽省
35	福建省	36	江西省	37	山东省
41	河南省	42	湖北省	43	湖南省
44	广东省	45	广西壮族自治区	46	海南省
50	重庆市	51	四川省	52	贵州省
53	云南省	54	西藏自治区	61	陕西省
62	甘肃省	63	青海省	64	宁夏回族自治区
65	新疆维吾尔自治区	66	新疆生产建设兵团	71	台湾省
81	香港特别行政区	82	澳门特别行政区		

（四）第 8～13 位：评价机构（站点）序列码

评价机构（站点）序列码使用阿拉伯数字，由评价机构（站点）参保地省级人力资源社会保障部门统筹研究确定并赋码。

（五）第 14~15 位：证书核发年份代码

证书核发年份代码使用阿拉伯数字表示，取公元纪年后两位。例如：19 表示证书核发时间为 2019 年。

（六）第 16 位：职业技能等级代码

职业技能等级代码使用阿拉伯数字 1~5 表示，见表 5。

表 5　职业技能等级代码

职业技能等级	代码标识
一级／高级技师	1
二级／技师	2
三级／高级工	3
四级／中级工	4
五级／初级工	5

（七）第 17~22 位：证书序列码

职业技能等级证书序列码使用阿拉伯数字表示，由评价机构按年度分职业技能等级分别从 000001~999999 依次顺序取值。

三、示例

（一）示例 1：Y 0001 23 ×××××× 19 5 000001

第 1 位表示该评价机构类别为用人单位；第 2~5 位表示人力资源社会保障部赋予该机构的代码为 0001；第 6~7 位表示该评价机构（站点）在黑龙江省；第 8~13 位表示该评价机构（站点）序列码，由黑龙江省人力资源社会保障厅统筹研究确定并赋码；第 14~15 位表示该证书核发年份为 2019 年；第 16 位表示该证书职业技能等级为五级；第 17~22 位表示该证书序列码为 000001。

（二）示例 2：S 0001 23 ×××××× 19 5 000001

第 1 位表示该评价机构类别为社会培训评价组织；第 2~5 位表示人力资源社会保障部赋予该机构的代码为 0001；第 6~7 位表示该评价机构（站点）在黑龙江省；第 8~13 位表示该评价机构（站点）序列码，由黑龙江省人力资源社会保障厅统筹研究确定并赋码；第 14~15 位表示该证书核发年份为 2019 年；第 16 位表示该证书职业技能等级为五级；第 17~22 位表示该证书序列码为 000001。

（三）示例 3：Y 0000 11 ×××××× 19 5 000001

第 1 位表示该评价机构类别为用人单位；第 2~5 位表示评价机构先行向省级人力资源社会保障部门备案，固定取值 0000；第 6~7 位表示该评价机构（站点）在北京市；第 8~13 位表示该评价机构（站点）序列码，由北京市人力资源社会保障局统筹研究确定并赋码；第 14~15 位表示该证书核发年份为 2019 年；第 16 位表示该证书职业技能等级为五级；第 17~22 位表示该证书序列码为 000001。

（四）示例 4：S 0000 11 ×××××× 19 5 000001

第 1 位表示该评价机构类别为社会培训评价组织；第 2~5 位表示评价机构先行向省级人力资源社会保障部门备案，固定取值 0000；第 6~7 位表示该评价机构（站点）在北京市；第 8~13 位表示该评价机构（站点）序列码，由北京市人力资源社会保障局统筹研究确定并赋码；第 14~15 位表示该证书核发年份为 2019 年；第 16 位表示该证书职业技能等级为五级；第 17~22 位表示该证书序列码为 000001。

四、补充说明

（一）评价机构（站点）取消后的编码处理

评价机构（站点）取消后，原有编码随即作废，由人力资源社会保障部门将该编码列入废置库。废置库中的编码仅作为历史记录供查询、追溯使用，不再重新赋予其他评价机构（站点）。

（二）评价机构（站点）合并后的编码处理

两个或两个以上评价机构（站点）合并形成新的评价机构，视为新增评价机构（站点），被合并的评价机构（站点）视为被取消，分别按新增评价机构（站点）和取消评价机构（站点）进行编码处理。评价机构（站点）并入其他评价机构的，保留并入的评价机构（站点）编码，被并入的评价机构

（站点）按取消处理。

（三）职业技能等级证书编码的监督与管理

评价机构（站点）跨多个省（自治区、直辖市）时，应分别向员工缴纳社保的省级人力资源社会保障部门进行备案。各省（自治区、直辖市）人力资源社会保障部门按照属地管理原则对本省（自治区、直辖市）评价机构（站点）的编码规则进行审核与确认。

附件 2

职业技能等级证书参考样式

职业技能等级证书

本证书由 ×××（评价机构名称） 颁发，表明持证人通过本机构组织的职业技能认定，具备该职业（工种）相应技能等级水平。

××× （评价机构名称）

发证日期： X 年 X 月 X 日

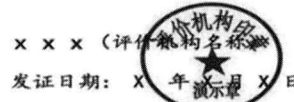

证书信息查询网址：http://jndj.osta.org.cn/
机构信息查询网址：http://pjjg.osta.org.cn/

姓　　名：_____
证件类型：_____
证件号码：_____
职业名称：_____
工种名称：_____
职业技能等级：_____
证书编号：_____

注：1. 本证书格式仅供参考，评价机构可在保留上述内容信息的基础上自行确定证书内容信息。

2. 评价机构名称、印章应与人力资源社会保障部门备案公布的名称一致。评价机构印章可使用本机构人事劳动保障工作机构代章。

3. 工种名称如无，请填写"—"。

职业技能等级证书参考样式制作说明

序号	位置		内容	规格
1	边框居横排A4纸（210 mm×297 mm）满幅		粗实线	188 mm×269 mm，2.25磅
2	左页上		证书名称	30磅，华文楷体
	左页中		正文部分	16磅，华文楷体，单倍行距
	左页下		网址部分	14磅，华文楷体，单倍行距
3	右页上		个人照片	2寸彩色（白底）
			二维码	30 mm×30 mm
	右页下		基本信息	16磅，华文楷体，单倍行距

注：制作说明仅供参考。

关于征集职业技能标准、标准开发单位和编审专家的通告

中就培函〔2019〕40号

为做好社会急需紧缺职业技能标准开发工作，经研究，现向社会公开征集有关职业技能标准、标准开发单位和标准编审专家。现将具体事项通告如下。

一、征集时间

自通告发布之日起至2019年9月10日止。

二、申请条件

（一）申请成为国家职业技能标准应具备以下条件

1. 拟申报的职业属于《中华人民共和国职业分类大典（2015年版）》中收录的职业，或是《人力资源社会保障部办公厅 市场监管总局办公厅 统计局办公室关于发布人工智能工程技术人员等职业信息的通知》（人社厅发〔2019〕48号）中的技能类新职业；

2. 2017年9月之后国家未组织编制或修订过的职业技能标准；

3. 内容结构、编写表述规则和格式要求，基本符合《国家职业技能标准编制技术规程（2018年版）》要求；

4. 应经过职业调查、专家论证等必要步骤，且基本体现全国同行业平均偏上水平的职业技能要求。

（二）申请职业技能标准开发机构应具备以下条件

1. 具有法人资格，有固定的办公场所；

2. 具有协调组织编制职业技能标准的能力；

3. 具有与开发职业技能标准相应的专家队伍；

4. 具有一定的经费支持和保障能力；

5. 在本职业领域具有一定的公信力和号召力。

（三）申请职业技能标准编审专家应具备以下条件

1. 在申请的职业领域具有较高的业务水平或影响力，具有本职业或相关职业技师以上职业资格证书（或职业技能等级证书）或副高级以上专业技术职称；

2. 熟悉《国家职业技能标准编制技术规程》或参与过国家职业技能标准的开发编审工作；

3. 具备良好的文字和语言表达能力。

三、申请方式

（一）职业技能标准

申请单位按要求填写《国家职业技能标准申报表》，并加盖公章；提交下列材料：1.《职业技能标准（规范）》文稿（1份）；2.职业调查报告；3.专家编审意见（有专家签字的复印件）；4.专家姓名、单位、职务（职称）等信息表；5.加盖公章的组织机构代码证（或事业单位法人证书、企业法人营业执照、社会团体法人登记证书）复印件。请将材料报送至人力资源和社会保障部职业技能鉴定中心标准处（北京市朝阳区育慧路3号，邮编：100101），电子文档发送至指定邮箱。

（二）职业技能标准开发单位

申请单位按要求填写《职业技能标准开发单位申请表》，并加盖公章后，与加盖公章的组织机构代码证（或事业单位法人证书、企业法人营业执照、社会团体法人登记证书）复印件一并报送至人力资源社会保障部职业技能鉴定中心标准处（北京市朝阳区育慧路3号，邮编：100101）。

（三）职业技能标准编审专家

申请专家按要求填写《职业技能标准编审专家申请表》，并将填写完成的《职业技能标准编审专家申请表》电子文档发送至指定邮箱。

四、选用办法

（一）国家职业技能标准

我中心标准处对申报材料进行初审，在15个工作日内向申报单位（电话）反馈是否列入专家编审环节。对不符合基本要求的可重新申报；对列入专家编审环节的等候参加编审会通知，届时邀请申报单位参会进行答询，通过专家编审的，将作为国家职业技能标准予以发布，收录国家职业技能标准库。

（二）职业技能标准开发单位

我中心将根据申报情况，经审核后确定职业技能标准开发单位（有关新职业的申报单位优先、被确立为第三方评价机构的单位优先），并通过协议形式进行约定。职业技能标准开发单位应按有关要求，组织专家完成职业技能标准的开发工作。

（三）职业技能标准编审专家

我中心将择优遴选专家参加职业技能标准编审和教材开发工作。

联系人、联系方式（略）。

附件：1. 职业技能标准申报表
   2. 职业技能标准开发单位申请表
   3. 职业技能标准编审专家申请表
   4. 拟开发标准的职业清单

中国就业培训技术指导中心
人力资源社会保障部职业技能鉴定中心
2019年8月9日

附件 1

职业技能标准申报表

职业名称			职业编码	
是否为新发布的职业		标准类型	国家标准	
			行业标准	
			企业标准	
申报单位基本情况	单位名称			
	单位性质			
	法人证书统一代码			
主要编写专家基本情况	姓名	工作单位		职务（职称）
主要编审专家基本情况（不少于5人）				
是否开展过本职业调查		本职业调查的大致时间		年 月 至 年 月
是否熟悉《国家职业技能标准编制技术规程（2018年版）》				
联系人情况	姓名			
	联系电话（或手机）			
	电子邮箱			

附件 2

职业技能标准开发单位申请表

单位名称	
单位地址	
联系人	
联系电话	手机：　　　　　座机：
电子邮箱	
申请职业编码	
申请职业名称	
计划完成时间	
申请理由	
拟参与专家情况	
负责或参与过何种国家职业技能标准	
是否新职业申报单位、是否第三方评价机构	
单位意见	（公章） 年　月　日

注：此表可复印。

附件3

职业技能标准编审专家申请表

姓名		性别		民族	
联系电话		电子邮箱			
工作单位及地址					
所学专业		学历			
从事的职业领域					
具备的职业资格证书或职称					
从事过何种国家职业技能标准开发					
从事相关职业工作经历					
从事相关研究及主要成果					

附件 4

拟开发标准的职业清单

类别	序号	职业名称
一、新职业（8个）	1	建筑信息模型技术员
	2	电子竞技运营师
	3	电子竞技员
	4	无人机驾驶员
	5	农业经理人
	6	物联网安装调试员
	7	工业机器人系统操作员
	8	工业机器人系统运维员
二、急需紧缺职业（22个）	9	多工序数控机床操作调整工
	10	机械木工
	11	木地板制造工
	12	制帽工
	13	理货员
	14	物流服务师
	15	呼叫中心服务员
	16	网络与信息安全管理员
	17	摩托车修理工
	18	计算机维修工
	19	办公设备维修工
	20	镗工
	21	制鞋工
	22	电子商务师
	23	收银员
	24	冷藏工
	25	家用电器产品维修工
	26	家用电子产品维修工
	27	餐厅服务员
	28	养老护理员
	29	家政服务员
	30	保健按摩师

关于印发《企业职业技能等级认定备案工作流程（试行）》的通知

人社鉴发〔2019〕3号

各省、自治区、直辖市及新疆生产建设兵团人力资源社会保障厅（局）职业技能鉴定（指导）中心，职业技能等级认定试点机构：

根据《人力资源社会保障部办公厅关于开展职业技能等级认定试点工作的通知》（人社厅发〔2018〕148号）要求，为做好职业技能等级认定试点工作，经商职业能力建设司，我们制定了《企业职业技能等级认定备案工作流程（试行）》，现印发给你们，请遵照执行。

附件：企业职业技能等级认定备案工作流程（试行）

人力资源社会保障部职业技能鉴定中心
2019年8月14日

附件

企业职业技能等级认定备案工作流程
（试行）

为贯彻落实《人力资源社会保障部办公厅关于开展职业技能等级认定试点工作的通知》（人社厅发〔2018〕148号）和《人力资源社会保障部办公厅关于扩大企业职业技能等级认定试点工作的通知》（人社厅函〔2019〕83号）有关要求，做好企业（含拥有技能岗位的其他用人单位）职业技能等级认定备案工作，特制定本工作流程。

一、中央企业向人力资源社会保障部申请备案流程

1. 申请备案。中央企业向人力资源社会保障部（以下简称人社部）以书面形式提交备案申请及相关材料，由法人代表签字承诺材料的真实性。备案材料主要包括：（1）备案申请表；（2）职业技能等级认定试点工作方案。

2. 受理备案。人力资源社会保障部职业技能鉴定中心（以下简称部鉴定中心）受人社部委托，受理中央企业备案申请，对中央企业申报资料进行收集、整理、汇总和初步审核，确认申报资料是否符合要求，并在10个工作日内通知其是否受理。

3. 技术评估。部鉴定中心组织专家，根据具体情况，通过听取报告、文件审核、技术抽查、访谈咨询、质询答辩和现场考察等多种方式，对中央企业是否具备开展职业技能等级认定试点工作的资质进行技术评估，并提出专家意见。

4. 备案回执。部鉴定中心向通过技术评估的中央企业出具部级备案回执。

5. 省级备案。中央企业子公司、分公司等（以下简称中央企业分支机构）向所在地省级人力资源社会保障部门（以下简称省级人社部门）备案，备案材料主要包括：（1）备案申请表；（2）本单位职业技能等级认定试点工作方案；（3）中央企业职业技能等级认定试点工作方案（复印件）。

省级人社部门登记备案后,出具省级备案回执,并对中央企业分支机构编码赋值。

二、省辖企业向省级人力资源社会保障部门申请备案流程

1. 申请备案。在各省(自治区、直辖市)行政区域内登记注册的企业(以下简称省辖企业)向省级人社部门以书面形式提交备案申请及相关材料,由法人代表签字承诺材料的真实性。备案材料主要包括:(1)备案申请表;(2)职业技能等级认定试点工作方案。

2. 受理备案。省级人社部门根据职能职责和工作需要,委托职业技能鉴定(指导)中心或相关单位受理省辖企业申请,对申报材料进行收集、整理、汇总和初步审核,确认申报资料是否符合要求,并在10个工作日内通知其是否受理。

3. 技术评估。省级人社部门组织专家,根据具体情况,通过听取报告、文件审核、技术抽查、访谈咨询、质询答辩和现场考察等方式,对省辖企业是否具备开展职业技能等级认定试点工作的资质进行技术评估,并提出专家意见。

4. 向部报备。省级人社部门将省辖企业相关信息向部鉴定中心报备。

5. 备案回执。省级人社部门向通过技术评估的省辖企业出具备案回执。

三、监督管理

人社部门统筹管理企业职业技能等级认定备案工作,遵循"谁备案、谁监管、谁负责"的工作原则,对备案企业进行监督管理。人社部门对备案材料进行抽查核查,对备案材料造假的企业,一经核实,取消其试点资质。

部鉴定中心建立职业技能等级认定信息化工作平台,向社会提供相关信息公开和查询,统一公布全国评价机构(用人单位)目录,主要包括:企业及其分支机构的名称、地址、联系方式以及备案号,开展认定的职业(工种)名称、技能等级及相应职业标准或评价规范等。

附件1
职业技能等级认定试点工作方案内容

企业在提交的职业技能等级认定试点工作方案中，应包括以下内容。

一、法人登记证书复印件。

二、企业分支机构名录。

三、评价职业（工种）目录及相应的评价标准或规范。

四、考评人员和督导人员名册。

以上内容，能通过网络核验或告知承诺的，可不提交书面材料。

附件2

中央企业向人力资源社会保障部申请备案工作流程图

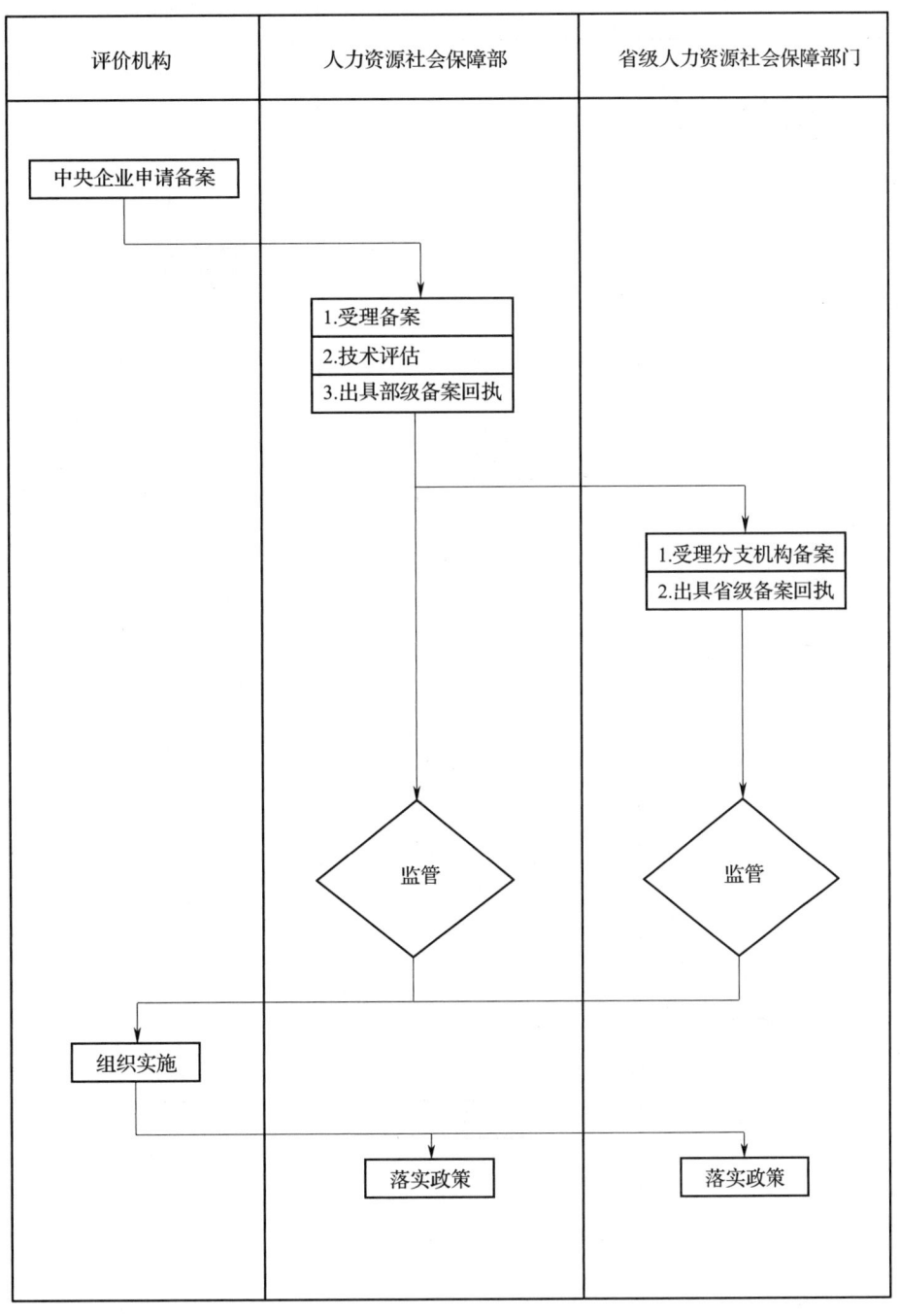

省辖企业向省级人力资源社会保障部门申请备案工作流程图

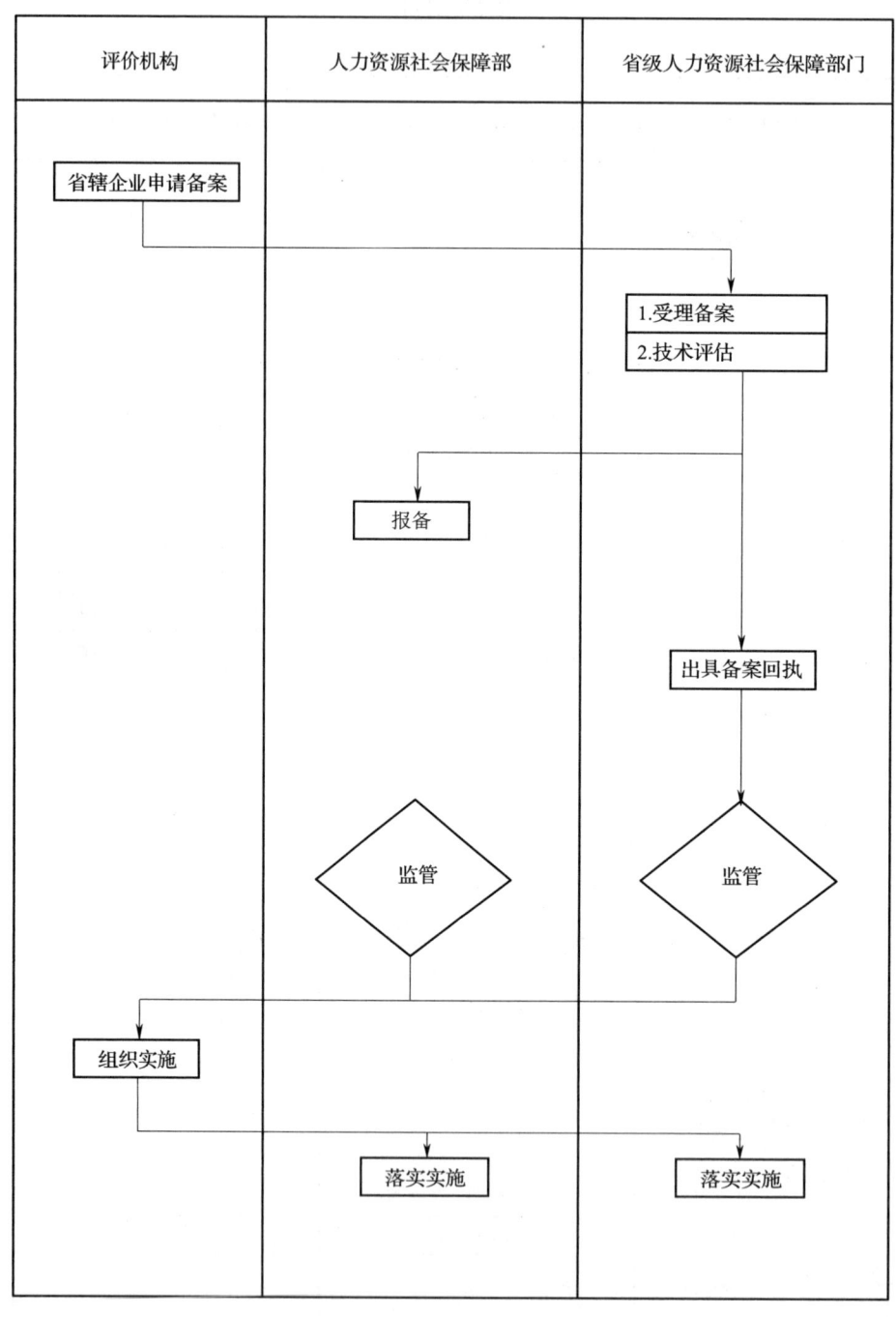

关于做好技工院校学生职业技能等级认定试点工作的通知

人社职司便函〔2019〕52号

各省、自治区、直辖市及新疆生产建设兵团人力资源社会保障厅（局）：

随着职业资格改革深入推进，技能人员职业资格大幅减少，技工院校部分专业学生不能参加职业技能鉴定取得职业资格证书，影响学生就业和成长成才。为贯彻落实《人力资源社会保障部关于改革完善技能人才评价制度的意见》（人社部发〔2019〕90号）精神，服务和支持技工院校培养技能人才，经研究，决定在技工院校开展职业技能等级认定试点工作，现就有关事项通知如下。

一、深化企校合作、产教融合，依托合作企业对技工院校学生开展职业技能等级认定工作。发挥企业培养评价主体作用，由已备案开展职业技能等级认定的企业，通过企校合作方式，参与技工院校人才培养评价，为学生提供职业技能等级认定服务，颁发职业技能等级证书。

二、经我部遴选公布的社会培训评价组织，可根据技工院校需求，为学生提供职业技能等级认定服务，颁发职业技能等级证书。

三、技工院校设有职业技能鉴定所站的，可经人社部门备案后由鉴定所站面向院校学生组织职业技能等级认定，颁发职业技能等级证书。推动技工院校专业设置与职业（工种）对接、课程内容与职业标准对接、教学过程与工作过程对接，结合学校教学过程和结果考核进行职业技能等级认定。

四、发挥以赛促学、以赛促评作用，组织技工院校学生积极参加各级各类职业技能竞赛活动，按规定获得相应职业资格证书或职业技能等级证书。

五、技工院校学生取得保留在《国家职业资格目录》内的职业资格证书,由职业资格实施机构考核鉴定后颁发职业资格证书。

六、支持技工院校全方位参与职业技能提升行动,突出特色,发挥优势,联合企业重点开展职工培训,面向社会扩大就业重点群体和贫困劳动力的培训规模,帮助培训学员取得职业资格证书、职业技能等级证书、专项职业能力证书、特种作业操作证书和培训合格证书。

七、用人单位、社会培训评价组织和职业技能鉴定所站等各级各类职业技能等级评价机构要严格执行职业标准和评价规范,评价过程要与学校教学紧密结合,规范考务管理,按规定做好证书发放工作,主动接受学校、社会、学生、家长等的监督。

八、各级人社部门要加强规范管理,做好技术支持和监管服务工作。要做好事前备案、事中监管和事后服务,按照《职业技能等级证书编码规则(试行)》和《职业技能等级证书参考样式》(见人社鉴发〔2019〕2号)组织证书编码和信息上传等工作。要将各级各类职业技能等级评价机构纳入职业技能等级目录管理,所颁发证书信息统一上传至我部职业技能鉴定中心全国联网查询系统,面向社会公开,接受社会监督。

各地人社部门要高度重视技工院校学生职业技能等级认定试点工作,加强领导,统筹规划,细化政策,精心组织,为全面提高技工教育人才培养质量、促进学生就业创业发挥积极作用。

工作中有关情况和问题,请及时向我们反映。

人力资源社会保障部职业能力建设司
人力资源社会保障部职业技能鉴定中心
2019年11月21日

关于发布首批职业技能等级认定第三方评价机构名单的通告

中就培函〔2019〕61号

为贯彻落实《人力资源社会保障部办公厅关于开展职业技能等级认定试点工作的通知》(人社厅发〔2018〕148号）要求，加快推进职业技能等级认定试点工作，受人力资源社会保障部委托，我中心发布了《关于征集第三方评价机构的通告》（中就培函〔2018〕95号）。经自主申报、专家遴选、信用核查、注册地人力资源和社会保障部门实地考核及征求社会各方面意见等程序，北京市成人按摩职业技能培训学校等11家机构已通过备案。备案期限三年。有关事项以协议形式予以约定。上述11家机构应按我部有关规定和要求，自即日起与注册地省级人社部门对接，先行在注册地开展试点工作。

各地人社部门要积极支持首批通过备案的职业技能等级认定第三方机构开展评价试点工作，认真履行属地监管职责，健全质量监控体系，有序推进职业技能等级认定第三方评价试点工作。

在工作推进过程中如遇到问题，请及时与我们沟通联系。

附件：首批职业技能等级认定第三方评价机构及其拟开展职业（工种）

中国就业培训技术指导中心

人力资源社会保障部职业技能鉴定中心

2019年12月10日

附件

首批职业技能等级认定第三方评价机构及其拟开展职业（工种）（节选）

序号	机构名称	拟开展职业（工种）
1	北京市成人按摩职业技能培训学校	保健按摩师
2	北京市石景山区现代服务职业技能培训学校	家政服务员 养老护理员 育婴员
3	济南阳光大姐服务有限责任公司	保育员 家政服务员 养老护理员
4	中教畅享（北京）科技有限公司	电子商务师
5	湖南省金领玮业职业培训学校	育婴员 保育员 养老护理员
6	北京阿博泰克北大青鸟信息技术有限公司	呼叫中心服务员 网络与信息安全管理员 计算机维修工
7	浙江花都美容美发培训中心	美发师 美容师
8	四川博茗茶产业技能培训中心	茶艺师
9	安徽新华教育集团有限公司	西式烹调师 中式面点师 中式烹调师
10	成都市均衡营养保健技能培训学校	保育员 餐厅服务员 家政服务员
11	山东蓝翔技师学院	美发师 汽车维修工 中式烹调师

关于征集第二批职业技能等级认定试点用人单位的通告

中就培函〔2019〕66号

为贯彻落实中共中央、国务院《关于分类推进人才评价机制改革的指导意见》精神，配合职业技能提升行动，根据《人力资源社会保障部关于改革完善技能人才评价制度的意见》（人社部发〔2019〕90号）相关要求，受人力资源社会保障部委托，我中心拟公开征集第二批职业技能等级认定试点用人单位，开展职业技能等级认定试点工作。现就有关事宜通告如下。

一、试点职业（工种）范围

根据《人力资源社会保障部办公厅关于开展职业技能等级认定试点工作的通知》（人社厅发〔2018〕148号）要求，试点职业范围为《中华人民共和国职业分类大典（2015年版）》中收录的技能类职业（工种）和新职业。准入类职业资格不纳入试点范围。

二、试点机构应具备的条件

（一）国资委央企名录中的中央企业，或大型国有企业。

（二）技能人员为企业职工的重要组成部分。

（三）具有良好的技能人员培养和评价的工作基础。

三、征集流程

（一）符合条件的企业，向我中心提出申请，提交相关材料，经审核评估后，在人社部门监管和指导下开展相关工作，具体流程参照《关于印发〈企业职业技能等级认定备案工作流程（试行）〉的通知》（人社鉴发〔2019〕

3号)。

(二)申请材料请邮寄至我中心(请在信封上注明"第二批企业试点申请材料"),联系方式如下。

单位名称:中国就业培训技术指导中心。

通信地址:北京市朝阳区育慧路3号。

邮政编码:100101。

附件:1. 职业技能等级认定机构备案申请表
   2. 企业职业技能等级认定备案材料清单

中国就业培训技术指导中心
人力资源社会保障部职业技能鉴定中心
2019年12月25日

人力资源社会保障部职业能力建设司、中国就业培训技术指导中心（人力资源社会保障部职业技能鉴定中心）文件

附件 1

职业技能等级认定机构备案申请表

申报单位＿＿＿＿＿＿＿（盖章）

填报人＿＿＿＿＿＿＿＿＿＿＿＿＿＿＿＿＿＿＿＿＿＿＿＿＿＿＿＿＿＿

联系电话＿＿＿＿＿＿＿＿＿＿＿＿＿＿＿＿＿＿＿＿＿＿＿＿＿＿＿＿＿

填报时间：　　年　月　日

职业技能等级认定机构备案申请表

申请单位名称	（加盖单位公章）			
地址				
注册登记机构		企业性质		
统一社会信用代码		主管部门		
负责人		职务		电话	
企业电子邮箱				
联系人		职务		电话	
				手机号	
企业简介				
申请单位承诺	单位法人代表对本表所填写内容及所提供材料的真实性和有效性负责。 法人代表签字_____			单位（公章） 年 月 日
人力资源社会保障部意见				（盖章） 年 月 日

附件 2

企业职业技能等级认定备案材料清单

1. 职业技能等级认定试点工作实施方案；
2. 职业技能等级认定备案企业分支机构表（见表1）；
3. 企业技能人才队伍建设相关制度清单；
4. 职业技能等级认定职业（工种）和标准目录清单（见表2）；
5. 职业技能等级认定职业（工种）培训大纲及教材清单；
6. 职业技能等级认定职业（工种）题库或卷库清单；
7. 职业技能等级认定主体职业（工种）评价的场地、设施、设备配置情况清单。

表1 职业技能等级认定备案企业分支机构表

序号	分支机构名称	详细地址	联系人	联系电话

表 2　职业技能等级认定职业（工种）和标准目录清单

机构名称			机构简称	
联系人		联系方式	（电话）	（传真）
邮箱		公司网址		
地址			邮编	
开展职业技能等级范围				
职业名称	职业编码	工种名称	级别	标准
车工（示例）	6-18-01-01	数控车工	4、3	国家标准

备注：1. 集团公司和各分支机构均需填写此表；

2. 职业编码采用《中华人民共和国职业分类大典》（2015年版）中职业对应的编码；

3. 职业下设工种的，原则上需填报工种，工种名称以《中华人民共和国职业分类大典》（2015年版）和最新颁布的国家职业技能标准中所列为准；

4. 级别用阿拉伯数字表示，级别之间用"、"分隔，如"5、4、3"，以最新颁布的国家职业技能标准中设置的级别为准；

5. 标准栏请填写正在使用的标准类型，如国家标准、行业标准、企业标准。

关于持续征集社会培训评价组织的通告

中就培函〔2020〕16号

为贯彻落实党中央、国务院关于深化"放管服"改革，将技能人员水平评价由政府认定改为实行社会化认定的部署要求，受人力资源社会保障部委托，我中心向社会持续公开征集社会培训评价组织。现就有关事项通告如下。

一、申报条件

（一）在中国境内依法登记，以人才培养服务为主要工作职责的社会培训评价组织（含企业、行业协会和技工院校等），具有规范的财务制度和管理制度，社会信用良好，无违法违规、失信等不良行为记录。

（二）在拟开展评价的职业领域具有广泛的影响力，曾参与相关职业国家职业技能标准、教学大纲、教材的编制，在所申报职业（工种）方面有较丰富的考核评价经验，具备相应的基础条件。申请面向全国范围开展认定的社会培训评价组织原则上需具有连续6年以上相关培训评价经历，累计5万人次以上的相关培训评价规模［所申报的每个职业（工种）培训评价规模不得少于1万人次］；申请在本省（自治区、直辖市）范围开展认定的社会培训评价组织，具体遴选条件由各省（自治区、直辖市）人力资源社会保障部门根据实际情况确定。

（三）有专门负责职业技能等级认定工作的机构、与评价工作相适应的专职工作人员、专家团队及相应的场地、设备设施（含视频监控设备），能为职业技能等级认定工作提供稳定的经费保障。

（四）具有完善的职业技能等级认定工作质量管控措施，把社会效益放在首位，不得以营利为最终目的。

（五）自愿接受各级人力资源社会保障部门的监督。

二、申报职业（工种）范围

拟面向全国开展职业技能等级认定的社会培训评价组织，其申报范围为准入类职业资格外的技能类职业（工种），且有相应国家职业技能标准。拟在本省（自治区、直辖市）开展职业技能等级认定的社会培训评价组织，其申报范围为《国家职业资格目录》内人力资源社会保障部门组织实施的水平评价类技能人员职业资格和《国家职业资格目录》外急需紧缺职业（工种）。

三、提交材料

（一）《社会培训评价组织基本情况表》（附件1）；

（二）法人登记证书复印件；

（三）职业技能等级认定试点工作实施方案及质量管控措施；

（四）专家等专业人员技能水平证明；

（五）场地设备设施等资产有效证明文件（包括场地所有权属证明复印件或房产租赁协议复印件、固定资产清单、2018年度经外部审计出具的财务审计报告复印件或者全套财务报表等）；

（六）信用报告或诚信承诺书。

四、其他事项

（一）拟在本省（自治区、直辖市）开展职业技能等级认定的社会培训评价组织，可根据省级人力资源社会保障部门发布的征集通告进行申报。

（二）拟面向全国开展职业技能等级认定的社会培训评价组织，通过国家职业资格工作网职业技能等级认定机构备案申报平台（http://djsb.osta.org.cn）进行申报，我中心优先从各省（自治区、直辖市）备案的社会培训评价组织中遴选。

我中心将以水平评价类技能人员职业资格目录（附件2）为主，分批向社会发布面向全国承接相应职业（工种）技能等级认定的社会培训评价组织信息。

（三）各级人力资源社会保障部门参照《企业职业技能等级认定备案工作流程（试行）》（人社鉴发〔2019〕3号），通过"网上办""电话办""邮寄办"等方式进行技术评估，对经遴选备案的机构按照《职业技能等级证书编码规则（试行）》（人社鉴发〔2019〕2号）进行赋码，并向社会公布有关信息，主要包括：机构名称、地址、联系方式以及备案号、备案期限，职业（工种）名称、技能等级、站点情况等。

（四）各省（自治区、直辖市）首批社会培训评价组织遴选工作应于3月底前启动。

联系人、联系方式（略）。

附件：1. 社会培训评价组织基本情况表
   2. 水平评价类技能人员职业资格目录

中国就业培训技术指导中心
人力资源社会保障部职业技能鉴定中心
2020年2月26日

附件1

社会培训评价组织基本情况表

一、基本信息				
名称				
地址				
注册登记机构		机构性质		企业□ 民办非企业单位□ 行业协会□ 技工院校□
统一社会信用代码				
法定代表人		注册资金		
联系人		职务		
联系电话		电子邮箱		
二、拟开展职业技能等级评价的职业（工种）情况					
序号	职业（工种）名称	职业编码	是否新职业	培训评价起始日期	已培训评价人数（人）	评价等级范围
---	---	---	---	---	---	---
1						
2						
3						
...						

三、人员场地、设备设施以及组织优势、专业优势（含参与国家职业技能标准、教学大纲、教材等编制）等情况

四、诚信承诺

本人承诺申报材料真实有效，如有虚假，自愿退出申报。

法定代表人（签字）：

单位名称（公章）：

注：请申请单位在单位名称处加盖本单位公章；本表可增行或续页。

附件 2

水平评价类技能人员职业资格目录

序号	职业资格名称	
1	机械设备修理人员	设备点检员
		电工
		锅炉设备检修工、变电设备检修工
		工程机械维修工
2	通用工程机械操作人员	起重装卸机械操作工
3	建筑安装施工人员	电梯安装维修工、制冷空调系统安装维修工
4	土木工程建筑施工人员	筑路工、桥隧工
		防水工
		电力电缆安装运维工
5	房屋建筑施工人员	砌筑工、混凝土工、钢筋工、架子工
6	水生产、输排和水处理人员	水生产处理工
		工业废水处理工
7	气体生产、处理和输送人员	工业气体生产工
		工业废气治理工
		压缩机操作工
8	电力、热力生产和供应人员	锅炉运行值班员、发电集控值班员、变配电运行值班员、继电保护员、燃气轮机值班员
		锅炉操作工
9	仪器仪表装配人员	钟表及计时仪器制造工
10	电子设备装配调试人员	广电和通信设备电子装接工、广电和通信设备调试工
11	计算机制造人员	计算机及外部设备装配调试员
12	电子器件制造人员	液晶显示器件制造工、半导体芯片制造工、半导体分立器件和集成电路装调工
13	电子元件制造人员	电子产品制版工、印制电路制作工
14	电线电缆、光纤光缆及电工器材制造人员	电线电缆制造工

续表

序号		职业资格名称
15	输配电及控制设备制造人员	变压器互感器制造工、高低压电器及成套设备装配工
16	汽车整车制造人员	汽车装调工
17	医疗器械制品和康复辅具生产人员	矫形器装配工、假肢装配工
18	金属加工机械制造人员	机床装调维修工
19	工装工具制造加工人员	模具工
20	机械热加工人员	铸造工、锻造工、金属热处理工
21	机械冷加工人员	车工、铣工、钳工、磨工、冲压工
21	机械冷加工人员	电切削工
22	硬质合金生产人员	硬质合金成型工、硬质合金烧结工、硬质合金精加工工
23	金属轧制人员	轧制原料工、金属轧制工、金属材精整工、金属材热处理工
23	金属轧制人员	金属挤压工、铸轧工
24	轻有色金属冶炼人员	氧化铝制取工、铝电解工
25	重有色金属冶炼人员	重冶火法冶炼工、电解精炼工、重冶湿法冶炼工
26	炼钢人员	炼钢原料工、炼钢工
27	炼铁人员	高炉原料工、高炉炼铁工、高炉运转工
28	矿物采选人员	井下支护工、矿山救护工
29	陶瓷制品制造人员	陶瓷原料准备工、陶瓷烧成工、陶瓷装饰工
30	玻璃纤维及玻璃纤维增强塑料制品制造人员	玻璃纤维及制品工、玻璃钢制品工
31	水泥、石灰、石膏及其制品制造人员	水泥生产工、石膏制品生产工、水泥混凝土制品工
32	药物制剂人员	药物制剂工
33	中药饮片加工人员	中药炮制工
34	涂料、油墨、颜料及类似产品制造人员	涂料生产工、染料生产工

续表

序号		职业资格名称
35	农药生产人员	农药生产工
36	化学肥料生产人员	合成氨生产工、尿素生产工
37	基础化学原料制造人员	硫酸生产工、硝酸生产工、纯碱生产工、烧碱生产工、无机化学反应生产工、有机合成工
38	化工产品生产通用工艺人员	化工总控工、防腐蚀工
		制冷工
39	炼焦人员	炼焦煤制备工、炼焦工
40	工艺美术品制作人员	景泰蓝制作工
41	木制品制造人员	手工木工
42	纺织品和服装剪裁缝纫人员	服装制版师
43	印染人员	印染前处理工、印花工、印染后整理工、印染染化料配制工、纺织染色工
44	织造人员	整经工、织布工
45	纺纱人员	纺纱工、缫丝工
46	纤维预处理人员	纺织纤维梳理工、并条工
47	酒、饮料及精制茶制造人员	酿酒师、品酒师、酒精酿造工、白酒酿造工、啤酒酿造工、黄酒酿造工、果露酒酿造工
		评茶员
48	乳制品加工人员	乳品评鉴师
49	粮油加工人员	制米工、制粉工、制油工
50	动植物疫病防治人员	农作物植保员、动物疫病防治员、动物检疫检验员、水生物病害防治员
		林业有害生物防治员
51	农业生产服务人员	农机修理工、沼气工、农业技术员
52	康复矫正服务人员	助听器验配师、口腔修复体制作工
		眼镜验光员、眼镜定配工
53	健康咨询服务人员	健康管理师、生殖健康咨询师

续表

序号		职业资格名称
54	计算机和办公设备维修人员	信息通信网络终端维修员
55	汽车摩托车修理技术服务人员	汽车维修工
56	保健服务人员	保健调理师
57	美容美发服务人员	美容师、美发师
58	生活照料服务人员	孤残儿童护理员
		育婴员、保育员
59	有害生物防制人员	有害生物防制员
60	环境治理服务人员	工业固体废物处理处置工
61	水文服务人员	水文勘测工
62	水利设施管养人员	河道修防工、水工闸门运行工、水工监测工
63	地质勘查人员	地勘钻探工、地质调查员、地勘掘进工、地质实验员、物探工
64	检验、检测和计量服务人员	农产品食品检验员
		纤维检验员
		贵金属首饰与宝玉石检测员
		机动车检测工
65	测绘服务人员	大地测量员、摄影测量员、地图绘制员、不动产测绘员
		工程测量员
66	安全保护服务人员	保安员
		安检员
		智能楼宇管理员
		安全评价师
67	人力资源服务人员	劳动关系协调员、企业人力资源管理师
68	物业管理服务人员	中央空调系统运行操作员
69	信息通信网络运行管理人员	信息通信网络运行管理员

续表

序号		职业资格名称
70	广播电视传输服务人员	广播电视天线工、有线广播电视机线员
71	信息通信网络维护人员	信息通信网络机务员、信息通信网络线务员
72	餐饮服务人员	中式烹调师、中式面点师、西式烹调师、茶艺师
		西式面点师
73	仓储人员	（粮油）仓储管理员
74	航空运输服务人员	民航乘务员、机场运行指挥员
75	道路运输服务人员	机动车驾驶教练员
76	消防和应急救援人员	消防员、应急救援员
		森林消防员

关于转发《关于征集社会培训评价组织的通告》等3份文件的函

人社职司便函〔2020〕12号

各省、自治区、直辖市及新疆生产建设兵团人力资源社会保障厅（局）：

按照国务院关于深化"放管服"改革，将技能人员水平评价由政府认定改为实行社会化认定的部署要求，为做好今年年底前水平评价类技能人员职业资格全部转为职业技能等级认定并退出国家职业资格目录工作，根据工作安排，拟推动各类企业全面开展技能人才自主评价，指导社会培训评价组织有序开展职业技能等级认定。

现将《关于持续征集社会培训评价组织的通告》（中就培函〔2020〕16号）等3份文件转给你们，请在推动各类企业全面开展技能人才自主评价的同时，针对《国家职业资格目录》内人力资源社会保障部门组织实施的水平评价类技能人员职业资格和《国家职业资格目录》外急需紧缺职业（工种），征集遴选社会培训评价组织，开展职业技能等级认定。

附件：1.《关于持续征集社会培训评价组织的通告》（中就培函〔2020〕16号）（略）

2.《关于印发〈职业技能等级证书编码规则（试行）〉和〈职业技能等级证书参考样式〉的通知》（人社鉴发〔2019〕2号）（略）

3.《关于印发〈企业职业技能等级认定备案工作流程（试行）〉的通知》（人社鉴发〔2019〕3号）（略）

人力资源社会保障部职业能力建设司
2020年3月16日

关于印发《职业技能等级认定工作规程（试行）》的通知

人社职司便函〔2020〕17号

各省、自治区、直辖市及新疆生产建设兵团人力资源社会保障厅（局），国务院有关部委、直属机构人事劳动保障工作机构，有关行业组织、中央企业人事劳动保障工作机构：

为深化技能人员职业资格制度改革，建立职业技能等级制度，做好技能人才评价工作，加强技能人才队伍建设，根据《新时期产业工人队伍建设改革方案》《关于分类推进人才评价机制改革的指导意见》和《人力资源社会保障部关于改革完善技能人才评价制度的意见》等有关要求，我们制定了《职业技能等级认定工作规程（试行）》，现印发给你们，请参照执行。

工作中有何意见建议，请及时与我们联系。

人力资源社会保障部职业能力建设司
人力资源社会保障部职业技能鉴定中心
2020年4月10日

职业技能等级认定工作规程（试行）

第一章 总 则

第一条 为深化技能人员职业资格制度改革，建立职业技能等级制度，做好技能人才评价工作，加强技能人才队伍建设，根据《新时期产业工人队伍建设改革方案》《关于分类推进人才评价机制改革的指导意见》和《人力资源社会保障部关于改革完善技能人才评价制度的意见》等有关要求，制定本规程。

第二条 本规程所称的职业技能等级认定，是指经人力资源社会保障部门备案公布的用人单位和社会培训评价组织，按照国家职业技能标准或评价规范对劳动者的职业技能水平进行考核评价的活动，是技能人才评价的重要方式。

第三条 建立权责清晰、管理科学、协调高效的职业技能等级认定管理体制。

人力资源社会保障部门负责职业技能等级认定工作的政策制定、组织协调、宏观管理。

人力资源社会保障部门职业技能鉴定中心负责职业技能等级认定的国家职业技能标准和评价规范开发、试题试卷命制、考务管理服务等的技术支持和指导，并负责职业技能等级认定工作质量监督。

有关行业部门、行业组织职业技能鉴定中心及有关单位配合做好本行业领域职业分类、职业技能标准或评价规范开发等技术性工作，为本行业领域用人单位和社会培训评价组织提供职业技能等级认定有关服务支持。

第四条 建立与国家职业资格制度相衔接、与终身职业技能培训制度相适应的职业技能等级制度。根据国务院"放管服"改革要求，水平评价类技能人员职业资格全部转为职业技能等级认定。

第五条 探索建立职业技能等级认定与专业技术职称评审沟通衔接机

制，推进工程技术领域高技能人才与工程技术人才职业发展贯通，搭建人才成长立交桥。

第二章 职业技能等级认定的范围和依据

第六条 职业技能等级认定的职业（工种）为现行《中华人民共和国职业分类大典》中技能类职业（工种），以及后续经人力资源社会保障部发布或备案的技能类职业（工种）。

第七条 依据职业分类，制定国家职业技能标准，备案国内行业企业评价规范，借鉴参考国际先进标准，健全完善职业技能等级认定标准体系。

第八条 国家职业技能标准和行业企业评价规范是实施职业技能等级认定的依据。

国家职业技能标准由人力资源社会保障部组织制定；行业企业评价规范由用人单位和社会培训评价组织参照《国家职业技能标准编制技术规程》开发，经人力资源社会保障部备案后实施。

第九条 职业技能等级一般分为初级工（五级）、中级工（四级）、高级工（三级）、技师（二级）和高级技师（一级）五个级别。用人单位可根据需要，在相应的职业技能等级内划分层次，或设立特级技师、首席技师等；社会培训评价组织一般按五个技能等级开展评价。

第三章 用人单位和社会培训评价组织的遴选

第十条 发挥市场、社会等多元评价主体作用，积极培育发展各类人才评价社会组织和专业机构，逐步有序承接政府转移的人才评价职能。

第十一条 人力资源社会保障部门面向社会公开征集遴选拟纳入政府支持引导范围的用人单位和社会培训评价组织（以下统称评价机构），组织开展职业技能等级认定。

人力资源社会保障部征集面向全国开展职业技能等级认定的评价机构。

各省（自治区、直辖市）及新疆生产建设兵团人力资源社会保障部门征集面向本辖区开展职业技能等级认定的评价机构。

第十二条 具备以下条件的独立法人机构（含技工院校等职业院校），可向人力资源社会保障部门申请开展职业技能等级认定工作：

（一）在中国境内依法登记，具有规范的财务制度和管理制度，社会信用良好，无违法违规、失信等不良行为记录；

（二）在拟开展评价的职业领域具有广泛的影响力，在所申报职业（工种）方面有较丰富的考核评价经验，具备相应的基础条件；

（三）有负责职业技能等级认定工作的专门机构、与评价工作相适应的专职工作人员、专家团队及相应的场地、设备设施（含视频监控设备）；

（四）坚持把社会效益放在首位，不以人才评价为营利目的，能为职业技能等级认定工作提供稳定的经费保障，其中用人单位还应建立培养与使用相结合、评价与待遇相挂钩的长效机制；

（五）具有完善的职业技能等级认定工作质量管理措施，自愿接受人力资源社会保障部门的监督。

第十三条 申请开展职业技能等级认定工作的机构，需按规定提交有关材料，并对其真实性、有效性、合法性负责。能通过网上核验的，可不提供书面材料。

第十四条 人力资源社会保障部门根据实际需要，采取材料核验、专家论证、现场考察等方式进行技术评估，遴选确定评价机构及其评价职业（工种）范围。其中，社会培训评价组织的遴选确定，还应向社会进行公示，广泛征求各方面意见。

第十五条 人力资源社会保障部门向社会公布评价机构目录。评价机构须同时签署开展职业技能等级认定工作承诺书。

第四章 职业技能等级认定的组织实施

第十六条 评价机构应坚持人才以用为本原则实施职业技能等级认定，认定结果要经得起市场检验、为社会广泛认可。

用人单位对本单位职工（含劳务派遣人员）进行自主评价，符合条件的用人单位按规定对其他用人单位和社会人员提供职业技能等级评价服务。

社会培训评价组织按照市场化、社会化、专业化原则面向社会开展职业技能等级认定。

第十七条 评价机构实施职业技能等级认定时，评价职业（工种）有国家职业技能标准的，依据国家职业技能标准开展评价活动；评价职业（工种）没有国家职业技能标准的，可依据经人力资源社会保障部备案的评价规范开展评价活动。

第十八条 评价机构依据国家职业技能标准或评价规范，结合实际确定评价内容和评价方式，综合运用理论知识考试、技能操作考核、工作业绩评审、过程考核、竞赛选拔等多种评价方式，对劳动者（含准备就业人员）的职业技能水平进行科学客观公正评价。开展评价命制试题试卷时，应当按照命题技术规程要求进行。

第十九条 评价机构应当制定职业技能等级认定考务管理、质量管理、证书管理和收费标准等管理办法，并向社会公示公开。

评价机构应当建立考评人员和内部质量督导人员队伍，完善考核评价场地设施设备等，确保评价工作质量。

第二十条 对经考试考核评审合格人员，评价机构可认定其职业技能等级，颁发相应职业技能等级证书。

职业技能等级证书实行全国统一编码规则和参考样式。评价机构按照统一的编码规则和参考样式要求，制作并颁发职业技能等级证书（或电子证书，可将社会保障卡作为电子证书的载体）。纸质证书与电子证书具有同等效力。

第二十一条 评价机构应定期报送职业技能等级认定有关情况统计表。评价机构应将职业技能等级证书发放数据报送人力资源社会保障部门职业技能鉴定中心，持证人员纳入技能人才统计范围。

评价机构应妥善保管评价工作全过程资料，纸质材料保管不少于3年，电子材料不少于5年，确保评价过程和结果可追溯、可倒查。

第五章　服务和监管

第二十二条　中国就业培训技术指导中心（人力资源社会保障部职业技能鉴定中心）依托技能人才评价信息服务平台，利用信息化手段，向社会提供评价机构和职业技能等级证书有关信息查询服务，内容包括评价机构名称、备案期限、评价职业（工种）及等级范围、国家职业技能标准或评价规范、职业技能等级证书有关信息等。

第二十三条　有关职业技能鉴定中心要做好职业技能等级认定管理人员、考评人员、督导人员和专家队伍建设规划，指导评价机构做好人员培训，加强规范管理，提供技术支持和指导。

第二十四条　职业技能等级认定活动实行属地化管理，构建政府监管、机构自律、社会监督的质量监督体系。

第二十五条　人力资源社会保障部门会同有关部门采取"双随机、一公开"监管模式，通过调阅资料、现场检查等方式，对评价机构及其评价活动进行抽查检查；对群众投诉举报和媒体报道反映的问题及时调查核实处理。

第二十六条　加强职业技能等级认定工作质量督导，探索建立评价机构信用评估机制，动态公布评估结果。

第二十七条　评价机构在开展职业技能等级认定工作过程中，不履行工作承诺，经调查核实，退出评价机构目录；涉嫌违纪违法的，由有关部门严肃查处，追究相关责任人责任。

第二十八条　评价机构退出评价机构目录的，应妥善处理后续工作，承担因违法违规行为造成的后果。

第六章　附　　则

第二十九条　本规程由人力资源社会保障部职业能力建设司和职业技能鉴定中心解释。

第三十条　本规程自印发之日起试行。

关于加强职业技能鉴定质量管理有关工作的通知

人社职司便函〔2020〕44号

各省、自治区、直辖市及新疆生产建设兵团人力资源社会保障厅（局），国务院有关部门、有关行业组织人事劳动保障工作机构，中央军委政治工作部兵员和文职人员局：

根据《人力资源社会保障部办公厅关于做好水平评价类技能人员职业资格退出目录有关工作的通知》（人社厅发〔2020〕80号）要求，为规范实施职业技能鉴定工作，保证鉴定质量，严格职业资格证书发放，维护证书的严肃性和权威性，现就加强职业技能鉴定质量管理有关工作通知如下。

一、严格按照《国家职业资格目录》规定组织开展职业技能鉴定工作。严禁在《国家职业资格目录》之外开展职业资格许可和认定工作。

二、严格执行现行国家职业技能标准，严禁突破国家职业技能标准开展职业技能鉴定工作。严格按照国家职业技能标准规定对考生的申报条件进行审核。

三、加强职业技能鉴定命题管理，保证命题质量。各地在组织开展职业技能鉴定时应按规定使用国家题库，从国家题库中抽取试题组卷。

四、严格按照职业技能鉴定有关规定，加强考务管理，规范工作秩序，强化职业技能鉴定工作档案管理，做到全程留痕。

五、严格做好职业资格证书发放管理，严禁在退出《国家职业资格目录》前违规突击鉴定、颁发职业资格证书。加强职业资格证书数据审核，填报《全国集中管理监管库职业资格证书数据审核确认表》，确保每本证书数据准确可靠、真实有效，严禁问题数据入网。

六、强化职业技能鉴定质量督导，加强对职业技能鉴定所（站）和考评员、督导员等人员的管理，加强现场督导。畅通监督举报渠道，设立并公布监督电话，对群众举报的问题，发现一起查处一起。

人力资源社会保障部职业能力建设司
人力资源社会保障部职业技能鉴定中心
2020 年 8 月 7 日

关于印发《技能人才评价质量督导工作规程（试行）》的通知

人社职司便函〔2020〕53号

各省、自治区、直辖市及新疆生产建设兵团人力资源社会保障厅（局），国务院有关部委、直属机构人事劳动保障工作机构，中央军委政治工作部兵员和文职人员局，有关行业组织、企业人事劳动保障工作机构：

根据《关于分类推进人才评价机制改革的指导意见》和《人力资源社会保障部关于改革完善技能人才评价制度的意见》（人社部发〔2019〕90号）等有关要求，我们制定了《技能人才评价质量督导工作规程（试行）》，现印发给你们，请参照执行。

人力资源社会保障部职业能力建设司
人力资源社会保障部职业技能鉴定中心
2020年9月1日

技能人才评价质量督导工作规程（试行）

第一章 总 则

第一条 为保证技能人才评价质量，根据《关于分类推进人才评价机制改革的指导意见》和《人力资源社会保障部关于改革完善技能人才评价制度的意见》（人社部发〔2019〕90号）等有关要求，制定本规程。

第二条 本规程适用于职业资格评价、职业技能等级认定、专项职业能力考核等机构（以下统称评价机构）组织实施的技能人才评价工作的监督、检查和指导。

第三条 质量督导应当以提高技能人才评价质量为目标，坚持监督与指导并重，秉持公平公正原则。

第四条 质量督导员分为外部质量督导员（以下简称外督）和内部质量督导员（以下简称内督）。

外督是指人力资源社会保障部门根据实际工作需要选聘的相关人员，代表人力资源社会保障部门对评价机构实施的技能人才评价工作进行质量督导。

内督是指评价机构和相关行业部门选聘的符合条件的相关人员，负责对评价机构实施的技能人才评价工作进行质量督导。

第五条 人力资源社会保障部职业能力建设司负责全国技能人才评价工作质量督导的统筹规划和政策制定。中国就业培训技术指导中心（人力资源社会保障部职业技能鉴定中心）负责全国技能人才评价工作质量督导的技术指导、支持服务和日常管理。

省级人力资源社会保障行政部门负责本地区技能人才评价工作质量督导的统筹规划和政策制定。省级人力资源社会保障部门职业技能鉴定中心负责本地区技能人才评价工作质量督导的技术指导、支持服务和日常管理。

评价机构及相关行业部门负责本单位、本行业技能人才评价工作质量督导。

第二章　质量督导员的培养使用

第六条　质量督导员应具备下列条件：

（一）坚持党的基本路线，热爱技能人才评价工作；

（二）掌握技能人才评价有关政策、法规和规章，熟悉技能人才评价理论和技术方法；

（三）坚持原则、廉洁奉公、办事公道、作风正派，具有良好的职业道德和敬业精神；

（四）具有较强的组织协调能力和表达能力；

（五）身体健康，能胜任质量督导工作。

第七条　符合第六条规定条件的人员，经培训考核合格后，可以聘任为质量督导员。外督由省级及以上人力资源社会保障部门职业技能鉴定中心培训并颁发《技能人才评价质量督导员》（外督）证卡；内督由评价机构及相关行业部门培训并颁发《技能人才评价质量督导员》（内督）证卡。

《技能人才评价质量督导员》证卡由人力资源社会保障部统一样式和编码规则。

第八条　质量督导员实行委派制，委派机构从取得《技能人才评价质量督导员》证卡的人员中采取随机抽调的方式派遣。

委派机构也可与质量督导员签署聘用合同，聘期3年，聘期届满自动解聘；可续聘，不得超过三届。

第九条　质量督导员具有以下职责：

（一）监督技能人才评价活动；

（二）向评价机构就督导事项提出询问；

（三）查阅、调阅与督导事项有关的文件、资料；

（四）进行个别访问、调查问卷、测试和复核；

（五）现场调查，包括明察和暗访；

（六）向委派机构提出对评价机构或者其相关负责人给予奖惩的建议。

第十条 质量督导员在执行质量督导任务时应佩戴或携带质量督导员证卡，认真履行质量督导职责，客观公正地向委派机构反映实际情况，不得隐瞒或虚构事实；不得泄露与评价机构相关的工作秘密、商业秘密等。

督导工作结束后，须向委派机构书面反馈质量督导结果情况。

第十一条 委派机构对委派的质量督导员实施考核制度，建立考核档案。对考核不合格的人员，视情况取消其资格或不予续聘。

第三章 质量督导活动实施

第十二条 质量督导主要包括以下内容：

（一）对评价机构贯彻执行有关法律法规、规章和有关政策及其质量管理体系建设等情况进行督导；

（二）对技能人才评价工作情况进行督导，包括评价机构的评价范围、职业技能标准（或评价规范）及试题（题库）的执行情况、参加评价人员的资格条件、考场秩序、证书管理与发放，以及考评人员、管理人员工作情况等；

（三）对群众举报的技能人才评价工作中涉嫌违规违纪情况进行调查核实；

（四）对技能人才评价工作中的重大问题进行调查研究，向委派机构报告反映情况，并提出建议。

第十三条 质量督导分为日常督导和专项督导两种类型。

日常督导是指质量督导员受委派机构委派，对评价机构的评价活动进行的日常监督和检查。

专项督导是指质量督导员受委派机构委派，对评价机构进行本规程第十二条规定的一项或几项内容的监督和检查。

第十四条 日常督导可采取"双随机、一公开"等方式，通过现场督导、数据比对、远程监控等多种形式进行，提倡技术督导。结合实际，增加督导频次，扩大督导覆盖面。

第十五条 专项督导可采取"双随机、一公开"等方式进行。督导前，应当明确督导事项,成立督导小组。督导小组原则上由 3 名以上质量督导员组成。工作程序如下：

(一)督导小组对评价机构进行现场考察、听取意见；

(二)督导小组对评价机构的自评报告、现场考察情况进行评议,形成初步督导意见,并向评价机构反馈；

(三)委派机构根据督导小组初步督导意见,综合分析评价机构的申辩意见,向评价机构发出督导意见书；

(四)评价机构应根据督导意见书进行整改。

第十六条 质量督导实行回避制度,质量督导员不能参加可能影响其客观公正督导的工作,不能兼任同场次考评工作。

第四章 罚 则

第十七条 质量督导员有下列情形的,予以解聘。

(一)未经委派擅自参加或无故拒绝参加督导工作的；

(二)不履行督导职责的；

(三)在督导活动中造成不良影响的。

第十八条 评价机构及有关工作人员有下列情形之一的,由人力资源社会保障部门通报批评并责令其改正；拒不改正或情节严重的,对直接负责的主管人员和其他责任人员,向其主管部门提出给予处分的建议；直至取消其技能人才评价工作资格。

(一)拒绝向质量督导员提供与其督导内容相关情况和文件资料的；

(二)阻挠有关人员向质量督导员反映情况的；

(三)对督导意见拒不采取改进措施的；

(四)弄虚作假、采取欺骗手段干扰质量督导工作的；

(五)打击、报复质量督导员的；

(六)其他影响质量督导工作的行为。

第五章 附 则

第十九条 各省、自治区、直辖市及新疆生产建设兵团人力资源社会保障部门、有关行业部门和评价机构根据本规程制定实施细则。

第二十条 本规程自颁布之日起试行。原《职业技能鉴定质量督导工作规程》（劳社培就司函〔2003〕126号）同时废止。

附件 1

技能人才评价质量督导员证卡编码规则
（试行）

一、技能人才评价质量督导员（外督）

（一）证卡编码结构

技能人才评价质量督导员（外督）证卡编码由 1 位大写英文字母和 8 位阿拉伯数字组成，主要包括 4 个部分：1. 证卡类别代码；2. 证卡颁发机构代码；3. 证卡核发年份代码；4. 证卡序列码。具体表现形式见表 1。

表 1　证卡编码构成

序号	1	2	3	4	5	6	7	8	9
说明	证卡类别代码	证卡颁发机构代码		证卡核发年份代码		证卡序列码			

（二）代码及释义

1. 第 1 位：证卡类别代码

证卡类别指外部质量督导员，其代码使用大写英文字母 R 表示，见表 2。

表 2　证卡类别代码

证卡类别	代码标识
外部质量督导员	R

2. 第 2~3 位：证卡颁发机构代码

人力资源社会保障部门代码取值见表 3。

表 3　人力资源社会保障部门代码表

代码	名称	代码	名称	代码	名称
00	人力资源社会保障部	11	北京市	12	天津市
13	河北省	14	山西省	15	内蒙古自治区
21	辽宁省	22	吉林省	23	黑龙江省
31	上海市	32	江苏省	33	浙江省

续表

代码	名称	代码	名称	代码	名称
34	安徽省	35	福建省	36	江西省
37	山东省	41	河南省	42	湖北省
43	湖南省	44	广东省	45	广西壮族自治区
46	海南省	50	重庆市	51	四川省
52	贵州省	53	云南省	54	西藏自治区
61	陕西省	62	甘肃省	63	青海省
64	宁夏回族自治区	65	新疆维吾尔自治区	66	新疆生产建设兵团
71	台湾省	81	香港特别行政区	82	澳门特别行政区

3. 第4~5位：证卡核发年份代码

证卡核发年份代码使用阿拉伯数字表示，取公元纪年后两位。例如：21表示证书核发时间为2021年。

4. 第6~9位：证卡序列码

质量督导员证卡序列码使用阿拉伯数字表示，由证卡颁发机构按年度分别从0001~9999依次顺序取值或由证卡颁发机构统筹研究确定并赋码。

二、技能人才评价质量督导员（内督）

（一）证卡编码结构

技能人才评价质量督导员（内督）证卡编码由1位大写英文字母和12位阿拉伯数字组成，主要包括4个部分：1.证卡类别代码；2.证卡颁发机构代码；3.证卡核发年份代码；4.证卡序列码。具体表现形式见表4。

表4 证卡编码构成

序号	1	2	3	4	5	6	7	8	9	10	11	12	13
说明	证卡类别代码	证卡颁发机构代码						证卡核发年份代码		证卡序列码			

（二）代码及释义

1. 第1位：证卡类别代码

证卡类别指内部质量督导员,主要来自行业部门、用人单位和社会培训评价组织,其代码分别使用大写英文字母 H、Y 和 S 表示。见表 5。

表 5　证卡类别代码

证卡类别	代码标识
行业部门	H
用人单位	Y
社会培训评价组织	S

2. 第 2~7 位:证卡颁发机构代码

证卡颁发机构代码使用 6 位阿拉伯数字表示。

(1) 行业部门证卡颁发机构代码取值由人力资源社会保障部统筹研究确定并赋码。

(2) 用人单位证卡颁发机构代码取值,其中:

人力资源社会保障部备案的用人单位取值为两个 0 和 4 位阿拉伯数字(人力资源社会保障部备案的评价机构代码);

省级人力资源社会保障部门备案的用人单位取值为 6 位阿拉伯数字(省级人力资源社会保障部门备案的评价机构序列码)。

(3) 社会培训评价组织证卡颁发机构代码取值,其中:

人力资源社会保障部备案的社会培训评价组织取值为两个 0 和 4 位阿拉伯数字(人力资源社会保障部备案的评价机构代码);

省级人力资源社会保障部门备案的社会培训评价组织取值为 6 位阿拉伯数字(省级人力资源社会保障部门备案的评价机构序列码)。

3. 第 8~9 位:证卡核发年份代码

证卡核发年份代码使用阿拉伯数字表示,取公元纪年后两位。例如:21 表示证书核发时间为 2021 年。

4. 第 10~13 位:证卡序列码

质量督导员证卡序列码使用阿拉伯数字表示,由证卡颁发机构按年度分别从 0001~9999 依次顺序取值或由证卡颁发机构统筹研究确定并赋码。

附件 2

技能人才评价质量督导员证卡样式

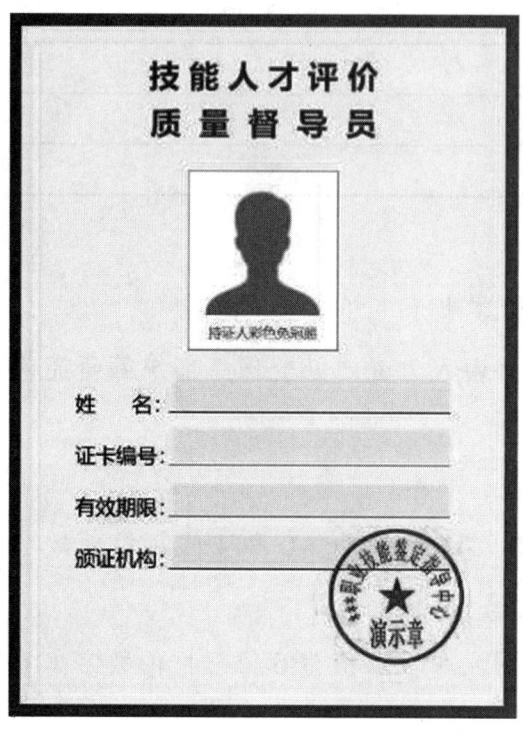

技能人才评价质量督导员证卡制作说明

序号	内容	规格
1	证卡尺寸	统一尺寸，正反两面，单面尺寸为：宽 80 mm，长 110 mm，厚度 1 mm（非硬性要求，可根据选用的材质确定）
2	正面	标题：16 磅，黑体加粗，24 磅行间距 照片：彩色 1 寸照片（尺寸 2.5 cm×3.5 cm） 正文：12 磅，黑体，22 磅行间距
3	反面	标题：16 磅，黑体加粗，24 磅行间距 印制单位：12 磅，黑体加粗，24 磅行间距
4	证卡材料（非硬性要求）	PVC 层压打印料 A4×0.17 mm、夹层、保护膜、卡套、挂绳
5	制作要求（非硬性要求）	用层压机进行高温层压，约 40 min。待温度下降后，进行人工膜切、人工打孔，检查、包装。

注：制作说明仅供参考。

关于做好部门行业职业技能等级认定试点工作的通知

中就培函〔2020〕41号

国务院有关部门、有关行业组织人事劳动保障工作机构及职业技能鉴定中心：

为贯彻落实《关于做好水平评价类技能人员职业资格退出目录有关工作的通知》（人社厅发〔2020〕80号）及相关文件要求，受人力资源社会保障部委托，现就政府有关部门及行业组织实施的水平评价类技能人员职业资格退出职业资格目录后开展职业技能等级认定工作有关事项通知如下。

一、工作目标

加快职业技能等级制度建设，2020年12月底前政府有关部门、行业组织实施的水平评价类技能人员职业资格退出职业资格目录，转为职业技能等级认定。

二、试点范围

（一）职业资格目录内水平评价类技能人员职业资格组织实施机构中，政府有关部门推荐社会培训评价组织，开展相关职业技能等级认定；行业组织可作为社会培训评价组织，开展相关职业技能等级认定。政府有关部门推荐的社会培训评价组织及其分支机构和行业组织分支机构原则上不得将政府部门与其所属单位，以及未与主管部门脱钩的各类协会、非专业行业协会纳入社会培训评价组织试点范围。

（二）试点职业（工种）范围为职业资格目录内水平评价类技能人员职

业（工种）。其中拟转入准入类职业（工种）不纳入试点范围。

三、实施步骤

（一）确定评价机构。政府有关部门提出本领域社会培训评价组织遴选标准，推荐 2 家可覆盖原有职业（工种）的社会培训评价组织，承担本部门退出职业资格目录的职业（工种）职业技能等级认定工作。推荐的社会培训评价组织须参照《关于持续征集社会培训评价组织的通告》（中就培函〔2020〕16 号）中申报条件的相关要求。

行业组织承担本行业退出职业资格目录的职业（工种）的职业技能等级认定工作，其中：综合类行业组织（协会）可作为全国性社会培训评价组织，其所属一类行业协会提供相应技术支持；专业性行业组织（协会）可直接作为面向全国开展相应职业（工种）评价的社会培训评价组织。

（二）制定试点工作方案，确定分支机构。政府有关部门及行业组织根据本部门、行业特点，在梳理整合原有职业技能鉴定站资源基础上，制定职业技能等级认定试点工作方案，确定分支机构，并由政府有关部门人事劳动保障工作机构、行业组织函告我部职业技能鉴定中心。

（三）编制社会培训评价组织工作实施方案。承担试点工作的社会培训评价组织编制试点工作的具体实施方案，包括社会培训评价组织基本情况、组织机构及人员情况、进度安排、评价规划等（详见附件）。

（四）属地备案。政府有关部门及行业组织指导分支机构在属地人社部门进行备案。拟备案的分支机构要符合注册地人社部门对备案主体资质要求，接受属地人社部门监管。

（五）网上公示。政府有关部门推荐的社会培训评价组织及行业组织的分支机构完成属地备案后，在技能人才评价信息服务平台进行网上公示。

四、工作要求

（一）政府有关部门及行业组织要高度重视试点工作，认真做好水平评价类技能人员职业资格退出目录后续工作，有序向职业技能等级认定平稳过渡。

（二）加大工作力度，积极推进职业技能等级认定试点工作，做好本行业领域职业技能标准或评价规范开发等技术性工作，做好本行业领域管理人员、考评人员、督导人员及专家队伍建设规划，为本行业领域职业技能等级认定提供服务支持。

（三）建立并形成人社部综合监督、行业业务监督、属地人社部门日常监督、评价机构自律、社会公众监督的多方联动质量监督工作机制。

五、时间安排

（一）9月底前完成试点工作方案，提交社会培训评价组织及分支机构遴选标准和首批职业技能等级认定试点机构名单。

（二）10月上旬指导各地分支机构开展属地备案工作。

（三）11月中旬前提交社会培训评价组织工作实施方案，完成网上公示，形成试点社会培训评价组织目录，并向社会公布。

联系人、联系电话、邮箱（略）。

附件：提交材料清单

中国就业培训技术指导中心
人力资源社会保障部职业技能鉴定中心
2020年9月24日

附件

提交材料清单
（政府有关部门）

一、职业技能等级试点工作方案

主要内容：试点工作目标、行业监管服务组织机构设置、职业技能等级认定监管工作体系、具体实施步骤安排等。

二、推荐社会培训评价组织的函

主要内容：社会培训评价组织及其分支机构遴选标准；拟推荐社会培训评价组织及其分支机构名单（可使用社会培训评价组织申报基本情况表）。

三、社会培训评价组织工作实施方案及质量管控措施

主要内容：推荐的社会培训评价组织及其分支机构的基本情况、组织机构及人员情况、进度安排、评价规划、场地设备情况、相关规章制度等质量保证与管控措施。

相关规章制度包括但不限于考务管理办法、考评人员管理办法、试点及评价管理办法、工作人员和考生违纪违规处理办法、档案管理办法、证书管理办法、监督制度、风险防控体系、财务制度、公示制度、社会问责制度、信息公开制度。

提交材料清单
（行业组织）

一、职业技能等级认定试点工作方案

主要内容：行业协会基本情况、工作目标、组织机构、评价内容及方式、职业（工种）范围、职业技能等级认定工作体系、基础设备设施条件、保障措施、具体实施步骤安排等。

二、分支机构遴选标准及其分支机构名单

主要内容：社会培训评价组织及其分支机构遴选标准；分支机构名单及

基本情况（可使用社会培训评价组织申报基本情况表）。

三、社会培训评价组织工作实施方案及质量管控措施

主要内容：组织机构及人员情况、进度安排、评价规划、场地设备情况、相关规章制度等质量保证与管控措施。

相关规章制度包括但不限于考务管理办法、考评人员管理办法、试点及评价管理办法、工作人员和考生违纪违规处理办法、档案管理办法、证书管理办法、监督制度、风险防控体系、财务制度、公示制度、社会问责制度、信息公开制度。

关于国家职业资格工作网更名与升级改版的通知

人社鉴函〔2020〕40号

各省、自治区、直辖市及新疆生产建设兵团人力资源社会保障厅（局）职业技能鉴定（指导）中心，国务院有关部委（行业组织）职业技能鉴定指导中心，军队士兵职业技能鉴定工作办公室，职业技能等级评价机构：

为做好技能人才评价制度改革工作，健全完善技能人才评价体系，提高技能人才评价工作技术指导和服务能力，经研究，决定对国家职业资格工作网进行更名和升级改版，将"国家职业资格工作网"网站名称变更为"技能人才评价工作网"，域名继续沿用 www.osta.org.cn；将"国家职业资格证书全国联网查询系统"变更为"技能人才评价证书全国联网查询系统"，包含技能人员国家职业资格证书查询和职业技能等级证书查询，域名统一使用 zscx.osta.org.cn，域名 jndj.osta.org.cn 同时有效。

在使用过程中，如遇有问题，请及时向我中心评价指导处反映。

联系人、联系电话及附件略。

人力资源社会保障部职业技能鉴定中心
2020年10月28日

人力资源社会保障部职业技能鉴定中心关于取消以技能为主国外职业资格证书加贴注册证签的通知

人社鉴函〔2020〕62号

各相关单位：

　　根据党中央、国务院深化"放管服"改革要求，为进一步简政放权，激发市场活力，优化营商环境，按照"谁评价、谁负责、谁发证"的原则，我中心将于2021年1月1日起取消对我部批准的"以技能为主的国外职业资格证书"加贴注册证签。我中心将继续通过国外职业资格查询平台（http://gjzs.osta.org.cn）面向社会提供合规证书查询服务。请各有关单位做好相关解释工作。

　　特此通知。

人力资源社会保障部职业技能鉴定中心
2020年12月25日

关于贯彻落实支持企业大力开展技能人才评价有关事项的通知

人社职司便函〔2021〕2号

各省、自治区、直辖市及新疆生产建设兵团人力资源社会保障厅（局）：

为贯彻落实《人力资源社会保障部办公厅关于支持企业大力开展技能人才评价工作的通知》（人社厅发〔2020〕104号）要求，深化技能人才评价制度改革，推动各级各类企业自主开展技能人才评价工作，现就有关事项通知如下。

一、抓紧全面启动本地区企业技能人才评价工作，并与推动实施职业技能提升行动有机结合起来。鼓励引导各级各类企业自主开展技能人才评价，发放职业技能等级证书。

二、结合工作实际，制定出台落实方案，进一步细化支持企业大力开展技能人才评价工作措施，对企业备案特别是央企分支机构跨地区备案、评价过程监督、证书数据上传和配套政策等作出具体规定，确保政策落实落地。

三、建立定期调度机制，做好本地区企业备案、职业技能等级认定开展、质量督导、证书发放情况统计和报送等工作，及时掌握企业技能人才评价工作进展，积极协调解决存在的突出问题。我部职业技能提升行动领导小组办公室将定期通报全国职业技能等级认定进展情况。

四、加大政策宣传力度，及时总结有益经验和典型做法。各地职业技能鉴定中心要加大对企业开展自主评价工作的技术支持和服务力度。

人力资源社会保障部职业能力建设司
人力资源社会保障部职业技能鉴定中心
2021年1月4日

关于进一步规范职业技能等级证书样式及有关工作的通知

人社鉴发〔2021〕1号

各省、自治区、直辖市及新疆生产建设兵团人力资源社会保障厅（局）职业技能鉴定（指导）中心，有关单位：

为进一步规范职业技能等级证书（以下简称证书）样式及有关工作，根据《关于印发〈职业技能等级认定工作规程（试行）〉的通知》（人社职司便函〔2020〕17号）和《关于印发〈职业技能等级证书编码规则（试行）〉和〈职业技能等级证书参考样式〉的通知》（人社鉴发〔2019〕2号）精神，现就有关事项通知如下。

一、发证机构

本文所称职业技能等级证书是指由经人力资源社会保障部门备案的用人单位和社会培训评价组织（以下统称评价机构）在备案职业（工种）范围内对劳动者实施职业技能考核评价所颁发的证书。证书由评价机构独立印制并发放，政府部门不参与监制。

二、证书印制

（一）证书应包括以下内容：证书名称、证书正文、评价机构名称、发证日期、姓名、证件类型、证件号码、职业名称、工种/职业方向、职业技能等级、证书编号，以及持证人照片、二维码、证书信息查询网址（http://jndj.osta.org.cn）、机构信息查询网址（http://pjjg.osta.org.cn）。评价机构可根据实际情况在证书上增加省（自治区、直辖市）人力资源社会保障部门证书查询网址和证书印制流水码。

（二）证书名称应统一使用"职业技能等级证书"。

（三）评价机构名称应与人力资源社会保障部门备案的机构（含分支机构）名称保持一致。

（四）证书内容可采用中英文对照方式，确保翻译规范准确，可参考本通知附件。

（五）证书印制应满足国家印刷品印制相关标准和要求，建议采用A4纸大小（210 mm×297 mm）规格、单页形式。

三、证书填写

（一）统一使用小四号仿宋体字填写。不含"工种/职业方向"的，"工种/职业方向"后填写"—"，不得为空。"职业技能等级"填写"中文数字+级/等级名称"，如"一级/高级技师"。证书照片处需粘贴或打印本人近半年内一寸彩色白底照片。

（二）证书上填写的职业、工种/职业方向、级别应与人力资源社会保障部门备案公布的信息一致。

四、证书用印

（一）证书上应加盖"评价机构名称"或"评价机构名称+职业技能等级认定专用章"印章，参见本通知附件"职业技能等级证书参考样式（一）"。

（二）由评价机构下属分支机构颁发的证书在加盖评价机构印章的同时，须加盖备案"分支机构名称"或"分支机构名称+职业技能等级认定专用章"印章，其中，评价机构印章在左侧，分支机构印章在右侧，参见本通知附件"职业技能等级证书参考样式（二）"。

（三）证书照片上可加盖评价机构钢印或分支机构钢印，钢印样式和内容应与印章一致。

（四）用人单位（含分支机构）印章可用本机构人事劳动保障工作机构代章。

五、注意事项

（一）《关于印发〈职业技能等级证书编码规则（试行）〉和〈职业技能等级证书参考样式〉的通知》（人社鉴发〔2019〕2号）附件2"职业技能等级证书参考样式"不再使用，新的证书样式参见本通知附件。

（二）评价机构参照本通知附件"职业技能等级证书参考样式"设计证书，证书上不得使用"中华人民共和国""中国""中华""国家""全国"和"人力资源社会保障部门""职业技能鉴定中心""中国就业培训技术指导中心"以及"职业资格""资格凭证""就业凭证""录用依据"等字样；不得出现国徽、政府部门徽标（logo）等标识，以及与上述相关或易产生歧义和误导的字样、图案或水印；不得出现本机构以外任何其他部门或单位的标识（logo）。

（三）上述证书样式及注意事项同样适用于电子证书，评价机构应严格执行。电子证书与纸质证书具有同等效力。证书样本（含印章内容）须在人力资源社会保障部门备案。

附件：职业技能等级证书参考样式（一）、（二）

人力资源社会保障部职业技能鉴定中心

2021年1月5日

附件

职业技能等级证书参考样式（一）

人力资源社会保障部职业能力建设司、中国就业培训技术指导中心（人力资源社会保障部职业技能鉴定中心）文件

职业技能等级证书参考样式（二）

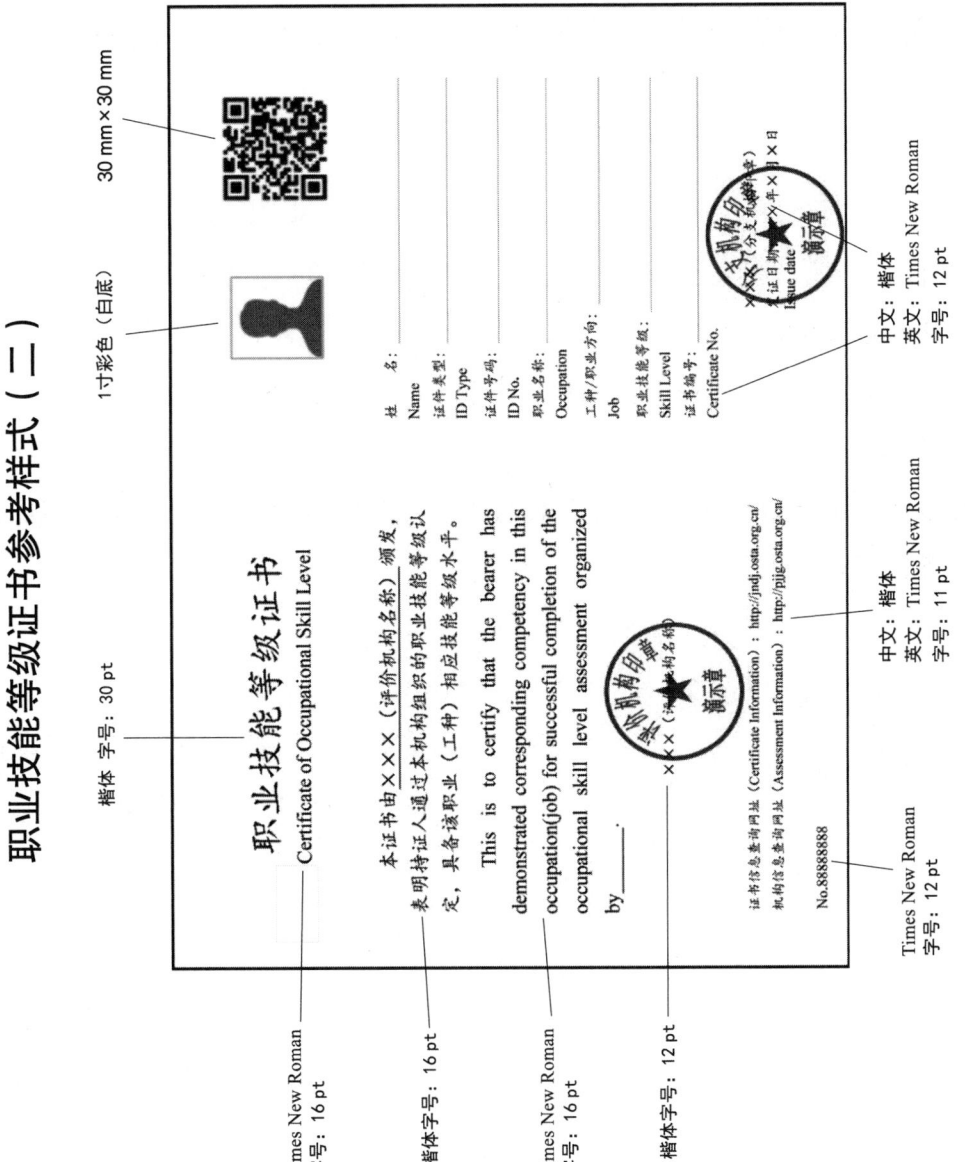

关于印发提升全民数字技能工作方案的函

人社职司便函〔2021〕24号

各省、自治区、直辖市及新疆生产建设兵团人力资源社会保障厅（局）：

为全面落实党的十九届五中全会提出的"提升全民数字技能"要求，贯彻落实全国职业教育大会精神，指导各地加强全民数字技能教育和培训，我司会同部属有关单位研究制定了《提升全民数字技能工作方案》。现将该方案印发各地，请结合实际研究制定本地区提升全民数字技能工作措施，加强数字技能教育和培训工作。

人力资源社会保障部职业能力建设司

2021年4月13日

提升全民数字技能工作方案

进入数字化时代,数字经济蓬勃发展,数字技术快速迭代,在生活、工作中扮演着越来越重要的角色,从而对劳动者所需掌握的数字技能也提出了新的更高要求。为贯彻落实《中华人民共和国国民经济和社会发展第十四个五年规划和2035年远景目标纲要》精神,加强全民数字技能教育和培训,普及提升公民数字素养,结合职业能力建设工作职责,制定以下工作方案。

一、完善提升全民数字技能政策措施

(一)研究制定关于加强新时代高技能人才队伍建设的意见、职业培训"十四五"规划、技工教育"十四五"规划等政策规划,将加强数字技能培养作为重要内容,研究提出支持政策。

(二)实施技能中国行动,围绕加强数字技能培养培训谋划和推动一批重点项目。

二、加强技工院校数字技能类人才培养

(三)建立具有技工教育特色的专业目录并实行动态调整,发布技工院校数字技能类专业目录,支持和引导全国技工院校积极开设数字技能类专业。

(四)依托行业协会等积极组织技工院校学生数字技能培养教学研讨,积极协调华为等高科技企业参与设计开发相应的数字技能课程,加强数字技能类教材开发。建设全国统一的技工教育数字资源服务平台,遴选100所左右技工教育数字化资源建设与应用优秀院校。

(五)研究开发数字技能通用素质培养教材,纳入技工院校公共课范畴。

(六)加强技工院校数字技能相关师资队伍建设,将数字技能作为校长和师资培训重点内容。举办数字技能提升专题线上研修班。

三、加强数字技能职业技能培训

(七)加大数字技能职业培训。指导各地在开展各类职业培训时,增加有关数字技能的培训内容。指导各地面向新技能新职业,重点开展人工智能、大数据、云计算等数字技能培训,大力推行线上线下相结合的培训

方式。

（八）探索数字化技能培训新模式。促进互联网技术与职业技能培训深度融合，发挥龙头企业和培训机构作用，推动实施"互联网＋职业技能培训"模式，发挥线上职业技能培训平台优势，加大数字技能线上培训资源供给，开发线上线下相结合的数字技能培训资源，加大对就业重点群体的数字技能培训。

（九）围绕数字技能相关职业编制国家基本职业培训包（指南包、课程包），发布培训标准和课程方案，加大数字技能相关职业培训教材开发力度，规范数字技能相关职业培训过程管理。开展数字技能相关职业培训教学研究，组织开展师资培训。

（十）规范线上职业技能培训，健全和完善"互联网＋职业技能培训"平台及资源运营服务规范管理，实现学习过程可查询、可追溯、可监管。

（十一）组织开发面向全体劳动者的数字技能通用素质培训教材，作为职业技能培训通用性教材，在全国推广使用。

四、推进数字技能类人才评价工作

（十二）积极开发数字技能类新职业。

（十三）积极开发数字技能类职业的职业标准和评价规范；创新职业标准和评价规范的开发方式和手段，引导相关行业企业积极开发职业标准和评价规范；将数字技能内容融入到职业技能标准和评价规范中。

（十四）推进数字技能相关职业的技能等级认定工作；引入数字技术，创新评价方式。

（十五）修订职业分类大典，对数字技能类职业进行标注。

五、积极开展数字技能类职业技能竞赛

（十六）举办全国新职业技能大赛，优先考虑设置数字技能相关赛项。

（十七）举办全国行业职业技能竞赛，重点支持举办数字技能相关赛事。

（十八）指导各地在举办职业技能竞赛时，设立数字技能相关赛项。

六、提升数字技能人才培养基础能力建设

（十九）建设一批具有数字技能培养优势的高技能人才培训基地。

（二十）建设一批数字技能相关领域的技能大师工作室。

（二十一）遴选培育一批数字技能培育优质技工院校。

（二十二）遴选推荐一批互联网职业培训平台。

（二十三）打造一批功能突出、资源共享的区域性数字技能公共实训基地，全面提升数字技能实训能力。

（二十四）定期发布数字技能类职业就业、职业培训和岗位需求情况。

关于做好职业技能竞赛选手获取相应职业证书有关工作的通知

人社职司便函〔2021〕26号

各省、自治区、直辖市及新疆生产建设兵团人力资源社会保障厅（局），国务院有关部委、直属机构人事劳动保障工作机构，中央军委政治工作部兵员和文职人员局，有关行业组织、企业人事劳动保障工作机构：

职业技能竞赛是技能人才评价的重要方式。为加大技能竞赛培养选拔技能人才力度，加强创新型、应用型、技能型人才培养，根据技能人才评价制度改革要求，现就做好职业技能竞赛选手获取相应职业证书（指职业资格证书或职业技能等级证书）（以下简称取证）有关工作通知如下。

一、按照"谁主办、谁负责"的原则，职业技能竞赛选手取证问题由主办单位负责解决。

世界技能大赛、我部主办或我部会同有关部门主办的全国性职业技能竞赛决赛阶段的选手，其竞赛项目与职业资格目录内职业（工种）对应的，由主办单位或由主办单位商相关职业资格实施机构颁发职业资格证书；竞赛项目与备案的全国性职业技能等级评价机构实施的职业（工种）对应的，由主办单位或由主办单位商相关职业技能等级评价机构颁发职业技能等级证书；竞赛项目涉及的职业（工种）不在职业资格目录和职业技能等级评价机构实施的职业（工种）范围内的，由主办单位采取"一次一授权"的方式，授权备案的全国性社会组织颁发职业技能等级证书。

二、各地主办的职业技能竞赛，其参赛选手取证问题由省级人力资源社会保障部门按照上述原则研究解决。

三、职业技能竞赛选手获取的职业技能等级证书，其证书编码按照人社鉴发〔2019〕2号文件要求确定，其中第17位（即证书序列码第1位）使用英文大写字母J作为识别码。

四、本通知印发后，各地、各有关行业部门在制定年度职业技能竞赛计划或印发有关竞赛通知时，应同时明确竞赛选手的证书颁发机构及所发证书的职业（工种）名称、等级。

工作中如遇到问题，请及时向我们反映。

附件：世界技能大赛项目与职业（工种）对应表（略）

人力资源社会保障部职业能力建设司
人力资源社会保障部职业技能鉴定中心
2021年4月21日

关于对企业职工技能水平评价有关问题的复函

人社职司便函〔2021〕31号

安徽省人力资源和社会保障厅：

《关于企业职工技能水平评价有关问题的请示》（皖人社〔2021〕25号）收悉。经研究，现函复如下。

2006年，中共中央办公厅、国务院办公厅印发《关于进一步加强高技能人才工作的意见》提出，对在技能岗位工作并掌握高超技能、作出重大贡献的骨干人才，可进一步突破工作年限和职业资格等级的要求，允许他们破格或越级参加技师、高级技师考评。2012年，《国务院办公厅关于转发人力资源社会保障部 财政部 国资委关于加强企业技能人才队伍建设意见的通知》（国办发〔2012〕34号）提出，在国家职业标准的统一框架基础上，企业可根据其生产技术、工艺设备和产品类型等不同要求，采取考核鉴定、考评结合、业绩评审等灵活多样的方式，重点评价企业职工执行操作规程、解决生产问题、完成工作任务的能力，并按有关规定晋升相应职业资格。对于在企业生产一线掌握高超技能、业绩突出的职工，可破格或越级参加技师、高级技师考评。2020年，《人力资源社会保障部办公厅关于支持企业大力开展技能人才评价工作的通知》（人社厅发〔2020〕104号）提出，企业可根据相应的国家职业技能标准，结合企业工种（岗位）特殊要求，对职业功能、工作内容、技能要求和申报条件等进行适当调整。同时明确，企业要把技能人才评价工作融入日常生产经营活动过程中，灵活运用过程化考核、模块化考核和业绩评审、直接认定等多种方式。根据上述文件精神要求，你厅可指导企业采取直接认定方式对未取得职业资格（或职业技能等级）的职工，直接认定其相应职业技能等级。

人力资源社会保障部职业能力建设司
人力资源社会保障部职业技能鉴定中心
2021年6月1日

关于公布职业技能鉴定国家题库资源目录的函

人社职司便函〔2021〕38号

各省、自治区、直辖市及新疆生产建设兵团人力资源社会保障厅（局），有关职业技能等级评价机构：

职业技能鉴定国家题库自1999年开发建设以来，为全国职业技能鉴定工作有序开展，不断提升职业技能鉴定质量提供了有力的技术支撑。为进一步发挥职业技能鉴定国家题库作用，为技能人才评价工作提供支持服务，现公布职业技能鉴定国家题库资源目录，供各地选择使用。

目录中职业技能鉴定国家题库资源依据1999年版《中华人民共和国职业分类大典》及相应国家职业技能标准开发，并已配发至各省级职业技能鉴定中心。依据2015年版《中华人民共和国职业分类大典》及相应国家职业技能标准开发的技能人才评价题库资源完成后，将及时更新并公布相应题库资源目录。

工作中如有问题，请及时与我们联系。

附件：职业技能鉴定国家题库资源目录

人力资源社会保障部职业能力建设司
人力资源社会保障部职业技能鉴定中心
2021年7月12日

附件

职业技能鉴定国家题库资源目录
（按职业工种名称首字音序排列）

序号	职业（工种）名称	等级	理论知识题库	操作技能（专业能力）题库
1	按摩师	五级、四级	√	√
2	办公设备维修工	四级、三级、二级	√	√
3	包装设计师（包装工艺设计/储运包装设计/销售）	四级、三级、二级、一级	√	√
4	保安员	五级、四级、三级	√	
5	保健按摩师	五级、四级、三级、二级、一级	√	√
6	保健刮痧师	五级、四级、三级	√	√
7	保洁员	五级、四级、三级	√	√
8	保育员	五级、四级、三级	√	√
9	变电设备安装工	五级、四级、三级、二级、一级	√	√
10	采购员	四级、三级、二级、一级	√	√
11	餐厅服务员	五级、四级、三级、二级、一级	√	√
12	餐厅服务员（藏文）	五级、四级、三级	√	
13	插花员	五级、四级、三级、二级	√	√
14	茶艺师	五级、四级、三级、二级、一级	√	√
15	长度量具计量检定工	五级、四级、三级	√	√
16	长度量仪计量检定工	五级、四级、三级	√	√

续表

序号	职业（工种）名称	等级	理论知识题库	操作技能（专业能力）题库
17	常用电机检修工	五级、四级、三级、二级、一级	√	√
18	车工（普通车床）	五级、四级、三级、二级、一级	√	√
19	车工（数控车床）	四级、三级、二级、一级	√	√
20	陈列展览设计人员	三级、二级、一级	√	√
21	冲印师	五级、四级、三级、二级、一级	√	√
22	宠物健康护理员	五级、四级、三级	√	√
23	厨政管理师	三级	√	
24	创业咨询师	三级、二级	√	
25	电磁计量检定工	五级、四级	√	
26	电磁计量修理工	五级、四级、三级	√	
27	电工	五级、四级、三级	√	√
28	电工仪器仪表装配工	五级、四级、三级、二级、一级	√	√
29	电焊工	五级、四级、三级	√	
30	电机装配工	五级、四级、三级、二级、一级	√	√
31	电气设备安装工	五级、四级、三级、二级、一级	√	√
32	电子仪器仪表装配工	五级、四级、三级、二级、一级	√	√
33	调酒师	五级、四级、三级	√	√
34	动画绘制员	四级、三级、二级、一级	√	√

续表

序号	职业（工种）名称	等级	理论知识题库	操作技能（专业能力）题库
35	豆制品工艺师	三级	√	√
36	豆制品制作工（发酵/非发酵）	五级、四级、三级、二级、一级	√	√
37	锻造工	五级、四级、三级、二级、一级	√	√
38	多媒体作品制作员	四级、三级、二级	√	√
39	芳香保健师	五级	√	√
40	防水工	五级、四级、三级、二级	√	√
41	房地产策划师	四级	√	√
42	纺织纤维分类分级检验工（毛/棉）	五级、四级	√	√
43	纺织纤维物理性能检验工（毛/棉）	五级、四级、三级	√	√
44	分析工	五级、四级、三级	√	√
45	服装模特	五级、四级、三级	√	√
46	服装设计定制工	五级、四级	√	√
47	服装制作工	五级、四级、三级、二级	√	√
48	钢筋工	五级、四级、三级、二级	√	√
49	高低压电器装配工	五级、四级、三级、二级、一级	√	√
50	工程测量工	五级、四级、三级、二级、一级	√	
51	工具钳工	五级、四级、三级、二级、一级	√	√
52	公共营养师	四级、三级、二级、一级	√	√

— 305 —

续表

序号	职业（工种）名称	等级	理论知识题库	操作技能（专业能力）题库
53	公关员	五级、四级、三级	√	√
54	管工	五级、四级、三级、二级、一级	√	√
55	广告设计师	三级、二级	√	√
56	贵金属首饰手工制作工	五级、四级、三级	√	√
57	锅炉操作工	五级、四级、三级、二级	√	√
58	焊工	五级、四级、三级、二级、一级	√	√
59	衡器计量检定工	五级、四级	√	√
60	烘焙工	五级、四级、三级、二级、一级	√	√
61	呼叫中心服务员	四级、三级	√	
62	花卉园艺工	五级、四级、三级	√	√
63	花艺环境设计师	四级、三级、二级、一级	√	√
64	化学检验工	三级	√	
65	会展策划师	四级、三级、二级、一级	√	√
66	婚姻家庭咨询师	三级	√	
67	混凝土工	五级、四级、三级	√	√
68	机械设备安装工	五级、四级、三级	√	√
69	机修钳工	五级、四级、三级、二级、一级	√	√
70	集成电路测试员※	四级	√	√
71	计算机（微机）维修工	五级、四级、三级	√	√
72	计算机操作员	五级、四级、三级	√	√

续表

序号	职业（工种）名称	等级	理论知识题库	操作技能（专业能力）题库
73	计算机程序设计员	五级、四级、三级、二级、一级	√	√
74	计算机乐谱制作师※	四级	√	√
75	计算机软件工（BASIC、C语言、PASACL、汇编语言）	五级、四级、三级	√	√
76	计算机网络操作员	四级、三级		√
77	计算机网络管理员	四级、三级	√	√
78	计算机文字录入处理员（DOS、WINDOWS）	五级、四级、三级	√	√
79	计算机系统操作工（WINDOWS）	五级、四级、三级	√	√
80	加工中心操作工	四级、三级、二级、一级	√	√
81	家具设计师	四级、三级	√	√
82	家庭服务员	五级、四级、三级	√	√
83	家畜饲养工（马/牛/羊/猪）	五级、四级、三级	√	√
84	家用电器产品维修工	五级、四级、三级、二级、一级	√	√
85	家用电热器与电动器具维修工	五级、四级、三级	√	√
86	家用电子产品维修工	五级、四级、三级、二级、一级	√	√
87	家政服务员	五级、四级、三级	√	√
88	架子工	五级、四级、三级	√	√
89	建筑模型设计制作员※	五级		√

续表

序号	职业（工种）名称	等级	理论知识题库	操作技能（专业能力）题库
90	酱腌菜制作工	五级、四级、三级、二级、一级	√	√
91	酱油酱类制作工	五级、四级、三级、二级、一级	√	√
92	金属热处理工	五级、四级、三级、二级、一级	√	√
93	紧急救助员	五级、四级、三级	√	√
94	精细木工	五级、四级、三级、二级	√	√
95	景观设计师	四级、三级、二级、一级	√	√
96	咖啡师	五级、四级	√	√
97	科技咨询师 ※	二级、一级	√	√
98	可编程序控制系统设计师（欧姆龙机型/三菱机型/西门子机型）	四级、三级、二级	√	√
99	客房服务员	五级、四级、三级	√	√
100	客户服务管理师	三级、二级	√	√
101	劳动保障协理员	四级、三级	√	
102	劳动关系协调员	三级、二级、一级	√	√
103	冷藏工	五级、四级、三级	√	√
104	冷作钣金工	五级、四级、三级、二级、一级	√	√
105	礼仪主持人 ※	四级		√
106	录音师	五级、四级、三级	√	√
107	美发师	五级、四级、三级、二级、一级	√	√

续表

序号	职业（工种）名称	等级	理论知识题库	操作技能（专业能力）题库
108	美发师（维吾尔文）	五级、四级、三级、二级、一级	√	√
109	美甲师	五级、四级、三级、二级、一级	√	√
110	美容师	五级、四级、三级、二级、一级	√	√
111	美容师（维吾尔文）	五级、四级、三级、二级、一级	√	√
112	秘书	五级、四级、三级	√	√
113	秘书（涉外秘书）	五级、四级、三级	√	√
114	模具设计师（冷冲模/注塑模）	三级、二级	√	√
115	模型工	五级、四级	√	√
116	摩托车调试修理工	五级、四级、三级	√	√
117	摩托车维修工	五级、四级、三级、二级、一级	√	√
118	摩托车维修工（维吾尔文）	五级、四级、三级、二级、一级	√	√
119	磨工	五级、四级、三级、二级、一级	√	√
120	木模型工	五级、四级、三级	√	
121	霓虹灯制作员※	五级	√	√
122	农机修理工	五级、四级	√	√
123	农艺工	五级、四级、三级	√	√
124	企业文化师	三级	√	√

续表

序号	职业（工种）名称	等级	理论知识题库	操作技能（专业能力）题库
125	起重工	二级		√
126	汽车驾驶员	五级、四级、三级、二级	√	√
127	汽车驾驶员（藏文）	五级、四级、三级	√	
128	汽车维修工	五级、四级、三级、二级、一级	√	√
129	汽车修理工（藏文）	五级、四级、三级	√	
130	砌筑工	五级、四级、三级		
131	前厅服务员	五级、四级、三级	√	√
132	钳工	五级、四级、三级	√	√
133	热处理工	五级、四级、三级	√	√
134	肉制品加工工	五级、四级、三级	√	√
135	乳品检验工	五级、四级、三级	√	√
136	乳品评鉴师	三级	√	
137	商品营业员	五级、四级、三级	√	
138	商务策划师	四级、三级、二级、一级	√	√
139	摄影师	五级、四级、三级、二级、一级	√	√
140	食醋制作工	五级、四级、三级、二级、一级	√	√
141	食品检验工（白酒/谷酒/黄酒/啤酒）	五级、四级、三级、二级、一级	√	√
142	市场管理员	四级、三级、二级	√	√
143	室内环境治理员	二级		√
144	室内环境治理员※	四级	√	√

续表

序号	职业（工种）名称	等级	理论知识题库	操作技能（专业能力）题库
145	室内装饰设计员	三级、二级	√	√
146	收银员	五级、四级、三级	√	√
147	手工木工	五级、四级、三级、二级	√	√
148	首饰设计师※	三级		√
149	数控机床装调维修工	四级、三级、二级、一级	√	√
150	数字视频（DV）策划制作师※	五级	√	√
151	数字视频合成师※	四级	√	√
152	水生哺乳动物驯养师	五级、四级、三级、二级、一级	√	√
153	饲料加工设备维修工	五级、四级、三级	√	√
154	速录师	五级、四级、三级	√	√
155	镗工	五级、四级、三级、二级、一级	√	√
156	糖果工艺师（充气糖果类/胶基糖果类/凝胶糖果类/巧克力与代脂巧克力及其制品类/乳脂糖果类/压片糖果类/硬质夹心糖果类/硬质糖果类）	三级	√	√
157	涂装工	五级、四级、三级、二级、一级	√	√
158	玩具设计师※	四级、三级	√	√
159	网络编辑员	四级、三级	√	√
160	网络课件设计师	四级、三级、二级	√	√

续表

序号	职业（工种）名称	等级	理论知识题库	操作技能（专业能力）题库
161	维修电工	五级、四级、三级、二级、一级	√	√
162	无线电调试工	五级、四级	√	√
163	无线电机械装校工	五级、四级、三级	√	√
164	无线电装接工	五级、四级、三级	√	√
165	物业管理员	四级、三级、二级	√	√
166	西式面点师	五级、四级、三级、二级、一级	√	√
167	西式烹调师	五级、四级、三级、二级、一级	√	√
168	洗衣师	五级、四级、三级、二级、一级	√	√
169	铣工（普通铣床）	五级、四级、三级、二级、一级	√	√
170	铣工（数控铣床）	四级、三级、二级、一级	√	√
171	信用管理师	三级	√	√
172	修脚师	五级、四级、三级、二级	√	√
173	眼镜定配工	五级、四级、三级、二级	√	√
174	眼镜验光员	五级、四级、三级、二级、一级	√	√
175	养老护理员	五级、四级、三级、二级	√	√
176	医药商品购销员	五级、四级、三级	√	√
177	音响调音员	五级、四级、三级、二级、一级	√	√
178	印前制作员	四级、三级、二级、一级	√	√

续表

序号	职业（工种）名称	等级	理论知识题库	操作技能（专业能力）题库
179	营销师	五级、四级、三级	√	√
180	营养配餐员	四级、三级、二级、一级	√	√
181	营业员	五级、四级、三级、二级	√	√
182	有害生物防制员	四级、三级	√	√
183	有色金属热处理工	五级、四级、三级、二级	√	√
184	育婴员	五级、四级、三级	√	√
185	照相器材维修工	五级、四级、三级、二级、一级	√	√
186	制冷工	五级、四级、三级、二级	√	√
187	制冷设备维修工	五级、四级、三级	√	√
188	制图员（机械/土建）	五级、四级、三级、二级	√	√
189	智能楼宇管理师	四级、三级、二级	√	√
190	中式面点师	五级、四级、三级、二级、一级	√	√
191	中式烹调师	五级、四级、三级、二级、一级	√	√
192	中式烹调师（维吾尔文）	五级、四级、三级、二级、一级	√	√
193	中央空调系统操作员	五级、四级、二级	√	√
194	中药调剂员	五级、四级、三级	√	
195	钟表维修工	五级、四级、三级	√	√
196	猪屠宰加工工	五级、四级、三级	√	√
197	铸造工	五级、四级、三级、二级、一级	√	√

续表

序号	职业（工种）名称	等级	理论知识题库	操作技能（专业能力）题库
198	装配钳工	五级、四级、三级、二级、一级	√	√
199	装饰美工	五级、四级、三级、二级、一级	√	√
200	装饰装修工-涂裱工	五级、四级、三级	√	√
201	装饰装修工-镶贴工	五级、四级、三级	√	√
202	足部按摩师	五级、四级、三级、二级	√	√
203	组合机床操作工	五级、四级、三级	√	√

备注：带※的职业未予统一配发，可申请使用。

关于院校学生申报参加职业技能评价有关问题的复函

人社职司便函〔2021〕50号

浙江省、广东省人力资源社会保障厅：

浙江省人力资源社会保障厅《关于要求调整技能人才评价申报条件的请示》（浙人社〔2021〕8号）和广东省人力资源社会保障厅《关于恳请支持我省调整技工院校（职业院校）在校学生职业技能等级认定申报条件的函》收悉。经研究，现函复如下：

一、技工院校学生或经评估论证的职业院校的学生，可在其毕业学年按培养层次分别申报参加相关职业中级工（四级）、高级工（三级）职业技能鉴定或职业技能等级认定。

二、技工院校预备技师班、技师班学生，取得高级工（三级）职业资格证书或职业技能等级证书2年后，可申报参加相关职业技师（二级）职业技能鉴定或职业技能等级认定；其毕业证书上明确体现预备技师班、技师班等信息。

工作中如遇到问题，请及时向我们反映。

人力资源社会保障部职业能力建设司
人力资源社会保障部职业技能鉴定中心
2021年9月7日

关于做好职业技能竞赛选手获取相应职业证书有关工作的补充通知

人社职司便函〔2021〕59号

各省、自治区、直辖市及新疆生产建设兵团人力资源社会保障厅（局），国务院有关部委、直属机构人事劳动保障工作机构，中央军委政治工作部兵员和文职人员局，有关行业组织、企业人事劳动保障工作机构：

为落实《关于做好职业技能竞赛选手获取相应职业证书有关工作的通知》（人社职司便函〔2021〕26号）要求，结合实际工作需要，进一步做好职业技能竞赛选手获取相应职业证书工作，现就有关事项补充通知如下。

一、对于参加世界技能大赛等国际赛事、中华人民共和国职业技能大赛、全国行业职业技能竞赛（国家一类职业技能大赛）和国家级专项职业技能赛事决赛阶段获奖选手，我部采取"一赛一授权"的方式，以相应职业技能竞赛组委会（办公室）名义、人力资源社会保障部职业技能鉴定中心代章形式颁发相应职业技能等级证书。

二、全国行业职业技能竞赛（国家二类职业技能竞赛）主办单位系经我部备案的职业技能等级评价机构的，可由其为决赛阶段获奖选手颁发相应职业技能等级证书；未经我部备案的，采取"一赛一授权"的方式，以相应职业技能竞赛组委会（办公室）名义、人力资源社会保障部职业技能鉴定中心代章形式，为决赛阶段获奖选手颁发相应职业技能等级证书。

三、各地主办的职业技能竞赛，其参赛选手取证问题由省级人力资源社会保障部门按照上述办法研究解决。

四、证书编码按照人社鉴发〔2019〕2号文件要求确定,其中第17位（即证书序列号第1位）使用大写英文字母J作为识别码。

工作中如遇到问题,请及时向我们反映。

附件:职业技能等级证书参考样式（竞赛）

人力资源社会保障部职业能力建设司

人力资源社会保障部职业技能鉴定中心

2021年9月18日

附件

职业技能等级证书参考样式（竞赛）

_____同志在_____职业技能竞（大）赛_____比赛项目中荣获_____（奖/名次），给予晋升_____（职业名称）_____（工种/职业方向）_____（职业技能等级）。

证 件 类 型：

证 件 号 码：

证 书 编 号：

证书信息查询网址：

机构信息查询网址：

×××组委会（办公室）

（×××代章）

年 月 日

关于印发《职业技能等级评价机构备案事项办理指南（试行）》和《技能人才评价违纪违规行为处理工作指引（试行）》的函

人社职司便函〔2021〕57号

各省、自治区、直辖市及新疆生产建设兵团人力资源社会保障厅（局），国务院有关部委、直属机构人事劳动保障工作机构，中央军委政治工作部兵员和文职人员局，有关行业组织、企业人事劳动保障工作机构：

为做好职业技能等级评价机构备案工作，规范技能人才评价违纪违规行为的认定与处理，加强对技能人才评价机构的服务保障和监督管理，建立健全技能人才评价工作机制，完善职业技能等级制度，我们制定了《职业技能等级评价机构备案事项办理指南（试行）》和《技能人才评价违纪违规行为处理工作指引（试行）》，现印发给你们。请结合实际，认真贯彻落实。

工作中有何意见建议，请及时与我们联系。

附件：1.《职业技能等级评价机构备案事项办理指南（试行）》
　　　2.《技能人才评价违纪违规行为处理工作指引（试行）》

人力资源社会保障部职业能力建设司
人力资源社会保障部职业技能鉴定中心
2021年12月23日

附件1

职业技能等级评价机构备案事项办理指南
（试行）

一、全国性用人单位①

（一）适用范围

本指南适用于全国性用人单位备案事项的申请和办理。

（二）办理依据

1.《人力资源社会保障部关于改革完善技能人才评价制度的意见》（人社部发〔2019〕90号）。

2.《人力资源社会保障部办公厅关于开展职业技能等级认定试点工作的通知》（人社厅发〔2018〕148号）。

3.《关于印发〈企业职业技能等级认定备案工作流程（试行）〉的通知》（人社鉴发〔2019〕3号）。

4.《关于征集第二批职业技能等级认定试点用人单位的通告》（中就培函〔2019〕66号）。

（三）受理机构

中国就业培训技术指导中心（以下简称指导中心）。

（四）决定机构

人力资源社会保障部。

（五）数量限制

无数量限制。

（六）申请条件

1. 国资委央企名录中的中央企业，或大型国有企业、民营企业等。

2. 技能人员为单位职工的重要组成部分。

3. 具有良好的技能人员培训和评价工作基础。

---

① 各地可参照本指南制定本地用人单位备案指南。

4. 以用为本,建立健全培训与使用相结合、评价与激励相联系的人才发展机制。

5. 自愿接受各级人力资源社会保障部门的监督。

(七)禁止性规定

无。

(八)申请材料(包含但不限于)

序号	提交材料名称	份数	提交形式
1	职业技能等级评价机构备案申请表	1	电子版
2	法人登记证书复印件	1	电子版
3	职业技能等级认定工作实施方案	1	电子版
4	职业技能等级认定备案企业分支机构表	1	电子版
5	企业技能人才队伍建设相关制度清单	1	电子版
6	职业技能等级认定职业(工种)和标准目录清单	1	电子版
7	职业技能等级认定职业(工种)培训大纲及教材清单	1	电子版
8	职业技能等级认定职业(工种)题库或卷库清单	1	电子版
9	职业技能等级认定主体职业(工种)评价的场地、设施、设备配置情况清单	1	电子版
10	职业技能等级认定考评人员名册	1	电子版
11	职业技能等级认定督导人员名册	1	电子版
12	职业技能等级认定评价队伍分布情况表	1	电子版
13	职业技能等级认定申报机构评价情况统计表	1	电子版
14	职业技能等级认定申报机构培训情况统计表	1	电子版

上述材料可通过电子核验途径获得结果的,鼓励电子核验。

(九)申请接收

申报平台网址:djsb.osta.org.cn。

(十)办理流程

1. 申请。申报机构在职业技能等级评价机构备案申报平台(djsb.osta.org.cn)提交备案相关材料。

2. 受理。指导中心受理全国性用人单位备案申请，对申报资料进行收集、整理、汇总和初步审核，并在10个工作日内通过电话方式告知申报机构申报资料是否符合要求或补正相关材料。

3. 技术评审。指导中心组织专家对申报机构是否具备条件开展职业技能等级认定工作进行技术评审，重点对人才队伍建设相关制度、职业（工种）范围、相应职业标准等进行技术评审。

4. 部级备案。通过技术评审的申报机构，由指导中心赋予机构备案码，并出具备案回执。

5. 省级备案。分支机构所在地人力资源社会保障部门根据部级备案回执，对分支机构进行技术评审并赋码、出具分支机构备案回执。

6. 网上公布。通过技能人才评价工作网（www.osta.org.cn）统一公布全国性用人单位及其分支机构、职业（工种）范围等。

（十一）办理时限

无。

（十二）备案结果

关于同意***（用人单位）开展职业技能等级认定工作备案的函。

（十三）收费依据及标准

不收费。

（十四）结果送达

备案同意后，通过电话方式告知服务对象，并通过邮寄等方式送达备案回执。

（十五）申报机构权利和义务

申报机构应当如实向受理机构提交有关材料，并对申报材料实质内容的真实性负责。

申报机构对办理事项享有陈述权、知情权。

（十六）咨询途径

1. 电话咨询（略）

2. 电子邮件咨询（略）

3. 信函咨询：中国就业培训技术指导中心，北京市朝阳区育慧路3号，邮政编码：100101，联系电话（略）。

（十七）监督投诉渠道

信函投诉：人力资源社会保障部，北京市东城区和平里中街12号，邮政编码：100716。

（十八）办公地址和时间

1. 办公地址：中国就业培训技术指导中心，北京市朝阳区育慧路3号。

2. 办公时间：工作日8：30—11：30，13：30—17：00。

（十九）公开查询

申报机构可拨打咨询电话查询实时办理状态和结果。

二、社会培训评价组织[①]

（一）适用范围

本指南适用于社会培训评价组织备案事项的申请和办理。

（二）办理依据

1.《人力资源社会保障部关于改革完善技能人才评价制度的意见》（人社部发〔2019〕90号）。

2.《关于印发〈职业技能等级认定工作规程（试行）〉的通知》（人社职司便函〔2020〕17号）。

3. 我部及各地人力资源社会保障部门发布的征集通告。

（三）受理机构

各地人力资源社会保障部门技能人才评价指导部门（以下简称评价指导部门）。

（四）数量限制

各地人力资源社会保障部门按照统筹规划、合理布局、严格条件、择优

---

① 职业资格实施部门（单位）和各省级人力资源社会保障部门根据《人力资源社会保障部关于实行职业技能考核鉴定机构备案管理的通知》（人社部发〔2019〕30号）要求，参照本指南，做好职业技能考核鉴定机构备案工作。

遴选、动态调整的原则，征集遴选社会培训评价组织。原则上，各辖区 1 个职业不超过 3 家社会培训评价组织。

（五）申请条件

1. 在中国境内依法登记的独立法人（如企业、院校、民营非企业、社会团体等），以人才培养培训服务为主要工作职责，具备登记或批准的培训或评价相关业务范围，具有规范的财务制度和管理制度，社会信用良好，无违法违规、失信等不良行为记录。

2. 在拟开展评价的职业领域具有广泛的影响力，在所申报职业（工种）方面有较丰富的考核评价资源和经验，培训评价规模达到一定人数、年限，具备相应的基础条件。

3. 有专门负责职业技能等级认定工作的机构、与评价工作相适应的专职工作人员、专家团队及相应的场地、设施设备（含视频监控设备），能为职业技能等级认定工作提供稳定的经费保障。

4. 具有完善的职业技能等级认定工作质量管控措施，把社会效益放在首位，不以营利为最终目的。

5. 自愿接受各级人力资源社会保障部门的监督。

（六）申报职业（工种）范围

现行《中华人民共和国职业分类大典》及我部后续发布的新职业中第三、四、五、六大类中的技能类职业（工种）〔涉及现行《国家职业资格目录》内的职业（工种）另行研究〕，且有相应的国家职业技能标准或经人力资源社会保障部备案公示的评价规范。

（七）禁止性规定

1. 政府及其所属部门（事业单位、未与政府部门脱钩的社会团体）不能申报。

2. 有以下情形之一者不能申报：（1）申请机构及法定代表人在培训评价领域有违法违规及失信行为（如有）；（2）社会团体、民营非企业等 3 年内民政部门年审不合格；（3）社会团体、民营非企业在民政部门非法社会组织名单内；(4) 企业 3 年内在市场监管部门公布的企业经营异常目录内；(5) 机构在人才评价领域有不良记录。

(八) 申请材料 (包含但不限于)

序号	提交材料名称
1	社会培训评价组织基本情况表
2	法人登记证书复印件或统一社会信用信息代码
3	职业技能等级认定工作实施方案及质量管控措施
4	专家等专业人员技能水平证明或相关承诺书
5	场地设施设备等资产有效证明文件或相关承诺书
6	信用报告或诚信承诺书

以上材料可通过电子核验途径获得结果的，鼓励电子核验。

(九) 申请接收

各地人力资源社会保障部门评价指导部门。

(十) 办理流程

1. 申请。申报机构联系各地评价指导部门提交备案相关材料。

2. 受理。评价指导部门对申报资料进行收集、整理、汇总和初步审核，确认申报资料是否符合要求。

3. 评估。评价指导部门对申报机构是否具备条件开展职业技能等级认定工作进行评估，重点对机构性质、职业（工种）范围、相应的国家职业技能标准或经人力资源社会保障部备案公示的评价规范、实施条件及能力等进行核验评估。

4. 公示。评价指导部门按规定对拟备案社会培训评价组织名单向社会公示、征求意见。

5. 备案。评价指导部门对符合要求的申报机构出具备案回执。

6. 网上公布。通过技能人才评价工作网（www.osta.org.cn）统一公布社会培训评价组织。

（十一）申报机构权利和义务

申报机构应当如实向受理机构提交有关材料，并对申报材料实质内容的真实性负责。申报材料如有不真实的，经查实后取消备案资质。

申报机构对办理事项享有陈述权、知情权。

（十二）咨询途径

各地人力资源社会保障部门评价指导部门。

（十三）监督投诉渠道

各地人力资源社会保障部门。

附件 2

技能人才评价违纪违规行为处理工作指引
（试行）

第一章 总 则

第一条 为规范技能人才评价违纪违规行为的认定与处理，维护技能人才评价的公平、公正，保障参评人员、工作人员及评价机构的合法权益，根据《中华人民共和国劳动法》和《劳动保障监察条例》（国务院令第423号）等有关法律法规，结合工作实际，制定本指引。

第二条 技能人才评价违纪违规行为（以下简称违纪违规行为）的认定与处理适用本指引。法律、行政法规和部门规章另有规定的，从其规定。

本指引所称技能人才评价包括技能人员职业资格评价、职业技能等级认定、专项职业能力考核等。

第三条 坚持合法依规、客观公正、科学规范、惩教结合的原则对违纪违规行为进行认定与处理。

第四条 人力资源社会保障部职业能力建设司负责全国技能人才评价工作的统筹规划、综合管理和监督检查；中国就业培训技术指导中心（人力资源社会保障部职业技能鉴定中心）负责全国技能人才评价质量监管的组织实施和技术支持服务。

各省级人力资源社会保障部门负责属地技能人才评价工作的监督检查与处理。

行业部门人事劳动保障工作机构负责本行业领域技能人才评价工作的监督检查与处理。

评价机构依据本指引对参评人员、工作人员在评价过程中的违纪违规行为进行认定与处理。

第二章　参评人员违纪违规行为的认定与处理

第五条　参评人员有下列行为之一的,取消其当次该科目的评价成绩。

(一)携带禁携物品(包括与评价内容相关的书籍、资料、电子产品、通讯设备以及规定以外的工具等)进入座位(或考位)或未将禁携物品放在指定位置,经提醒拒不改正的;

(二)未在规定的座位(或考位)参加评价,或未经工作人员允许擅自离开座位(或考位),经提醒拒不改正的;

(三)在考场(或考区)禁止的范围内,喧哗、吸烟或实施其他影响考场秩序的行为,经提醒拒不改正的;

(四)其他违反考场规则但尚未构成作弊的行为。

第六条　参评人员有下列行为之一的,取消其当次全部科目评价成绩,且当年不得参加评价。

(一)在评价过程中使用规定以外的带拍照、存储、传输或通讯功能的电子设备(如相机、手机、耳机、U盘、手提电脑、智能手表、智能手环等)或其他电子用品的;

(二)抄袭或协助他人抄袭试题答案或与评价内容相关资料等的;

(三)故意损毁试卷、工件或考试材料的;

(四)擅自将试题、答卷或者有关内容带出考场的;

(五)存在其他作弊但对其他应试人员未造成严重干扰的行为。

第七条　参评人员有下列行为之一的,取消其当次全部科目评价成绩。情节轻微的,2年内不得参加评价;情节严重的,5年内不得参加评价,并依据有关法律法规移送有关部门。

(一)通过虚假承诺、提供虚假材料以及其他非正当手段取得参加评价资格的;

(二)评价前以非正当手段获得试题或答案或进行传播的;

(三)抢夺、窃取他人试卷或胁迫他人配合作弊、偷换工量器具或工件等的；

（四）由他人冒名顶替参加评价或替他人参加评价的；

（五）串通作弊或参与有组织作弊的；

（六）故意损毁评价设备（含视频监控系统）、材料，造成设备事故、人身伤害或设备主要零部件损坏的；

（七）其他影响恶劣或严重扰乱评价管理秩序的行为。

第八条 评价活动结束后，发现参评人员违纪违规行为并经确认的，依照本指引第五、六、七条的规定处理，对其中已颁发证书的，由评价机构或评价机构监管部门宣布评价成绩无效，并对已发放证书、已上网证书数据及时作出相应处理。

第三章 工作人员违纪违规行为的认定与处理

第九条 考务管理人员有下列行为之一的，取消其当年参加评价工作的资格，由评价机构按有关规定作出相应处理。

（一）对参评人员资格审查不严的；

（二）不按规定按时领取、分发和收回试卷或相关材料的；

（三）未认真履行职责，造成所负责考场出现秩序混乱，或对考场内作弊现象等违纪违规行为不及时制止或上报，或参与违规组织考试的；

（四）在证书管理工作中存在弄虚作假、徇私舞弊等的；

（五）其他违反考务管理、证书管理、工作人员有关规定的行为。

第十条 考评人员有下列行为之一的，由考评人员证书颁发部门吊销其考评人员证书，由评价机构按有关规定作出相应处理。

（一）在阅卷评分、评审或面试过程中，未按照参考答案或评分标准进行阅卷评分、评审，或因失职造成阅评结果出现重大错误的；

（二）盗窃、损毁、偷换、违规涂改参评人员答卷（或工件）、评价成绩、参评人员信息材料、考场原始记录及其他有关材料，或在上述材料中弄虚作假的；

（三）非法出售、提供试题、答案的行为。

第十一条 质量督导员违反考务管理、督导工作管理等有关规定，造成不良影响的，由评价机构或评价机构监管部门按有关规定作出相应处理。

第四章 评价机构违纪违规行为的认定与处理

第十二条 评价机构有下列行为之一的，由评价机构监管部门对其主要负责人进行约谈，听取其陈述事实或承诺，提醒其规范操作，视情况宣布当次评价颁发证书或评价成绩部分或全部无效。

（一）对参评人员的参评资格审核不严，未执行职业技能标准或评价规范及有关制度规定，情节轻微的；

（二）评价组织管理松懈，或未严格按规定提供考场和配备工作人员确保对同批次考生采用相同考核评价方式并使其处于同等考核评价环境进行考核评价，或阅卷管理不规范、评分标准不统一，或其他违反考务管理、证书管理等有关规定，情节轻微的；

（三）技能人才评价档案材料保存不完整、管理不规范的；

（四）对评价活动未安排质量督导或不符合质量督导工作规程相关规定，情节轻微的行为。

第十三条 评价机构有下列行为之一的，由评价机构监管部门予以警告、限期整改，并在限期整改期间暂停其评价活动，视情况将其列入诚信不良档案，并向社会公布。

（一）第十二条所列情况，情节严重的；

（二）未严格按照规定区域和地点组织开展评价的；

（三）一年内无正当理由不开展评价活动的；

（四）评价机构利用广告或其他方法，进行评价"包过""保过"等虚假宣传的；

（五）对监督检查中发现或其他渠道反映的违规问题未按期完成整改的；

（六）评价机构因涉嫌违纪违规问题正在调查核实的；

（七）被投诉举报并经核实的行为。

第十四条 评价机构有下列行为之一的，评价机构监管部门予以终止备案。对涉及的相关证书及数据等及时作出相应处理。

（一）备案申请中故意提供虚假承诺、虚假资料的；

（二）严重超出备案范围开展评价工作的；

（三）为参评人员或协助参评人员伪造申报资料或证件，或纵容参评人员违规报名的；

（四）考场秩序混乱，有组织舞弊的；

（五）证书数据造假的；

（六）已被警告，整改后再次违反本指引第十三条规定的；

（七）一年（含）以上不开展评价工作的；

（八）其他不履行工作承诺，造成严重不良社会影响并经核实确认的行为。

第十五条 评价机构超范围上传证书数据、上传证书数据有错误的，撤销其上传的违规证书数据，并视情节给予警告、暂停评价活动直至终止备案的处理。

评价机构、评价机构监管部门均应建立数据安全、准确、完整保障机制，发生超范围读取证书数据、泄露个人隐私、利用证书数据等提供有偿服务等行为的，评价机构、评价机构监管部门应立即查清情况，对造成上述问题的相关机构、人员，立即取消其证书数据读取权限，并责令其删除已读取的证书数据，并依据相关规定进行处罚，对违反法律法规的，移交相关部门处理。

第五章 违纪违规行为的处理程序

第十六条 参评人员涉及本指引所列违纪违规行为的，经 2 名（含）以上工作人员签字报考场负责人确认，评价机构按程序认定后，依据本指引有关条款进行处理。

相关工作人员涉及本指引所列违纪违规行为的，评价机构、评价机构监管部门依据本指引有关条款进行处理，评价机构应同时向评价机构监管部门报备处理情况。

评价机构涉及本指引所列违纪违规行为的，评价机构监管部门经认定后，依据本指引有关条款进行处理。

第十七条 对评价机构和参评人员、相关工作人员违纪违规行为作出处理决定前，应当告知评价机构和相关人员拟作出的处理决定及相关事实、理由和依据。

对评价机构和参评人员、工作人员违纪违规行为作出处理决定的，分别由评价机构或评价机构监管部门作出违纪违规行为处理决定，并以书面形式送达相关机构或人员，或按有关规定进行公告。

第十八条 对已由其他机关处理的评价机构和相关个人，评价机构监管部门以相关处理结论为依据，作出相应处理。

第十九条 对处理决定存在异议的机构或个人，可以向作出处理决定的评价机构或评价机构监管部门进行陈述和申辩。经复核后，评价机构或评价机构监管部门作出复核决定。

第二十条 评价机构和评价机构监管部门应当建立违纪违规行为处理档案，记录、保存违纪违规行为的处理决定等。

第六章 附 则

第二十一条 本指引所称评价机构监管部门是指各级人力资源社会保障部门、有关行业部门人事劳动保障工作机构。

本指引所称评价机构是指经人力资源社会保障部门备案的组织实施技能人员职业资格评价、职业技能等级认定、专项职业能力考核等的机构。

本指引所称工作人员是指参与技能人才评价工作的考务管理人员、考评人员、质量督导人员等。

本指引所称参评人员是指依据相关规定报名参加技能人员职业资格评

价、职业技能等级认定、专项职业能力考核等评价的人员。

第二十二条 各省级人力资源社会保障部门、各行业部门可根据本地区、本行业部门实际情况制定实施细则。

第二十三条 本指引由人力资源社会保障部职业能力建设司、中国就业培训技术指导中心（人力资源社会保障部职业技能鉴定中心）负责解释。

第二十四条 本指引自印发之日起施行。

关于印发《职业技能等级证书数据工作指南》的通知

中就培发〔2022〕1号

各省、自治区、直辖市及新疆生产建设兵团人力资源社会保障厅（局）职业技能鉴定（指导）中心，有关单位：

为进一步完善职业技能等级制度，规范职业技能等级认定工作，加强职业技能等级证书数据管理，根据《中华人民共和国数据安全法》《人力资源社会保障部关于改革完善技能人才评价制度的意见》（人社部发〔2019〕90号）等有关要求，经商人力资源社会保障部职业能力建设司，我们制定了《职业技能等级证书数据工作指南》，现印发给你们，请参照执行。

附件：《职业技能等级证书数据工作指南》

中国就业培训技术指导中心
2022年1月26日

人力资源社会保障部职业能力建设司、中国就业培训技术指导中心（人力资源社会保障部职业技能鉴定中心）文件

附件

职业技能等级证书数据工作指南

第一章 总 则

第一条 为进一步规范职业技能等级认定工作，加强职业技能等级证书数据管理，确保证书数据真实、规范，根据《中华人民共和国数据安全法》《人力资源社会保障部关于改革完善技能人才评价制度的意见》（人社部发〔2019〕90号）等有关要求，制定本办法。

第二条 本办法适用于人力资源社会保障部门及经其备案的职业技能等级评价机构（以下简称评价机构）进行的职业技能等级证书数据（以下简称证书数据）生成、存储、传输、处理等相关活动。

第三条 职业技能等级证书数据由人力资源社会保障部门按照"统一标准、分级负责、保障安全、信息共享"的原则进行统筹、规划和管理。

第四条 人力资源社会保障部负责建设、管理和维护职业技能等级证书全国联网查询系统，负责接收省级人力资源社会保障部门上传的证书数据，并通过职业技能等级证书全国联网查询系统向社会提供证书数据查询服务。

第五条 省级人力资源社会保障部门负责本地区证书数据管理，接收经本地区人力资源社会保障部门备案的评价机构生成的证书数据，归集后进行真实性、合规性审核，上传中国就业培训技术指导中心（以下简称部中心）。有条件地区可建立省级证书数据管理系统。

第六条 按照"谁评价、谁发证、谁负责"的原则，评价机构负责本机构的证书数据管理，对其产生的证书数据真实性、合规性等负主体责任，并及时将证书数据上报属地人力资源社会保障部门。

第二章 证书数据上传

第七条 证书数据应包含下列字段：持证人姓名、证件类型、证件号

码、职业名称、工种职业方向名称、职业技能等级、证书编号、发证日期、发证机构名称等。如遇证书样式改版变动，相关数据从其规定。

第八条 证书数据执行统一的技术标准，评价机构应严格按照标准生成证书数据，上传属地人力资源社会保障部门。

第九条 省级人力资源社会保障部门应当对证书数据进行审核，确保证书数据真实，符合相关技术要求，职业（工种）及等级应当在评价机构备案的评价范围内。有条件的省级人力资源社会保障部门，可采用系统与人工相结合的方式对证书数据进行审核。

第十条 评价机构应当自发证日期起30个工作日内上传证书数据，省级人力资源社会保障部门应当自接收证书数据起30个工作日内完成审核并上传部中心，部中心应当在15个工作日内实现合规证书数据网上查询。

第十一条 对未通过省级人力资源社会保障部门或部中心审核退回的证书数据，评价机构应在20个工作日内进行更正，并重新上报。

第十二条 未按规定上传证书数据，造成逾期的，须书面说明原因。自发证日期起逾期超过6个月的，原则上不予受理。

第三章 证书数据管理

第十三条 任何个人和机构不得擅自向职业技能等级证书全国联网查询系统上传证书数据，不得擅自更改或删除系统中的证书数据。传输、审核、修改、删除等数据操作应全过程可追溯、可倒查。

第十四条 职业技能等级证书全国联网查询系统中的证书数据需更正时，评价机构应当书面说明更改原因，经省级人力资源社会保障部门确认后，报部中心更正。证书数据中的姓名和证件号码，原则上只能更改其中的一项。

第十五条 职业技能等级证书全国联网查询系统中的证书数据需删除时，原则上应当在取消持证人已享受与证书挂钩的相关待遇后，由省级人力资源社会保障部门提出删除申请，并说明删除原因，报部中心删除数据。证书数据仅可逻辑删除，不可物理删除。

第十六条 不再开展职业技能等级认定的评价机构,应当继续承担证书数据的复核、更正、撤销等维护职责;对评价机构主体灭失的,由属地人力资源社会保障部门会同有关方面做好证书数据的维护工作。

第十七条 人力资源社会保障部门利用大数据等信息技术,对证书数据进行筛查预警,暂停可疑证书数据查询服务,省级人力资源社会保障部门负责复核处理。

第四章 证书数据查询及共享

第十八条 证书数据中的持证人姓名、证件号码等属于个人隐私信息,任何机构不得擅自对外公开。

第十九条 持证人及所在单位、评价机构和政府部门根据工作需要,可在职业技能等级证书查询系统或省级人力资源社会保障部门建设的查询平台中查询证书数据;其他个人和机构不得擅自查询他人证书数据。

第二十条 查询证书数据时,应提供证书编码、持证人姓名和证件号码中的两项进行查询。

第二十一条 证书数据属于公共数据,各级人力资源社会保障部门依据法律法规向相关机构共享管理权限内数据,用于提供政府公共决策支持、技能人才队伍建设等公共服务,任何机构不得将证书数据用于商业用途。

第二十二条 需要共享证书数据的相关机构,需提出书面申请,人力资源社会保障部门根据用途、使用场景、使用期限等确定是否共享,并做好单向隔离、权限控制、流量监控等信息安全防护工作。

第五章 证书数据安全防护

第二十三条 人力资源社会保障部门应当加强职业技能等级证书全国联网查询系统的安全防护,确保系统的安全性;应当采用数据加密、防火墙等网络安全技术,满足国家网络安全等级保护相关技术要求,定期对证书数据进行备份;服务器及存储设备应当专机专用,无关人员不得接触或操作。

第二十四条 人力资源社会保障部门和评价机构应当指定专人负责证书数据的生成、审核、上传等工作，签订《诚信承诺书》，依规使用证书数据交换平台账号、数字安全证书和登录密码。

第二十五条 人力资源社会保障部门和评价机构应当建立数字安全证书及登录密码管理制度，采用高强度的密码设置并定期更换，数字安全证书和登录密码不得向他人出借或泄露，丢失或损坏的应当及时申请补办或更换。

第六章 附 则

第二十六条 各级人力资源社会保障部门、评价机构、证书数据共享机构及其相关工作人员在证书数据相关工作中出现违纪违规的，依据《技能人才评价违纪违规行为处理工作指引》进行处罚，对涉嫌违法违规的，移送相关部门处理。

第二十七条 通过各类竞赛核发的证书数据管理按照有关文件执行。

第二十八条 省级人力资源社会保障部门可按照本办法制定实施细则。

第二十九条 本办法由人力资源社会保障部职业能力建设司与中国就业培训技术指导中心共同负责解释。

第三十条 本办法自颁布之日起施行。

关于开展技能人才评价要情报告工作的通知

人社职司便函〔2022〕11号

各省、自治区、直辖市及新疆生产建设兵团人力资源社会保障厅（局），国务院有关部委、直属机构人事劳动保障工作机构，有关评价机构：

为提高技能人才评价工作风险防控和治理能力，完善技能人才评价质量监督管理工作机制，推动技能人才评价工作持续健康发展，请及时发现并报告工作中出现的重要情况和问题。现就有关事项通知如下。

一、报告范围

技能人才评价工作中出现以下重要、重大情况（以下简称要情），用人单位、社会培训评价组织、职业技能鉴定所站（以下统称评价机构）要及时向所在地同意其备案的人力资源社会保障部门报告，逐级报告至我部职业能力建设司，并抄报中国就业培训技术指导中心。

（一）评价机构在评价范围、参评人员资格审核、考评过程管理、评价宣传等方面存在严重不规范行为，被多次（三次及以上）举报或导致群体性事件的。

（二）经技能人才评价质量督导或群众举报问题核查，评价服务质量存在较严重问题的。

（三）评价机构上传证书数据存在批量异常的。

（四）引发有关方面关注，经人力资源社会保障部或省级人力资源社会保障部门函询或转办的。

（五）涉及技能人才评价领域相关问题，经纪检监察、人民法院、人民检察院、公安、民政、司法、审计、市场监管等部门（机构）作出处理的。

（六）涉及技能人才评价领域相关情况引发媒体负面报道或出现负面网络舆情的。

（七）应报告的其他事项。

二、有关要求

要情一经发生发现，技能人才评价工作监管部门、评价机构应第一时间报告，报告内容包括但不限于：情况摘要，发生发现时间、地点、方式，涉及相关单位、人员，处置情况，原因分析，整改措施，其他需报告或说明的相关情况及联系人信息等。

一般要情应在发生发现后24小时内报告；突发群体性事件或负面网络舆情等重大要情应立刻报告，可先口头报告，随后行文报送情况。技能人才评价工作监管部门、评价机构应确保上报信息的准确性，要情报告由机构主要负责人审核签字并加盖单位公章。

三、工作机制

各地、各有关部门和单位应抓紧建立技能人才评价要情报告工作机制，完善评价工作预警和处罚措施。

技能人才评价工作监管部门要切实加强要情发现、处置等情况的跟踪和督办，发生要情的机构应做好处置及后续相关工作。对于出现拖延误报、隐瞒不报、漏报谎报的，特别是已由媒体曝光、群众举报，或已由有关机构立案调查而不报告或未及时报告的（除有关规定外），监管部门或其上级部门应对相关机构进行约谈提醒、督促整改等。人力资源社会保障部门根据有关规定，结合实际情况，采取暂停证书数据上传、中止或终止机构备案等处理。同时，要建立要情台账，选择要情报告中的典型案例及追责问责情况，开展警示教育，在一定范围内通报等。

四、联系方式（略）

人力资源社会保障部职业能力建设司
中国就业培训技术指导中心
2022 年 3 月 10 日

关于焊工职业技能评价有关问题的复函

中就培函〔2022〕50号

广西壮族自治区职业技能鉴定中心：

《关于对焊工职业资格评价实施有关事项的请示》收悉。经研究，现函复如下。

为满足技能人才评价需求，保证技能人才评价工作的连续性，同意你们对焊工进行职业技能等级备案，指导评价机构按照该职业国家职业技能标准，规范开展职业技能等级认定工作。

工作中如遇到问题，请及时和我们联系。

中国就业培训技术指导中心
2022年8月5日

关于做好职业技能竞赛选手获取相应职业技能等级证书编码和证书数据上传有关工作的通知

人社职司便函〔2022〕46号

各省、自治区、直辖市及新疆生产建设兵团人力资源社会保障厅（局），国务院有关部委、直属机构人事劳动保障工作机构，中央军委政治工作部兵员和文职人员局，有关行业组织、企业人事劳动保障工作机构：

根据《关于做好职业技能竞赛选手获取相应职业证书有关工作的通知》（人社职司便函〔2021〕26号）和《关于做好职业技能竞赛选手获取相应职业证书有关工作的补充通知》（人社职司便函〔2021〕59号）精神，为进一步做好职业技能竞赛选手获取相应职业技能等级证书编码和证书数据上传等有关工作，现就有关事项通知如下。

一、证书编码规则

（一）世界技能大赛等国际赛事、中华人民共和国职业技能大赛、全国性职业技能专项赛及全国行业职业技能竞赛主办单位不是经我部备案的职业技能等级评价机构的，由竞赛主办单位以相应职业技能竞赛组委会（办公室）名义、人力资源社会保障部职业技能鉴定中心代章形式为决赛阶段选手颁发相应职业技能等级证书，证书按照《全国性职业技能竞赛颁发职业技能等级证书编码规则》（附件1）进行编码。

（二）全国行业职业技能竞赛主办单位系经我部备案的职业技能等级评

价机构，且其在各省（自治区、直辖市）的分支机构已完成属地备案的，由竞赛主办单位为决赛阶段获奖选手颁发相应职业技能等级证书，证书按照《关于印发〈职业技能等级证书编码规则（试行）〉及〈职业技能等级证书参考样式〉的通知》（人社鉴发〔2019〕2号）要求进行编码。其中，第1位为评价机构类别代码，第2~5位为评价机构代码，使用其备案评价机构编码；第6~7位为评价机构（站点）所在地省级代码，使用选手代表队省级代码（未以省份为单位组队的，为选手所在单位省级代码；未以省份为单位组队，选手为自由职业者，为选手户籍省级代码）；第8~13位为评价机构（站点）序列码；第17位（即证书序列码第1位）使用大写英文字母J作为识别码；其他部分由主办单位按规定赋码。

（三）全国行业职业技能竞赛主办单位系经我部备案的职业技能等级评价机构，但其在各省（自治区、直辖市）的分支机构尚未完成属地备案的，由竞赛主办单位为决赛阶段获奖选手颁发相应职业技能等级证书，证书暂按照《全国性职业技能竞赛颁发职业技能等级证书编码规则》进行编码，待其各省（自治区、直辖市）的分支机构完成属地备案后，按照本条第二款方式进行编码。

（四）省级及以下职业技能竞赛获奖选手职业技能等级证书编码规则，由省级人力资源社会保障部门参照上述有关规定并结合各地实际制定。

二、证书数据上传要求

（一）职业技能等级证书数据需上传至技能人才评价工作网（http://osta.mohrss.gov.cn/）。上传数据字段包括姓名、证件类型、证件号码、所在单位、职业名称、工种/职业方向、职业技能等级、证书编号、发证日期、评价机构、发证机构等。职业技能等级证书数据采集标准见附件2。

（二）竞赛主办单位按照全国性职业技能竞赛证书编码规则生成的职业技能等级证书数据，经有关单位（部门）核准后由中国就业培训技术指导中心上传。其中，世界技能大赛等国际赛事、中华人民共和国职业技能大赛、全国性职业技能专项赛和全国行业职业技能竞赛一类职业技能大赛，其选手的职业技能等级证书数据，由发证单位核准后报送至人力资源社会保障部职业能力建设司复核（电子版、纸质版须加盖公章）；全国行业职业技能竞赛二类职业技能竞赛，其选手职业技能等级证书数据，由第一主办单位核准后报送至中国就业培训技术指导中心复核（电子版、纸质版须加盖公章）。

（三）竞赛主办单位使用其备案评价机构编码颁发的职业技能等级证书，证书数据由省级人力资源社会保障部门按照相关规定上传。

（四）省级及以下职业技能竞赛获奖选手职业技能等级证书数据上传工作，由省级人力资源社会保障部门参照上述有关规定并结合各地实际研究解决。

三、其他事项

（一）竞赛主办单位系经我部备案的职业技能等级评价机构，其为选手颁发的职业技能等级证书，不受其备案的职业（工种）限制，但必须为《国家职业分类大典》三、四、五、六大类中的技能类职业（工种）且有相应职业技能标准或人力资源社会保障部发布的技能类新职业（工种）且有相应职业技能标准。

（二）竞赛主办单位以相应职业技能竞赛组委会（办公室）名义（全国行业职业技能竞赛二类职业技能竞赛以第一主办单位代章）、人力资源社会保障部职业技能鉴定中心代章形式颁发职业技能等级证书，发证机构不纳入职业技能等级评价机构统计范围，颁发的职业技能等级证书纳入技能人才统计范围。

四、联系单位及联系方式（部分略）

（一）人力资源社会保障部职业能力建设司

电子邮箱：WSC_msc@126.com。

（二）中国就业培训技术指导中心

电子邮箱：jingsaichu2020@163.com。

附件：1. 全国性职业技能竞赛颁发职业技能等级证书编码规则
   2. 职业技能等级证书数据采集标准表

人力资源社会保障部职业能力建设司

中国就业培训技术指导中心

2022 年 8 月 25 日

附件 1

全国性职业技能竞赛颁发职业技能等级证书编码规则

一、证书编码结构

全国性职业技能竞赛颁发职业技能等级证书编码由大写英文字母和阿拉伯数字组成,主要包括7个部分:1.证书类别代码;2.竞赛发证代码;3.选手代表队省级代码;4.固定取值代码;5.竞赛举办年份代码;6.职业技能等级代码;7.证书序列码。其中,第1~2部分由人力资源社会保障部门赋码,第3~7部分由竞赛主办单位确定。具体形式见表1。

表1 全国性职业技能竞赛颁发职业技能等级证书编码构成

序号	1	2	3	4	5	6	7	8	9	10	11	12	13	14	15	16	17	18	19	20	21	22
说明	S	竞赛发证代码				选手代表队省级代码		0	0	0	0	0	0	竞赛举办年份代码		职业技能等级代码	J	证书序列码				
来源	人力资源社会保障部确定					竞赛主办单位确定																

二、代码及释义

(一)第1位:证书类别代码。竞赛颁发职业技能等级证书类别代码固定使用大写英文字母S。

(二)第2~5位:竞赛发证代码。全国性职业技能竞赛,由人力资源社会保障部赋码,代码使用阿拉伯数字,取值范围为9001~9998。其中,世界技能大赛固定取值9999;中华人民共和国职业技能大赛固定取值9000;国家级专项职业技能赛事从9001~9099依次顺序取值;全国行业职业技能竞赛一类职业技能大赛从9101~9199依次顺序取值,具体由职业能力建设司确定;全国行业职业技能竞赛二类职业技能竞赛从9201~9299依次顺序取值,具体由中国就业培训技术指导中心确定。

（三）第6~7位：选手代表队省级代码（未以省份为单位组队的，为选手所在单位省级代码；未以省份为单位组队，选手为自由职业者，为选手户籍省级代码）。此处取值同人社鉴发〔2019〕2号文件中的省级代码表。

（四）第8~13位：此处固定取值000000。

（五）第14~15位：竞赛举办年份代码。竞赛举办年份代码使用阿拉伯数字表示，取公元纪年后两位。例如：21表示竞赛举办时间为2021年。

（六）第16位：职业技能等级代码。此处取值同人社鉴发〔2019〕2号文件中的职业技能等级代码。

（七）第17~22位：证书序列码。证书序列码第1位固定使用大写英文字母J作为识别码，其他5位使用阿拉伯数字表示，从00001~99999依次顺序取值。

三、示例

（一）示例1

证书编码：S 9999 44 000000 19 1 J00001

编码释义：此编码表示该职业技能等级证书为2019年举办的世界技能大赛向获奖选手颁发的第一本高级技师职业技能等级证书，该选手为广东选派。第1位固定使用S；第2~5位表示该竞赛为世界技能大赛；第6~7位表示该选手为广东代表队选手；第8~13位无信息含义；第14~15位表示该选手参加竞赛的年份是2019年；第16位表示该证书职业技能等级为一级；第17位表示该证书为职业技能竞赛获奖选手颁发的职业技能等级证书；第18~22位表示该证书序列码为00001。

（二）示例2

证书编码：S 9101 11 000000 21 1 J00001

编码释义：此编码表示该职业技能等级证书为2021年举办的全国工业和信息化技术技能大赛向获奖选手颁发的第一本高级技师职业技能等级证书，该选手来自北京。第1位固定使用S；第2~5位表示人力资源社会保障部为该竞赛赋予的代码为9101；第6~7位表示该选手来自北京；

第 8~13 位无信息含义；第 14~15 位表示该选手参加竞赛的年份是 2021 年；第 16 位表示该证书职业技能等级为一级；第 17 位表示该证书为职业技能竞赛获奖选手颁发的职业技能等级证书；第 18~22 位表示该证书序列码为 00001。

附件 2

职业技能等级证书数据采集标准表

字段名	字段类型	最大长度	填写举例	是否必填	备注
姓名	字符型	40个字符	刘×	是	
证件类型	字符型	100个字符	201或居民身份证	是	201=居民身份证；227=中国护照；210=港澳居民来往内地通行证；237=港澳居民居住证；213=台湾居民来往大陆通行证；238=台湾居民居住证；208=外国护照；233=外国人永久居留身份证；239=《中华人民共和国外国人工作许可证》（A类）、240=《中华人民共和国外国人工作许可证》（B类）、241=《中华人民共和国外国人工作许可证》（C类）、299=其他个人证件
证件号码	字符型	18个字符	110×××1977122×××3X	是	
所在单位	字符型	100个字符		否	所在单位全称
职业名称	字符型	80个字符	汽车维修工	是	
工种/职业方向	字符型	60个字符	汽车机械维修工	是	不含"工种/职业方向"的，"工种职业方向"填写"—"，不得为空

续表

字段名	字段类型	最大长度	填写举例	是否必填	备注
职业技能等级	字符型	10个字符	2或二级或技师	是	1=一级或高级技师 2=二级或技师 3=三级或高级工 4=四级或中级工 5=五级或初级工
证书编号	字符型	22个字符	Y000××××××××××××××1	是	
发证日期	字符型	10个字符	2019-05-11	是	2019年5月11日 即YYYY-MM-DD格式
评价机构	字符型	100个字符	全国乡村振兴职业技能大赛组委会办公室	是	证书上的评价机构
发证机构	字符型	100个字符	全国乡村振兴职业技能大赛组委会办公室（人力资源社会保障部职业技能鉴定中心代章）	是	证书上的发证机关（印）

文件格式要求：Excel、CSV。

关于开展首批全国性社会培训评价组织备案期满阶段性总结工作的通知

中就培函〔2022〕42号

各省、自治区、直辖市及新疆生产建设兵团人力资源社会保障厅（局）职业技能鉴定（指导）中心，有关机构：

为做好职业技能等级认定工作，根据征集遴选的情况，2020年1月受部委托，中国就业培训技术指导中心（以下简称部指导中心）对职业技能等级认定试点的首批全国性社会培训评价组织（以下简称社评组织）实行备案管理，备案期3年，备案即将到期。为做好社评组织动态管理工作，我们将对首批全国性社评组织开展备案期满阶段性总结工作，现就相关事项通知如下。

一、总结的对象

我部备案的首批11家全国性社评组织（备案号S0001-S0011）。

二、总结的方式

以社评组织总结、所在地省级人社部门意见反馈、部聘专家论证、第三方机构测评四方面为主，采取线上线下相结合，所在地省级人社部门意见与专家论证、第三方机构测评相结合，定性总结与定量总结相结合的方式进行。

三、总结的内容

（一）主体资质。主要包括社评组织主体存续情况（含分支机构）、资信情况、信用相关情况、机构管理制度及职业技能等级认定相关制度制定以及实施情况、机构未来 3 年规划与相关可行性分析等。

（二）**认定开展情况**。包括备案 3 年期间的认定规模、认定实施、质量管理、组织保障、信息化管理、档案管理、申诉处理等工作开展情况。

（三）**认定体系建设**。包括认定资源开发（牵头或参与国家职业标准、培训教材编写）、相关职业自有专家情况、题库建设与题库质量、考评员及督导员队伍建设情况、认定年容量。

（四）**市场推广与品牌影响**。包括学员评价、认定效果、品牌知晓度、市场推广合规性、收费公示、投诉举报等。

四、总结的流程

（一）**续期申请**。社评组织 2023 年 1 月 10 日前向部指导中心提出备案续期申请。

（二）**机构总结**。社评组织按要求进行总结，2023 年 1 月 10 日前向部指导中心提交总结材料。

（三）**市场调查**。2023 年 1 月 1 日前我部将启动第三方调查机构测评工作。

（四）**省级人社部门意见反馈**。全国性社评组织的分支机构 2023 年 1 月 10 日前向所在地省级人社部门提交《全国性社会培训评价组织基本情况表》（附件 1），省级人社部门结合对该机构日常评价活动监管情况，2023 年 1 月 15 日前反馈部指导中心。

（五）**综合论证**。结合社评组织总结材料、分支机构所在地人社部门意见、第三方调查机构测评数据等情况，部里将组织相关专家及人员进行综合论证。

（六）**备案续期结果公布**。根据总结情况，对认定规模较小的暂缓跨省备案；对技能等级认定质量不高、社会反响不好的进行约谈、限时整改，未在期限内完成整改的，暂缓续期备案；对存在违规违纪、举报投诉且查实问题的、未开展认定活动的中止备案。并将相关情况在技能人才评价工作网予以公布。

五、总结提交材料

（一）职业技能等级认定备案续期申请函及总结报告。

（二）《全国性社会培训评价组织基本情况表》（分支机构的《全国性社会培训评价组织基本情况表》交所在地省级人社部门）。

（三）机构主体存续情况（含分支机构）、银行资信证明、信用报告（信用中国）、机构管理制度及职业技能等级认定相关制度。

（四）按抽查要求提供材料。包含但不限于学员基本情况表、样题、考评试卷、考务档案及其他档案。

（五）证书样本、宣传材料等。

六、工作要求

（一）机构提交申请。申请备案续期的全国性社评组织，按要求向部指导中心提交职业技能等级认定备案续期申请。未按要求提出申请的，视为自动放弃备案续期，备案期满后自动退出职业技能等级认定工作。不再开展职业技能等级认定工作的，须按照职业技能等级认定工作相关规定，做好认定资料存档、证书核发、证书数据上传与维护等收尾工作。

（二）相关省级人社部门职业技能鉴定（指导）中心要认真履行属地监管责任，做好全国性社评组织分支机构备案期满阶段性总结工作，确保客观、公正，并及时反馈意见。

联系人、联系电话、传真、邮箱（略）。

邮寄地址：中国就业培训技术指导中心（北京市朝阳区育慧路3号）。

附件：1. 全国性社会培训评价组织基本情况表
   2. 全国性社会培训评价组织总结参考提纲

中国就业培训技术指导中心
2022年12月29日

附件1

全国性社会培训评价组织基本情况表

一、基本信息				
机构名称				
统一社会信用代码				
联系人		职务		
联系电话		电子邮箱		
备案机构类别		全国性社评组织总部□ 分支机构□		
人社部门备案号				
二、存续情况				
主体资质是否变更	是□ 否□	变更项	（具体证明材料附后）	
企业信用是否良好	良好□ 存在问题□	（企业信用信息公示报告附后）		
三、备案期情况				
认定区域	已开展认定区域（省、市）			
是否开展认定工作	是□（初次认定时间： ） 否□（未开展原因： ）			
认定情况	认定职业（工种）	认定等级	认定人次	取证人次	通过率

续表

认定资源	场地	自有 □		地点	
		租用 □		地点	
	人员状况	考评员（人）		内部督导员（人）	
	资源配置	职业标准		题库	远程
		有□ 无□		有□ 无□	有□ 无□

收费标准	认定职业（工种）	一级	二级	三级	四级	五级

诚信声明	本人承诺申报材料真实有效，如有虚假，愿承担相应责任。 法定代表人（签字） 单位名称（公章）
属地意见 （所在地省级鉴定中心填写）	机构是否存在失信或违规违法行为：是□ 否□ （严重失信□ 属实举报□ 管理混乱□ 违规加盟□ 其他□）
	机构存在的其他问题：
	机构是否能够正常开展认定：是□ 否□（原因_____）
	综合意见： （盖章） 年 月 日

填表说明：

一、各社评组织须将开展认定工作情况认真总结，并填写《全国性社会培训评价组织基本情况表》，分支机构由所在地省级人社部门职业技能鉴定（指导）中心填写属地意见并加盖公章后，社评组织将表格报送至中国就业培训技术指导中心，电子版发至：cetticgjzsb@mohrss.gov.cn。

二、表格一式二份，中国就业培训技术指导中心与所在地省级人社部门职业技能鉴定（指导）中心各一份。

三、表内所有各项，要求逐一认真如实填写，表内填不下的内容，另可加 A4 纸附页。

四、请按式样打印格式报送。

附件 2

全国性社会培训评价组织总结参考提纲

一、备案期工作总结

（一）备案期实际工作开展情况，包括主要做法及经验、场地、设施设备情况、制度执行情况、队伍建设情况、考务管理和档案管理情况、财务管理和认定收费情况、社会效果等。

（二）存在问题及困难。

二、未来三年工作计划及保障措施

（一）认定规划，包括认定场次安排、认定规模、收费标准等。

（二）市场推广计划，包括市场活动计划、品牌推广措施、渠道建设计划等。

（三）保障措施，包括技术、人员、场地、经费、信息化建设等方面保障措施。

三、对职业技能等级认定工作意见与建议

关于开展焊工职业技能等级认定有关问题的复函

中就培函〔2023〕60号

河北省职业技能鉴定指导中心：

《关于开展焊工职业技能等级认定有关问题的请示》收悉。经研究，现函复如下。

为满足技能人才评价需求，保证技能人才评价工作的连续性和稳定性，同意你们对焊工进行职业技能等级认定备案，指导评价机构按照国家职业标准，规范实施职业技能等级认定，颁发职业技能等级证书。该证书仅表明持证者具有相应的技能水平，不作为持证上岗就业的凭证和依据。

工作中如遇到问题，请及时和我们联系。

中国就业培训技术指导中心
2023年8月17日

关于开展新职业征集工作的通告

为贯彻落实党的二十大精神和《中共中央办公厅 国务院办公厅关于加强新时代高技能人才队伍建设的意见》要求，健全符合我国国情的现代职业分类体系，完善新职业信息发布制度，受人力资源社会保障部委托，我中心将开展新职业征集工作，现就有关事项通告如下。

一、征集范围

新职业应围绕党和国家的中心任务，紧跟新时代发展步伐，以培育和发展新经济、新业态、新模式为重点，引领和规范职业发展，促进就业创业，更好地服务经济社会发展。新职业建议须是《中华人民共和国职业分类大典（2022年版）》中未收录的，或者虽已收录但职业活动内涵已发生较大变化的职业。

二、工作安排

（一）**社会征集**。向社会发布新职业征集通告，同时汇总、整理当年申报的《新职业建议书》。

（二）**评审论证**。组织有关专家对申报的新职业建议进行评审论证。

（三）**征求意见**。将拟发布的新职业和职业分类信息以书面形式征求行业主管部门意见，同时，通过我部门户网站向社会公示征求意见。

（四）**审定发布**。人力资源社会保障部、市场监管总局、国家统计局三部门联合发布新职业和职业分类信息。

三、有关要求

（一）申报单位或个人在开展必要的职业调查的基础上，按要求认真填写《新职业建议书》（见附件），须提交电子版（须 word 版）和纸质版材料（须加盖公章或个人签名）。征集时间，自本通告发布之日起至 2023 年 10 月 31 日截止。

（二）鼓励申报单位或个人运用新媒体技术，制作与新职业主要工作内容相关的短视频、图表等可视化资料，为专家评审论证提供真实、直观的参考依据。鼓励有关单位在申报新职业建议时，按照现行《国家职业标准编制技术规程》编写并提交该职业的职业标准初稿。

（三）鼓励行业协会和龙头企业积极参与新职业申报，建议申报前征询相关行业主管部门的意见。

特此通告。

附件：新职业建议书（略）

中国就业培训技术指导中心

2023 年 10 月 11 日

关于做好技工院校职业技能等级认定备案工作有关事项的通知

中就培函〔2023〕76号

各省、自治区、直辖市及新疆生产建设兵团人力资源社会保障厅（局）职业技能鉴定（指导）中心，有关单位：

为规范做好技工院校职业技能等级认定备案工作，根据《人力资源社会保障部 国家发展改革委 财政部关于深化技工院校改革大力发展技工教育的意见》（人社部发〔2021〕30号）和《人力资源社会保障部关于健全完善新时代技能人才职业技能等级制度的意见（试行）》（人社部发〔2022〕14号）等文件要求，现就做好技工院校职业技能等级认定备案工作有关事项通知如下。

一、明确技工院校备案类别代码。技工院校面向本校学生开展评价，应统一使用机构类别代码"Y"；面向社会开展评价应按规定遴选备案为社会培训评价组织，统一使用机构类别代码"S"。同一个技工院校既面向本校学生开展评价，也面向社会开展评价的，应分别使用不同的机构类别代码和备案号。

二、明确技工院校可评价技能等级范围。自本通知印发之日起，面向本校学生开展评价的技工院校，按照学校专业设置和学生培养层次，最高可备案到二级（技师）。

三、明确技工院校学生参评申报条件。技工院校学生参加职业技能等级认定的申报条件，按《人力资源社会保障部办公厅关于印发〈国家职业标准编制技术规程（2023年版）〉的通知》（人社厅发〔2023〕31号）有关规定执行。

目前已备案的技工院校类别代码及备案号与本通知要求不符的，应于2023年12月31日前完成现有证书数据上传收尾及机构类别代码和备案号变更。自本通知印发之日起，新增备案的技工院校，按本通知要求进行赋码和备案。

工作中有关情况和问题，请及时向我们反映。

中国就业培训技术指导中心

2023年11月10日

关于配发技能人才评价国家题库资源的函

中就培函〔2023〕77号

各省、自治区、直辖市及新疆生产建设兵团人力资源社会保障厅（局）职业技能鉴定（指导）中心：

  近年，在有关单位支持下，我中心组织开发（更新）了34个职业技能人才评价国家题库资源〔以下简称国家题库（2023年版），目录见附件1〕。为进一步发挥国家题库作用，经研究，现将国家题库（2023年版）安装光盘随此函免费配发，供各地在开展技能人才评价工作中选择使用。国家题库（2023年版）依据相应国家职业标准开发，各地可结合实际对试题内容进行适当调整，确保试题质量，并做好安全保密工作。

  各单位收到光盘后，请对照签收回执（附件2）确认查收并按要求安装题库，安装和使用中如有问题，请及时联系。签收后五日内请将签收回执邮寄反馈至我中心命题处。

附件：1. 技能人才评价国家题库资源目录
    2. 技能人才评价国家题库资源签收回执

中国就业培训技术指导中心
人力资源社会保障部职业技能鉴定中心
2023年11月10日

附件1

技能人才评价国家题库资源目录
（按职业编码排列）

序号	职业编码	职业名称	工种（职业方向）	等级	国家职业标准版本
1	4-03-02-01	中式烹调师	—	五级、四级、三级、二级、一级	2018年版
2	4-03-02-02	中式面点师	—	五级、四级、三级、二级、一级	2018年版
3	4-03-02-03	西式烹调师	—	五级、四级、三级、二级、一级	2018年版
4	4-03-02-04	西式面点师	—	五级、四级、三级、二级、一级	2018年版
5	4-03-02-07	茶艺师	—	五级、四级、三级、二级、一级	2018年版
6	4-06-01-02	中央空调系统运行操作员	—	五级、四级、三级、二级	2018年版
7	4-07-03-02	劳动关系协调员	—	四级、三级、二级、一级	2019年版
8	4-07-03-04	企业人力资源管理师	—	四级、三级、二级、一级	2019年版
9	4-07-05-02	安检员（民航安全检查员）	—	五级、四级、三级、二级、一级	2019年版
10	4-07-05-03	智能楼宇管理员	—	四级、三级、二级、一级	2018年版
11	4-10-01-02	育婴员	—	五级、四级、三级	2019年版
12	4-10-01-03	保育员	—	五级、四级、三级	2019年版
13	4-10-03-01	美容师	—	五级、四级、三级、二级、一级	2018年版

续表

序号	职业编码	职业名称	工种（职业方向）	等级	国家职业标准版本
14	4-10-03-02	美发师	—	五级、四级、三级、二级、一级	2018年版
15	4-12-01-01	汽车维修工	汽车维修检验工、汽车机械维修工、汽车电器维修工	五级、四级、三级、二级、一级	2018年版
			汽车车身整形修复工	五级、四级、三级、二级、一级	
			汽车车身涂装修复工	五级、四级、三级、二级、一级	
			汽车美容装潢工	五级、四级	
			汽车玻璃维修工	五级、四级、三级	
16	4-14-03-03	眼镜验光员	—	五级、四级、三级、二级、一级	2018年版
17	4-14-03-04	眼镜定配工	—	五级、四级、三级、二级	2018年版
18	6-02-06-11	评茶员	—	五级、四级、三级、二级、一级	2019年版
19	6-11-01-04	制冷工	—	五级、四级、三级、二级	2018年版
20	6-18-01-01	车工	—	五级	2018年版
			普通车床	四级、三级、二级、一级	
			数控车床	四级、三级、二级、一级	

续表

序号	职业编码	职业名称	工种（职业方向）	等级	国家职业标准版本
21	6-18-01-02	铣工	—	五级	2018年版
			普通铣床	四级、三级、二级、一级	
			数控铣床	四级、三级、二级、一级	
22	6-18-01-04	磨工	普通磨床磨工	五级、四级、三级、二级、一级	2018年版
			光学普通磨床磨工	五级、四级、三级、二级、一级	
			普通研磨机床磨工	五级、四级、三级	
			数控磨床磨工	五级、四级、三级、二级、一级	
			光学数控磨床磨工	五级、四级、三级、二级、一级	
			数控研磨机床磨工	五级、四级、三级	
23	6-18-01-08	电切削工	—	五级、四级、三级、二级、一级	2018年版
24	6-18-02-01	铸造工	熔炼浇注工	五级、四级、三级、二级、一级	2019年版
			铸造造型（芯）工	五级、四级、三级、二级、一级	
			铸件清理工	五级、四级	
25	6-18-02-03	金属热处理工	机械零部件与表面（化学）热处理工	五级、四级、三级、二级、一级	2019年版
			工程热处理工	五级、四级、三级、二级、一级	

续表

序号	职业编码	职业名称	工种（职业方向）	等级	国家职业标准版本
26	6-18-02-04	焊工	电焊工	五级、四级、三级、二级、一级	2018年版
			气焊工	五级、四级、三级	
			钎焊工	五级、四级、三级、二级	
			焊接设备操作工	五级、四级、三级、二级、一级	
27	6-18-04-01	模具工	冲压模	四级、三级、二级、一级	2019年版
			注射模	四级、三级、二级、一级	
28	6-20-01-01	钳工	—	五级、四级、三级、二级、一级	2020年版
29	6-20-03-01	机床装调维修工	数控机床机械装调维修	四级、三级、二级、一级	2018年版
			数控机床电气装调维修	四级、三级、二级、一级	
			普通机床机械装调维修	四级、三级、二级、一级	
			普通机床电气装调维修	四级、三级、二级、一级	
30	6-28-01-11	锅炉操作工	—	五级、四级、三级、二级	2019年版
31	6-29-03-03	电梯安装维修工	—	五级、四级、三级、二级、一级	2018年版
32	6-29-03-05	制冷空调系统安装维修工	—	五级、四级、三级、二级、一级	2018年版

续表

序号	职业编码	职业名称	工种（职业方向）	等级	国家职业标准版本
33	6-30-05-01	起重装卸机械操作工	叉车司机	五级、四级、三级、二级、一级	2018年版
			电动港机装卸机械司机	五级、四级、三级、二级、一级	
			堆垛车操作工	五级、四级、三级、二级、一级	
			堆（取）料机司机	五级、四级、三级、二级、一级	
			流体装卸工	五级、四级、三级、二级、一级	
			轮胎式起重机司机	五级、四级、三级、二级、一级	
			履带式起重机司机	五级、四级、三级、二级、一级	
			门式起重机司机	五级、四级、三级、二级、一级	
			门座式起重机司机	五级、四级、三级、二级、一级	
			内燃港机装卸机械司机	五级、四级、三级、二级、一级	
			桥式起重机司机	五级、四级、三级、二级、一级	
			散料卸车机司机	五级、四级、三级、二级、一级	
34	6-31-01-03	电工	—	五级、四级、三级、二级、一级	2018年版

备注：每职业含理论知识题库和操作技能题库，其中劳动关系协调员、企业人力资源管理师和锅炉操作工等3个职业的操作技能题库为笔答题，相应资源安装时需导入理论知识题库管理系统。

附件2

技能人才评价国家题库资源签收回执

单位名称（盖章）	
签收人	签收日期
联系方式	
签收内容	我单位已收到中国就业培训技术指导中心配发的国家题库（2023年版）光盘，经确认已收到以下文件（请在□内打√）： 1. 理论知识国家题库管理系统（依据2015年版国家职业分类大典）安装文件，具体包含： □理论知识题库安装包（setup_ostalib15_SQLSvr.exe）； □机构注册码（.0s4c格式）； □理论知识题库用户手册。 2. 操作技能国家题库管理系统（依据2015年版国家职业分类大典）安装文件，具体包含： □操作技能题库安装包（setup_0stso15_SQLSvr.exe）； □机构注册码（.0s4c格式）； □操作技能题库用户手册。 3. 国家题库资源文件夹，具体包含： □34个职业的理论知识与操作技能题库资源。
备注	